优阅吧，只为打造优质阅读！

中国足球职业联赛期间领导班子结构图

袁伟民

1986 年，袁伟民上任新中国成立后的第四届足协主席，1989 年因战绩不佳卸任。

1992 年，袁伟民复任足协主席，为防重蹈覆辙，独创“专职副主席”一职，影响深远。

2000 年担任国家体育总局局长。

2004 年袁伟民退休，但继续担任中国足协主席至今。

无论袁伟民是否作为，他都是中国足球名义上的真正老大。

崔大林

2007 年，崔大林担任国家体育总局副局长，负责北京奥运会中国军团重竞技等夺冠项目，奥运会后分管足球。

崔大林分管足球期间，南勇出任足管中心主任，南勇出事后，崔大林起用了韦迪。

崔大林对足球工作事无巨细，事必亲为。

2010 年，崔大林退休，相关业务由蔡振华接手。

蔡振华

1979 年进入中国国家乒乓球队。1997 年出任中国乒乓球队总教练。

2010 年当选国家体育总局副局长，主管足球。

球迷对蔡振华寄予极高期望。

蔡振华极有望接替袁伟民出任中国足协主席一职。

王俊生

1992 年王俊生出任中国职业足球联赛后的首任专职副主席。

王俊生入主足协后的人事动作——

1. 将杨一民、张健强、南勇调进足协并委以重任；
2. 王俊生于 1992 年成立福特宝公司，邵文忠出任董事长；
3. 王俊生时代大力捧红裁判陆俊。

2000 年 4 月，王俊生卸任，阎世铎接任。

阎世铎

2000 年 4 月，阎世铎任中国职业足球联赛后的第二任足管中心主任、足协副主席。

阎世铎入主足协后的人事动作——

1. 先重用南勇；
2. 后为限制南勇采取两个举措：A 提拔杨一民为足管中心副主任、足协副主席；B 从体育局抽调薛立出任足管中心副主任、足协副主席。

2005 年 2 月，阎世铎卸任，谢亚龙接任。

谢亚龙

2005 年 2 月，谢亚龙任中国职业足球联赛后的第三任足管中心主任、足协副主席。

谢亚龙入主足协后的官场人事动作——

1. 先重用校友杨一民；
2. 随后舍弃杨，再重用南勇；
3. 提拔了蔚少辉，蔚升为副处，进入国家队任领队，从此先后侍奉五任国足主帅；
4. 为牵制福特宝公司的权力，成立中超公司，南勇兼董事长，瞿郁明任总经理。

2009 年 1 月，谢亚龙卸任，南勇接任。

南勇

2009 年 1 月，南勇任中国职业足球联赛后的第四任足管中心主任、足协副主席。

南勇入主足协后的人事动作——

1. 排斥走张吉龙，张吉龙调至体育交流中心主任；
2. 任命杨一民出任中超公司董事长；
3. 任命吕峰出任中超公司总经理；
4. 调总局外联司副主任林晓华出任足管中心副主任、足协副主席，接替张吉龙。

2010 年 1 月，南勇被刑拘，韦迪接任。

韦迪

2010 年，韦迪任中国职业足球联赛后的第五任足协副主席（代选）。

韦迪入主足协后的人事动作——

1. 调毕业于沈阳体院的于洪臣为足管中心副主任；
2. 派足协六中层马成全、李冬生、朱和元、蔚少辉、冯剑明、郭辉到党校学习；
3. 调入曹景伟、杨新利、戚军、孙哲东、郭涛等五人担任足协中层干部；
4. 联手张吉龙，并推举张吉龙竞选国际足联执委，最后竞选失败。

中国足球窝案

郝洪军●著

湖南文艺出版社
HUNAN LITERATURE AND ART PUBLISHING HOUSE

图书在版编目（CIP）数据

中国足球窝案 / 郝洪军著．—长沙：湖南文艺出版社，2011.3
ISBN 978-7-5404-4801-1

Ⅰ．①中… Ⅱ．①郝… Ⅲ．①纪实文学–中国–当代
Ⅳ．①I25

中国版本图书馆 CIP 数据核字（2011）第 018612 号

上架建议：纪实·畅销

中国足球窝案

作　　者：郝洪军
出 版 人：刘清华
责任编辑：唐　明　张　璐
策划编辑：一　草　耿金丽
营销编辑：尚　蕾
装帧设计：张丽娜
出版发行：湖南文艺出版社
（长沙市雨花区东二环一段 508 号　邮编：410014）
网　　址：www.hnwy.net
印　　刷：三河市鑫金马印装有限公司
经　　销：新华书店
开　　本：787 × 1092　1/16
字　　数：300 千字
印　　张：21.5
版　　次：2011 年 3 月第 1 版
印　　次：2011 年 3 月第 1 次印刷
书　　号：ISBN 978-7-5404-4801-1
定　　价：29.80 元

足球是体育项目里最刺激、最有影响的游戏，但它也更危险。

足协即官场，扑朔迷离的江湖图谱无处不在，盘根错节的利益链条触手可及。

金钱，权谋，女色……没有什么比足坛更能代表官场的厚黑。

而中国足球尴尬的今天，早在 20 年前就俨然已注定——落后的体制、无为的官员。

郝洪军，公认中国足球反赌打黑媒体第一人，他调动自己在足坛 18 年来的从业积累，采访数十位和中国足球相关的人物后写就《中国足球窝案》。

《中国足球窝案》立足于足球反腐风暴，但范围更广，思考更深，内容更丰富，以大量鲜为人知的细节，整合了纷繁复杂的信息，直揭真相，讲述了 20 年来中国足协高官之间盘根错节的利益与派系之争，曝光了足球政治的潜规则，揭示了谢亚龙、南勇、阎世铎、蔚少辉等人的前世和今生，他们每个人独特的个性、家世背景、仕途命运。

《中国足球窝案》堪称我国第一本客观描述 20 年来中国足坛人事变迁的百科全书。

读懂足球，读懂官场，看一遍，了解足球之谜，看两遍，洞悉官场规则。

目录
Contents

谢亚龙离开田管中心后，曾有人评价他的仕途：成也伍绍祖，败也伍绍祖。体育总局有“秘书派”与“政工派”之争。谢亚龙是“秘书派”最典型的人物。

说到底，在袁伟民看来，谢亚龙毕竟是前朝重臣，谢的离去正符合中国官场哲学。

我问崔大林：“崔局，你对南勇如何评价？”崔大林苦笑：“南勇很敬业。让他写个文件，他可以一夜不回家，躲在办公室里干到天亮……至于领导能力，那是另一回事儿了！”

张吉龙多年来一直搞外事工作，再加上他性格内敛，这决定了他在足协的内战中显得可有可无。阎世铎入主足协后曾排挤过张吉龙，甚至限制他参加一些外事工作。南勇也一直把张吉龙当成假想敌……

韦迪入主足协，犹如身陷重围的斗士。他有几种突围方式？除了向国家之队要成绩以及建立踏实的青少年培养机制，再者就是强化中国在国际足坛的地位——申办世界杯。

蔡振华分管足球后第一次现场观战，结果国奥队与日本队首战惨败。韦迪满脸愁云，蔡振华却神色轻松，还不时和韦迪说笑，搞得韦迪心里七上八下。

第十章 江湖蔚少辉——不做大哥好多年

如果说足协有 10 个人进去，蔚少辉应在其列；如果足协有 5 个人进去，蔚少辉也该身在其中；如果足协有 3 个人进去，他至少排名第二……一句话，蔚少辉无论如何是跑不掉的！

第十一章 “小人物”王鑫——足坛因我而动荡

可以想象，王鑫要在北京奥运会前落网，为稳定和谐计，该案不会惊起任何波澜；如果王鑫 2009 年年初没被抓获，2009 年的中国足坛，既不备战世界杯，也不筹划奥运会，它本来会是极为平淡的一年。

前言

如果领导要用你，就不会让你到足协；如果领导要不用你，就会让你到足协……

足球是体育项目里最刺激、最有影响的游戏，但它也更危险。袁伟民不会自己冲到最前方，他只能遵循官场最基本的利益原则，即失败别人承担，成功自己受领……足协掌门人这个位置也就成了残忍的轮盘赌。

小足球，大官场

1

光阴的故事注定是伤感的故事。在时间长河里，成功只意味着一时，绝不代表一世。

> **如果说南勇、谢亚龙们是落下的苹果，那么中国职业足球运营体制就是不可抗拒的“万有引力”。这种残酷的力量让他们曾经的理想与荣誉都成为过眼烟云。**

网络上流传一个热帖：关羽 26 岁时还在涿州卖红枣；周杰伦 26 岁时推出专辑《七里香》；张艺谋 26 岁时在陕西咸阳国棉八厂当工人；张朝阳 26 岁时在美国麻省理工学院读博士；潘石屹 26 岁时在海南盖房子赚到了钱；曹操 26 岁当上了洛阳北部尉，相当于公安局副局长……

可以说，这些文字能激励有志者在平淡中卧薪尝胆，在流逝的时间里抓住命运。可以肯定的是，张艺谋当工人时不酷爱摄影，怀揣梦想，他难以成为世界知名导演；潘石屹盖房子时不思考国家政策和资本运作，他也成不了地产大鳄；曹操如果苟安于洛阳以北，胸无大志，他也难成霸业……因此，我一度相信李宗盛所说的：不经历风雨 / 怎能见彩虹 / 没有人会随随便便成功……

自 2009 年足坛反赌风暴以来，我始终在想这样一个问题，在中国足坛这场史无前例的大地震中，那些既没人能营救又缺少自救的遇难者，如南勇、杨一民、蔚少辉、谢亚龙、张健强、陆俊等人，他们不是来到这个世界上时就注定要邂逅这场灾难的，他们曾经有自己的理想，有自己的追求，但他们谋求到一定社会地位、拼争在物欲横流的官场时，他们背弃了曾经的人生追求与价值，在各种力量的作用下堕入了灾难。

因此，我们也可以追溯：26 岁时的南勇正在国家体委人事司做一名干事，他踌躇满志，无时无刻不在筹划着自己的威力；26 岁的谢亚龙刚摆脱一个基层教练的身份，成为北京体育大学的大学生，那时的谢亚龙再喜欢冥想，他恐怕也难以想到自己几年后会成为伍绍祖的秘书；26 岁时的杨一民呢？他正在北体大读研究生；26 岁的陆俊在北京工业大学当一名体育老师；而申思 26 岁时，正意气风发地在米卢手下备战 2002 日韩世界杯……

他们曾经的幸运，是改革开放的时代赐予的，也是这个时代，又让他们的命运改变了颜色。中国足球是最早走向职业化的体育项目，而当南勇、谢亚龙、杨一民们占据足协领导席位时，这意味着他们既是官员，又是商人。他们互相牵制、互相猜疑的同时，也拥有各自的利益链条，于是在缺少有效监督机制的足协，“官商勾结”像自己的左手握右手一样简单。

如果说南勇、谢亚龙们是落下的苹果，那么中国职业足球运营体制就是不可抗拒的“万有引力”。这种残酷的力量让他们曾经的理想与荣誉都成为过眼烟云。最现实的是，他们失去了官职、失去了尊严，甚至失去作为一个普通人吃碗冷面、喝瓶啤酒的机会……他们穿上囚服、戴上手铐，或茫然、或绝望、或侥幸，他们点滴的记忆都反射着官场上难以避免的交易和倾轧，他们的记忆落纸成字，注定是中国足球在特定时期的一部最灰暗的历史。

2

事实上，中国足球本不该是灰暗的颜色。我们追溯历史时很容易发现，在南勇、谢亚龙、杨一民等尚未出生时，中国足球就已成为让人挥洒激情、寄托梦想的运动了。

中国足坛的“十月惊雷”不是偶然。10月12日，国家副主席习近平在德国对中国足球发表了自己的看法；10月16日，辽宁警方在广州带走钟建国，使他成为中国足坛扫赌风暴中落网的第一人。

1955年1月3日，新中国足球协会正式成立。该年秋天，中国刚组建的国家队与苏联泽尼特足球队的比赛前，毛泽东主席来看比赛了，赛后，他还亲切地接见了中国国家队教练李凤楼和队长史万春。当年，南斯拉夫足球队在获得了奥运会冠军后，来中国访问比赛。中国足球队其时刚从匈牙利“留学”归来不久，但最后还是输了。赛后，毛泽东主席又接见了双方队员，并对南斯拉夫队员说：“我们今天输给你们，明天输给你们，但……总会要赢你们的！”

邓小平同志更是关注足球。早在1974年，曾在国家体委足球处任职的原国家队队长陈家亮就接到邓小平同志的电话，小平同志要调看《世界在你脚下》这部足球纪录片。为此，陈家亮特意带着放映员到邓家放了这部片子。五年后，小平同志提出那句著名的指示：足球要从娃娃抓起。

新中国成立后，中国足球在希望中艰难起步。1957年5月，中国足协第一次派国家队参加世界杯预选赛，其中队员有张宏根、张京天和年维泗等人。中印之战，中国队首战0:2败给印度尼西亚队，被淘汰。次战，中国队以4:3战胜对手，但最后因净胜球少被淘汰。尽管如此，本次中国队征战世界杯预选赛还是创造了许多纪录。比如张宏根打进了中国足球队参加正式国际比赛的第一球；中国队取得历史上第一场正式国际比赛的胜利……

1977年9月17日，中国队迎来一场值得铭记的比赛，因为在这个特殊的年份里，中国队迎来第一支名副其实的外国劲旅——美国宇宙队。该队有许多世界一流球星，如贝利、贝肯鲍尔和阿尔贝托等。此前，中国足球迎来的对手都有鲜明的"时代特色"，这些球队大多来自南斯拉夫、阿尔巴尼亚、阿尔及利亚、朝鲜和越南。而美国足球队登陆中国，这也是中国继乒乓外交后中美之间又一次值得关注的体育赛事。它在一定程度上也预示着中国改革开放的风向。

这场比赛的结果是1∶1，进球的依次是贝利和刘利福。阿尔贝托赛前表示，他最崇拜的中国人是毛泽东，这个说法被媒体报道之后，阿尔贝托得到了中国球迷的支持；贝利在赛后与容志行交换了球衣，留下了这样著名的一段话："在我来中国之前，还以为中国没有超级球星，11号（容志行）的带球、射门和组织才能实在出色，是个了不起的球员。"

那一年，国脚容志行刚刚29岁……

2009年10月16日，第十一届全国运动会在济南即将开幕之际，中共中央总书记、国家主席、中央军委主席胡锦涛同志在济南接见了新中国体育发展60年来涌现出的优秀运动员和教练员代表，胡总书记接见容志行时握着他的手说："中国足球还要继续发扬'志行风格'。"

此时的容志行已经61岁了。

胡总书记的接见让容志行感受到巨大荣誉，但也有点羞愧。因为站在身边的不是奥运会冠军就是世界冠军，自己只是一名普通的足球运动员；尽管连个亚洲冠军都没有得过，但如果中国足球争点气也行，自己的腰板也能硬点，可容志行觉得，自己什么都没有。

事实上，中国足坛的"十月惊雷"不是偶然。10月12日，国家副主席习近平在德国对中国足球发表了自己的看法；10月16日，也就是胡总书记接见容志行这一天，辽宁警方在广州带走前广东雄鹰俱乐部总经理钟建国，使他成为中国足坛扫赌风暴中落网的第一人；10月19日，前广州市足协官员、广药足球俱乐部副总杨旭因涉嫌行贿被警方带走；在接下来的一个月内，范广鸣、王珀、尤可为、许宏涛等人纷纷落网。

3

中国足球尴尬的境遇，说明职业足球与腐朽的管理体制存在着不可协调的矛盾。足协不是一个普通的行业协会，不是一个"中介组织"，它是足球商业运作过程中的执行者，更是利益获得者。一套人马，两块牌子，让中国足球在利益的博弈中如鱼得水。

足球本是体育项目里最刺激、最有影响的游戏，但也充斥更多危险。袁伟民不会自己冲到最前方，他只能遵循官场最基本的利益原则，即失败别人承担，成功自己受领……

20世纪90年代初，中国足协面临改选，当时国家体委副主任、中国足协主席袁伟民想把时任安徽铜陵市市长的汪洋调至国家体委，并出任足协专职副主席。但安徽省领导表示，汪洋是该省重点培养的干部，如果汪洋来京后能提升才同意放行……袁伟民无能为力，最后只能舍弃了汪洋，让王俊生接替年维泗，成为足协掌门人。

汪洋生于1955年，安徽宿州人，时任中共中央政治局委员、中共广东省委书记。

我们很难想象，如果1992年汪洋成为足协掌门人，中国足球的发展脉络会是什么样子？

1988年，原国防科工委党委书记伍绍祖出任国家体委主任。伍绍祖曾任王震的秘书，拥有少将军衔。他主掌中国体育后，袁伟民成为体委副主任，奇迹般地完成从一个教练到副部级干部的飞跃。2004年年底，时任四川省委副书记的刘鹏调至国家体育总局任局长，接替袁伟民。

在体育界，另一个有地方工作经验的是谢亚龙。他曾因失意到陕西安康市挂职锻炼，做安康市委副书记。在刘鹏出任体育总局局长两个月后，即2005年2月，谢亚龙接替阎世铎出任足管中心主任。

足球本是体育项目里最刺激、最有影响的游戏，但也充斥更多危险。袁伟民不会自己冲到最前方，他只能遵循官场最基本的利益原则，即失败别人承担，成功自己受领……足协掌门人这个位置就成了残忍的轮盘赌。有勇气或没勇气的都被推上前台，但最后没人能逃脱失败的命运。

王俊生的失败在于他在任期间国家队的全盘失利，但这不能掩盖王俊生的历史功绩，因为他启动了中国足球职业联赛。当然，他从一上任起就埋下了悲剧的种子——让足协和足管中心并立在职业联赛面前，同时迅速树起福特宝公司的大旗，让这个公司成为中国足球界臭名昭著的"洗钱公司"。

在职业联赛之初，火爆的球市不仅让福特宝公司老板邵文忠眉开眼笑，也难免让王俊生滋生盲目乐观的思想，从而使他的某些决策出现偏差。事实上，中国足球假赌黑现象从20世纪90年代初就已露端倪。这首先体现在裁判以黑哨或红哨操纵比赛结果上。这种现象显然没引起王俊生的重视，以至于1998年陆俊状告《羊城体育》时，被告要求和解，王俊生却有怂恿陆俊打官司的嫌疑，以求用陆俊胜诉的官司教训"胡说八道"的媒体。

到了1999年年底的渝沈之战，王俊生也没有及时请求司法介入，而是以足协内部行规替代法律，以求大事化小，小事化了。当然，对渝沈之战的最终处罚也不见得是王俊生的本意。这个处罚是2000年春天作出的，此时正处于伍绍祖与袁伟民权力交接的特殊时期。可以想象，此时的王俊生若真请司法部门强行介入，将大批涉案人员依法抓捕，日后中国足球界的假赌黑现象就不可能猖獗——但这样做不符合官场游戏规则，因为不论伍绍祖还是袁伟民，他们都不想在权力交接时和足坛重大丑闻牵扯在一起。

同样，接替王俊生出任足协掌门人的阎世铎也面临这样的尴尬。2002年年初，杭州的陈培德和宋卫平手里握着涉嫌受贿的裁判名单，阎世铎飞杭州与陈培德晤面时，老阎拍着胸脯说回北京就请司法机关强势介入，绝不姑息养奸……但他回北京后如泥牛入海。最终2002年年初的所谓司法介入，只是抓了一个龚建平做替罪羊，陈培德名单上的陆俊、黄俊杰等再次幸免于难。

不能否认，阎世铎在反赌这个问题上遭遇了来自高层的压力。高层是谁？2009年10月，《袁伟民与体坛风云》一书出版后，陈培德曾经毫不掩饰地向袁伟民开炮。他认为袁伟民作为足协主席应该对足坛现状负责，同时，陈培德也暗示，当年阎世铎搁浅了反赌计划，正是源自袁伟民的压力。

4

中国足球狼狈不堪，人们找原因时习惯把崔大林拎出来当靶子。实际上，若非要寻找出一个为此负领导责任的人，那么这个人不该是崔大林，而应该是袁伟民。

1997年9月下旬，十五大选出新的中央委员会委员，而从十三大开始连任两届中央委员的袁伟民，却成了“差额选举”的落选者，最后当选中央候补委员。

袁伟民后来回忆时说，造成这种遗憾的原因是，十五大期间正赶上1997年金州“十强赛”中国与伊朗的比赛，中国队先2:0领先，最后却2:4落败，导致人大代表“大骂”足球，在选举时自己被“差额”下来了。

袁伟民委屈吗？现在想起来，他当这么多年足协主席，为足球付出的代价只是从委员变成“候补委员”，即使“候补”了，他仍呼风唤雨、风光无限。袁伟民应该知足，因为和南勇、杨一民、谢亚龙等人比起来，他已经幸运很多了！

中国足球狼狈不堪，人们找原因时习惯把崔大林拎出来当靶子。实际上，若非要寻找出一个为此负领导责任的人，那么这个人不该是崔大林，而应该是袁伟民。

1992年，崔大林和王俊生等人赴欧洲考察，直接参与了职业足球的前期筹划工作。当时崔大林还是辽宁省体委副主任，2003年调到国家体育总局做局长助理后，主要负责北京奥运会中国重点项目的竞训工作。直到奥运会后，他才真正分管足球。而且，即使分管足球，足协主席仍然是已退休的袁伟民。

在袁伟民的履历中，他从1986年开始兼任足协主席，卸任后，年维泗接替他做了四年，然后从1992年开始，袁伟民又一直兼任足协主席至今。其中，袁伟民在2000年从副局长转正为局长。这意味着，中国足球职业化以来，王俊生、阎世铎、谢亚龙、南勇，还包括时下的韦迪，他们只是足球管理中心主任，但从足协领导层来说，他们都是足协副主席。

2000年5月8日，袁伟民接替伍绍祖任局长，李志坚任党组书记。时任浙江体育局局长的陈培德上书给袁伟民，提出必须在体育战线刮起横扫腐败的龙卷风，陈培德在“奏折”里说：

> 我在体育战线工作了8年，所见所闻，深感体育战线应该多出政治家，而杜绝政客；凡是不正之风屡禁不止的地方，其背后都有搞权术的领导撑腰。我常为此感到悲伤。我真诚希望我的进言能得到你们的采纳，并愿意从我做起，从我管辖的浙江做起，当尚方宝剑临头，我决不会眨眼。

陈培德赤胆忠心，但袁伟民却不知“为人君者无谏臣则失正”的道理，他对陈培德的信笺没有任何反应。这让陈培德很失望，他选择了宁鸣而死、不默而生的方式——2001 年年底，足坛“甲 B 五鼠”案发，陈培德挺身而出，以浙江绿城的“家丑”做炮弹，向足坛的假丑恶宣战。

事实证明，在由官僚联手打造的强大体制面前，陈培德如果遇到明君，可能一谏成名，加官晋爵；但袁伟民做不到从谏如流，陈培德破坏了行规，他注定是官场游戏中的悲剧人物。浙江杭州掀起的反赌风暴草草收场，在哀怜北京裁判龚建平成为替罪羊的同时，他自己也成了牺牲品。

在足协内部也有敢于直谏的人，比如前足协官员冯剑明。他是被王俊生调到足协的，经历了以后的历任足协领导。大冯性格直率，看不惯的就说出来，不懂得迎合奉承，最后落得个“无家可归”，黯然退休。

2007 年年底，足协搞年终干部考核。在全体工作人员大会上，冯剑明率先发言，他当着几位足协副主席的面放炮，说领导之间不团结，导致许多工作陷入被动；他还提到爱福克斯的事，冠名都一年了，怎么到现在一分钱还没收到？说到激动处，他竟拍了桌子……

南勇被警方抓走后，韦迪来了。大冯本想发挥点最后的余热，没想到韦迪一来，先把包括他在内的几个中层干部送去学习，随后又宣布免除他们的职务。他感到很震怒。足协有 59 个人，被抓走了 7 个，还剩下 52 人。难道这 52 人一个也不值得信任？韦迪怎么能否定所有的中层干部？

5

2000 年，作为田管中心主任的谢亚龙追查兴奋剂事件，他手起刀落，在悉尼奥运会前让马家军全军覆没。但袁伟民没有重用他，却把他贬到体育科

足协即为官场，扑朔迷离的江湖图谱无处不在，盘根错节的利益链条触手可及。

研所当副所长……原因可能很多，但有一点不能忽视：因为谢亚龙曾是伍绍祖的秘书。

谢亚龙成为足协掌门人后，对足协的前景一片茫然，怎么办？最初，他决定依靠同为北体大校友的杨一民。他把国家队、女足、联赛、技术部以及青少部统统交给杨一民，但杨一民水平有限，尤其发生了女足选帅的系列闹剧后，他开始削弱杨一民的权力，并开始笼络南勇。

谢亚龙“抛弃”杨一民，这并不影响“北体帮”在足协内部的强势。足协的几位副主席中，谢亚龙、杨一民、薛立都是北体毕业。足协的中层干部中，郎效农、冯剑明、马成全、朱和元、蔚少辉、张健强、郭辉、李冬生等也均是北体大毕业的。其中，除了老郎、大冯、朱和元等人口碑不错，其他都和各种是非有点牵扯。

多年来，外界一直诟病北体大势力对足球环境的玷污。仅以裁判为例，从1994年职业联赛开始到2009年，因为有蔚少辉、张健强做靠山，北体大的裁判占了裁判界的半壁江山，比如陆俊、孙葆洁、谭海、黄俊杰、朱六一、黄钢、刘雨涛等。

在足协内部接近核心领导层的干部中，只有张吉龙和南勇两位副主席不属于“北体帮”。南勇毕业于沈阳体育学院，与综合部官员刘殿秋是校友。张吉龙当年是北京第二外国语学院的高材生，先在国家体委搞外事工作，后调至足协。

多年来，张吉龙因为主要负责外事工作，再加上性格内敛，使得他在足协的“内战”中显得可有可无。据冯剑明透露，阎世铎入主足协后曾排挤过张吉龙，甚至限制他参加一些外事活动。后来，国际足联主席布拉特亲自过问此事，张吉龙的日子才好过了一点。谢亚龙时代，张吉龙依旧受冷落。

南勇上任后，因为他一直把张吉龙当成假想敌，所以刚一上任，就把张吉龙彻底调离了足协，让他到总局国际交流中心任职。但是，正是因为张吉龙 10 多年来在足协内部这种若即若离的状态，并没有过多参与国内联赛和国家队的经营管理，使他躲过 2009 年足坛这场疾风暴雨……

让人欣慰的是，韦迪上任后，尽管张吉龙已离开足协，但在 2010 年年初的国际足联执委竞选中，韦迪经慎重考虑，决定推荐张吉龙竞选，并积极为其创造条件。在韦迪的战略思路里，中国申办世界杯是迟早的事，要强化中国足球在国际足坛的地位，这个工作非张吉龙莫属。尽管张吉龙在 2010 年元月的竞选中失败，但至少说明韦迪开始重视足球外交，并把足球外交和张吉龙联系在一起。

韦迪凝望着中国足球的废墟，带着无数人的梦想出发了，他身后站着一群悲怆的看客。

2009 年 3 月，王俊生从中体产业董事长的职位上退休，他当时和朋友感慨：搞了一辈子足球，最后却被足球搞了……只是，王俊生同样是幸运的，他不是被足球搞得家破人亡，只是被搞伤心了而已。阎世铎呢？以及谢亚龙、杨一民、南勇们会有什么感受？还有韦迪——他们是否都感悟到：如果领导要用你，就不会让你到足协；如果领导要不用你，就会让你到足协……

第一章 深谋崔大林
——一直被调查，永远都没事

中国足球狼狈不堪，人们找原因时习惯把崔大林拎出来当靶子。实际上，若非要寻找出一个为此负领导责任的人，那么这个人不应该是崔大林，而应该是袁伟民。

南京惊闻谢亚龙蔚少辉案发

2010年9月初的南京，气温高达三十一二度，偶尔下一两场小雨，但潮湿闷热的微风里，任何贪婪的呼吸都会让人感到窒息。繁华街市游人如织，但多是行色匆匆；公交喘着粗气，出租车即使躲在阴凉处等客，司机也使劲地吹着冷风。

事实上，在中国足球的“气象云图”上，“强冷空气”一直聚集在沈阳，让初秋里的南勇、杨一民、陆俊等人不寒而栗；而另一股强劲的暖气流则沉淀于南京。这个城市被烘烤着，它又因足球而骤然升温：高洪波率领的国家队在宁集训，他们准备在这里迎战巴拉圭队；同时，中国足协一纸号令，中超、中甲俱乐部老总，各地方足协秘书长也麇集南京，他们除了集会，还要观摩国家队的比赛……

9月6日傍晚，江苏国贸国际大酒店宴会厅里灯火通明。

这里晃动着中国足坛许多熟悉的身影，比如山东鲁能的韩公政、深圳足球俱乐部的张桐坡、辽足的林乐丰、河南建业的杨楠，等等。

晚上7点多，沈阳东进足球俱乐部常务副总孙长龙到了国茂大酒店的宴会厅。

孙长龙本想和我一起飞南京，但俱乐部有事缠身，他只能晚一天到南京。他是真正起个大早、赶个晚集。孙长龙买的本来是早晨8点多从沈阳飞南京的机票，可他候机时睡着了，醒来时航班已飞走了。他只能买10点多飞上海的航班，到上海后直接从机场打车奔南京。他本来以为自己是最后一个报到的，但坐到宴会厅里才发现，足管中心副主任于洪臣等人还没到，本来6点要开始的晚宴已推迟了快一个小时。

我是9月5日从沈阳飞到南京的。中国队与巴拉圭队的热身赛是我的哥们、《扬子体育》老总陈建军承办的。他邀请我过来溜达一圈。他说："忙完南非世界杯也没啥事了，沈阳那边关于南勇、杨一民等人也没啥新闻可抓了，过来溜达一圈吧？"——的确，我难得有闲暇时间，于是就买张机票飞了过来。

我到南京当天下午，正无所事事，忽然接到沈阳一个朋友的电话。

他说："你在南京有时间的话，去找下徐冀宁，他那里有几个不错的球员。南京有有指定要黄铺了，你帮我了解一下情况。辽宁朝阳东北虎队在物色球员，要打乙级联赛……"我笑着回绝了："我哪有时间去给你们当球探，再说，我和徐冀宁多年不见了，我去哪里找他？"

徐冀宁是老辽宁队球员，后转会沈阳队，退役后在南京有有队做教练。

沈阳的朋友想到南京有有队，是因为南非世界杯后，网上有个以有有球员名义发的帖子，爆出南京有有拖欠队员工资达三年之久，球员要罢赛……随后各种传闻又被捅出来，诸如"南京有有队一直靠打假球维持生存"之类。

这支球队是以辽宁青少年队为班底组建的。辽宁青年队从 1998 年开始参加全国乙级联赛，当时主教练是辽宁队“十冠王”时的功勋球员李铮，球员有郑智、王霄、杨威、王新欣、陈星等人。2002 年，从乙级冲上甲 B 的辽青正式落户葫芦岛，并冠名为葫芦岛宏运队。2003 年，被誉为足坛辽小宝的葫芦岛宏运足球队整体出让给南京有有。

沈阳这位朋友见我不肯效力，他笑着说：“你没时间就算了，我知道你也不感兴趣。再告诉你一件事儿，绝对有意思。”他说，“朝阳什么时候搞过足球？你知道辽宁朝阳为什么要成立足球俱乐部吗？连张玉宁都给弄去当副总了，老黑弄不好还能踢半场……”他故弄玄虚一番，最后的话却让我哭笑不得。

他绘声绘色地说：“足坛反赌不是有个专案组吗？专案组以铁岭警方为主，剩下的是从辽宁省内各个城市抽调的骨干。南勇是大人物吧？负责提审他的有一个是朝阳的办案人员。他几次审问南勇，越审问越迷糊。都说搞足球是赔钱的买卖，可在南勇嘴里，搞足球既有名，还赚钱……于是，这兄弟就把感想和朝阳市有关方面沟通了，建议也搞一个球队。于是他们找到王德忠，老王在辽足俱乐部干过，也在沈足俱乐部干过，双方一拍即合，就成立了辽宁东北虎足球俱乐部。”

辽宁朝阳东北虎俱乐部是 2010 年 7 月中旬树旗的。王德忠是总经理，张玉宁是副总经理，球队主教练是曾执鞭辽青的李铮。在该俱乐部与朝阳市体育局的签约仪式上，韦迪还特意为俱乐部成立发去贺电，辽宁省体育局副局长宋凯也到场祝贺。

显然，有官方的重视，意味着这是一个很规范的足球俱乐部，但它在我朋友嘴里却衍生出一个很“时尚”的故事。我听后忍俊不禁，权当笑料。

我来南京本是一趟悠闲的旅程，咀嚼一下这个故事也很有趣，比如审杨一民的警察是辽阳的、审陆俊的警察是丹东的、审黄俊杰的警察是锦州的、审张健强的警察是抚顺的……如果搞足球真是名利双收的事儿，那么辽宁每个城市都会有个足球队，辽宁的足球事业岂不蓬勃发展了？

南勇的这个“故事”陪我到6日中午，没想到另外一个电话又让我意外邂逅了谢亚龙。

北京一个哥们来电，他喘着粗气告诉我：“知道吗？说前足协掌门人、中体产业董事长谢亚龙已被警方带到沈阳……”

谢亚龙？这可是大事儿，我马上打电话给孙长龙：“你们开会的人都到了吧？私下给我打探一下谢亚龙的消息准确不？”

孙长龙那时刚抵达上海浦东机场，他说：“……我马上打车到南京，估计得晚上能到了。一会我问问（范）广会，看他知道不……”

孙长龙到达南京国贸大酒店宴会厅时，谢亚龙已成为餐桌上一个主要话题了。

张桐坡在辽足俱乐部待过很长时间，他坐在孙长龙旁边，讲了一通运作深圳足球上市的事儿，接着话题马上就转移到谢亚龙身上：“长龙，你说我们搞足球容易吗？风险多大？谢亚龙这事儿估计是真的，无风不起浪啊……”张桐坡说完谢亚龙，又提到吕锋，“他当初要到中超公司时，我就劝过他别干，他也不太懂足球，那浑水他也敢蹚……唉，最后还是出事儿了。在这个圈子里，要清白太难了。”

1995年12月底，当北京华堂老板曹国俊派张桐坡到沈阳扯起中国第一家股份制足球俱乐部的大旗时，吕锋当时还在曹国俊的公司做办公室主任。曹国俊、张桐坡、毛治中、尹志强、吕锋等都是哈尔滨人，他们是很好的哥们，曾在不同时期掌控着辽宁足球。他们在20世纪90年代捆绑在一起搞足球，颇有建树，这一度是中国足坛一道特别的风景。

孙长龙和张桐坡聊完，马上打电话给我：“老谢的事儿是真的，大家都知道了。和老谢一起带走的还有蔚少辉，还有一个，我忘记叫啥名了……”

孙长龙的话让我很吃惊。接他电话时，我正在夫子庙附近溜达。我急匆匆回房间上网。果然，新浪体育在18时23分已挂出《谢亚龙蔚少辉李冬生被公安部门带走协助调查》的消息。

原文如下：

新浪体育讯　北京时间9月6日消息，公安机关对中国足坛的反赌扫黑案件正在进行进一步的取证和了解相关情况，今日行业内多方来源传，曾任中国足协副主席、足管中心主任的谢亚龙，前国足领队蔚少辉，以及足协负责裁判工作的中层李冬生已被公安部门带走接受协助调查。

据业内透露，谢亚龙、蔚少辉和李冬生接受调查主要是因为他们将对南勇、杨一民案件中的一些细节进行核实。截至9月6日下午，三人的手机均处于关机状态，足协和体育总局官方未对此传闻进行任何回应或证实。

谢亚龙在2005—2009年在中国足协任职，他在任期期间曾与南勇、杨一民共事。由于南勇、杨一民被公安带走传讯后，其中会有一些涉案过程的细节需要相关人士去证实，目前，南杨案已经进入庭审前的准备工作，因此公安部门需要针对南杨案向谢亚龙求证。

在谢亚龙担任中国足协主管领导期间，南勇曾主管国家队和联赛等重要工作，杨一民则主要负责青少年足球工作。如果南勇和杨一民在联赛和国家队的工作中有涉嫌犯罪的情况，作为上级领导，谢亚龙对这些相关工作流程最为清楚，因此他将对南勇、杨一民在案件审理过程中所作的陈述作出判断。

另外，蔚少辉原来负责国家队的工作，并担任国家队的领队职务，南勇在任职期间，蔚少辉主要向南勇汇报工作，并与南勇有直接的工作往来，如果南勇涉及有犯罪嫌疑的话，蔚少辉应该能够为公安部门提供相关证词。

李冬生曾主要负责裁判工作。目前，普遍认为南勇和杨一民的案件涉嫌通过裁判操控比赛，李冬生也将有助于南杨案的调查和定性。

据相关人士透露，谢亚龙、蔚少辉和李冬生被公安部门带走协助调查，并不是他们三人被直接立案侦查，因此他们在配合公安机关工作之后仍然会回到各自原来的工作岗位。

这个新闻稿措辞谨慎，分寸拿捏得十分到位。它传递谢亚龙等人“被警方带走”最具新闻价值，谢亚龙已经出事儿了，至于是协查还是直接被立案侦查，此时显得并不重要。

从9月6日到12日中午，六天的时间里，关于谢亚龙“被协查”的说法千奇百怪。

其中，相信谢亚龙不会有事儿的说法很主流。许多业内人士坚称，谢亚龙不会有大事儿，他只是协助调查，很快就会回到北京上班。包括曾经的反黑斗士、原浙江体育局局长陈培德也说，谢亚龙不像个贪官……当然，质疑者习惯从“技术角度”来分析谢的命运，天下乌鸦一般黑，那些当官的，哪个没事儿？关键是查不查的问题。至于谢亚龙嘛，公民协助调查的期限为72小时，72小时他还没有踪影，这意味着已经出事儿了。

但也有人坚信，在足协这棵大树上，落上的乌鸦不会五彩斑斓，它们注定是一般黑的。谢亚龙能洁身自好吗？能出淤泥而不染吗？他给人那种廉洁的印象只是假象而已。有人拿前深圳市市长、巨贪许宗衡的笑话来剖析谢亚龙——

许宗衡2009年6月被双规，抄家时，他家中有一大保险柜久不能开。其中一位识货的纪委官员说：此乃声控锁，密码多用8个字。

于是大家轮流猜试：人不为己，天诛地灭；芝麻开门，芝麻开门；上天保佑，升官发财；八仙过海，各显神通；人为财死，鸟为食亡；团结紧张，严肃活泼；好好学习，天天向上；生的伟大，死的光荣……但统统不灵！

无奈，只能求助许宗衡。当把许宗衡押至他家中，只听他清清嗓子，用浓重的湖南湘潭话正色道：“清正廉洁，执政为民！”柜门应声而开，满柜的金银珠宝惊呆了众人……

由于谢亚龙是上市公司董事长，他失踪的消息像病毒一样蔓延后，他的中体产业立刻感冒了。有资料显示，中体产业曾被停牌一天。中体产业随后复牌，但开盘后就一路走低：开盘9.98元，收盘9.62元。加上7日的跌幅，在谢亚龙“被协查”后，中体产业跌幅已近10%，市值损失近5亿元。

9月7日，谢亚龙失踪一事有了准确消息。

这天傍晚，也就是国家队比赛前半小时，南京忽然大雨滂沱。

我在宾馆门口打车准备去看国家队比赛时，报社编辑打电话给我，他说：“我们已拿到独家消息，谢亚龙的确在沈阳，他不是来协助调查，他已被刑事拘留了。”这消息是报社跑公安战线的记者从内线那里得到的，我马上给社会新闻部主任于欣打电话确认，他说：“这消息指定可靠，谢亚龙他们三人的确被刑拘了……只是，我们也得保护一下线人，稿子没写得太直露。”我说：“这样敏感的稿子最好别上网了，否则全国媒体猛炒，等于出卖了‘线人’，我们的压力会很大的。”

第二天，《辽沈晚报》独家刊出《谢亚龙等人已被警方采取强制措施》。文中暗示谢亚龙等三人已被刑拘，并通过律师的嘴，披露了谢亚龙案可能不同于南勇和杨一民案，谢亚龙和操纵足球比赛无关，只涉嫌腐败。

直到12日中午，国内媒体才开始炒作谢亚龙等被立案侦查一事。

这天，公安部网站发布了信息：原体育总局足球运动管理中心主任谢亚龙和李冬生、蔚少辉两位中层干部被专案组依法立案侦查。这条题为《警方证实谢亚龙等被立案侦查》的新闻原文如下：

> 日前，从公安部治安管理局获悉，在侦办涉嫌利用足球比赛贿赂、赌博系列案件中，公安、检察机关多渠道获取了对原中国足协副主席谢亚龙、原中国足协裁判委员会主任李冬生、原国家足球队领队蔚少辉等人涉案的线索和举报。在国家体育总局的配合下，专案组已依法对谢亚龙、李冬生、蔚少辉立案侦查。

“在国家体育总局的配合下……”这是一句让我浮想联翩的话。早在2009年11月，警方要第一次公布案情时，南勇特意介入了新华社通稿的“写作”。当时南勇给新华社领导打电话，让新闻稿里一定加上一句“在国家体育总局的配合下……”以凸显总局领导对足坛打假反赌的重视。

让人尴尬的是，不论国家体育总局多么积极“配合”，继南勇、杨一民被警方立案侦查后，反赌不断持续深入，尤其像谢亚龙这样已离开足坛的前掌门人都进入打击范围之内，对总局来说，这都是打着骨头连着筋，谁知道还会涉及哪些重要人物？

当然，即使没有重要人物落网，足协里南勇、杨一民和谢亚龙三位副主席引发的连锁反应也难以估量。他们在足协内部有时联合，有时对抗，但他们都有各自的利益团体，如今，带头大哥出事了，这对他们的利益团体意味着什么？

崔大林在谢亚龙后又“被协查”

从南京回到沈阳后，谢亚龙等人引发的余震持续不断。

9 月 13 日晚 10 时 30 分，我在办公室正和同事议论着当天的版面，忽然崔大林的电话打了进来。

这天早晨，当谢亚龙等人被立案侦查一事正式得到官方证实后，几大门户网站纷纷转载了《足球》报的消息，称原国家体总局副局长崔大林也被“协助调查”。我看到这条新闻后，打崔大林手机想求证一下，手机响了半天没人接。怎么回事？在我记忆里，这是崔大林第 N 次“被调查”了。年初，南勇和杨一民被批捕时，有报道称他“被调查”了；8 月中旬，崔大林从国家体育总局副局长位置卸任时，同样有报道说他“被调查”了……

傍晚 5 点多，原辽足俱乐部老总毛治中从哈尔滨打来电话：“刚才有朋友打电话，有鼻子有眼儿地说大林进去了，我刚才打他电话，没通……你知道啥消息不？”我说：“今天上午是有这个传言，可在中午时崔大林出现了。新浪记者找到他，他正在自己办公室看写他‘被调查’的报纸呢！”

晚上忙完报纸的版面，和各地朋友交流一下一天的新闻，谈得最多的是崔大林。不可否认，在仇富仇官成为时尚的中国当下，任何一个官员都有被怀疑的理由。只是，这种怀疑可以是一种心理活动，一旦付诸言行，并成为侵害别人权益的行为，怀疑论者还奢谈什么公平与正义？

“崔局，你对假新闻是不是麻木了？”我在电话里笑着说，“上午许多人都问你的事儿，一天都没消停吧……”

“早就麻木了，可也很气愤。”崔大林说，“你们搞新闻的都知道假球可恶，怎么偏偏有人喜欢搞假新闻？本来退休了，享受点清净，又给我拽出来了，真是笑话！”

“实际这已经侵害你名誉权了……我看也有媒体给你支招，你可以起诉那些人的。”

“没必要的。”崔大林说，“造谣的会自己都造累的……对了，你和大眼（李承鹏）是哥们，你可以告诉他，我很生气的。抓新闻也不能无中生有吧？指名道姓地说谢亚龙之后就是我，这样做还有没有底线呢？”

大眼一直是个战士，他扫视足坛，大大小小的官宦几乎都是他抨击的对象，但凭我对他的了解，他的抨击也仅限于犀利的文字，并且就事论事，至少不会去编造一些假新闻。我虽然这样想，但还是决定给大眼打个电话。白天，我的确也看到有媒体以他的名义“宣布”崔大林“马上要进去了”。

“老崔对你很生气啊……”我笑着对他说，“你可把握点分寸，至少别说得像‘谢亚龙之后就是崔大林’那么直白。”

“我对老崔的确有看法，可报纸上的指定不是我的原话。洪军，你该知道，捕风捉影的人太多了，许多记者靠推理写新闻，能好吗？我的原话是，‘现在该是大鱼浮出水面的时候了：从逻辑来看是这样的：首先是南勇进去了，然后是谢亚龙进去了，足协的一、二、三、四、五把手都进去了，他们的主管单位，难道没有问题吗？’最后被人一演绎，就把老崔名给点出来了……”

足坛打假扫黑，媒体所承受的压力我深有感受。在激烈的媒体竞争中，即使及时捕捉各种动态消息，记者也常常会因丢掉“新闻”而受领导责难。如何抓独家新闻？这个话题已超越了职业操守，变成一个“技术问题”。比如说，假新闻指定是“独家新闻”，于是新闻写作变成文学创作，许多从业人员为独家不得不从事假新闻创作了。

有两个例子让人哭笑不得。

9 月 9 日，谢亚龙仍处于失踪状态。素来和体育记者关系密切的金家继 MSN 签名这样写道：“下午，我见到西亚龙……”有记者在线上碰到老金想问个究竟，老金笑着说：“敏感时期我不会多说话的，想了解具体事就看我 MSN 签名……”结果第二天，许多报纸开始披露：谢亚龙已结束协查返京。老金后来说：“我写的是‘西亚龙’，而不是谢亚龙，有人写假新闻和我没关系的……”

18 日中午，我在 QQ 上碰到南方一个曾做过体育记者的哥们，他问我在忙啥，我说出差在北京。他问：“到北京干什么去了？唯恐天下不乱吗？”我开玩笑说：“反赌打黑嘛！有人自杀了，我想了解点情况……”第二天，我发现至少有六七家报纸刊载了一则重磅报道，说是有体育官员难以忍受扫黑重压，已经自杀……

网络拉近了人与人的距离，同样也渲染了人与人的信任危机。

崔大林多少有点苦恼，足坛扫黑以来，稍有风吹草动，他就会成为靶子。这的确是很反常的现象，崔大林是副部级干部，居然有好几次被某些媒体白纸黑字登出“被协查”的假新闻。体育新闻百家齐放、百花争鸣，但对崔大林类似的报道是否已超越道德与法律底线？

在喧闹的足坛反黑热潮里，落井下石、造谣中伤的比比皆是；疯狗一样乱咬者也大有人在。当然，也有清醒者，比如资深足球评论员毕熙东。

当崔大林成为热点时，毕熙东说：“起码他负有领导责任，问责制，你也是渎职。其实不止崔大林一个领导有问题，1994 年的时候，那个时候体委领导就忽然觉得足球运动员怎么都这么有钱？这还得了？一个月的训练费用比我一个部长的工资还高，这不行，得拿出一部分来给其他项目。那这种钱实际拿着是违法的，因为人家各个俱乐部都是企业法人，人家创造的市场价值你凭什么给拿走啊？这就是公然地用行政权力干预市场的行为。”

南勇案引发崔大林闪电退休?

2010年8月17日下午，崔大林微笑着出现在总局向甘肃舟曲特大山洪泥石流灾区“送温暖、献爱心”捐助活动现场。他的身份是国家体育总局副局长，并亲自捐款。这是他以该身份最后一次公开亮相，因为在18日上午，国务院任免一批国家工作人员，崔大林即被免去国家体育总局副局长职务。

崔大林的实际退休年份应该是2009年。北京奥运会后，随着国家体育总局总体战略思路的调整，崔大林手头许多工作尚未交接完毕，所以他的退休延续了一年。可这种再正常不过的退休却在中国足坛掀起轩然大波。

国务院任免令到来的同时，从体育总局也传来另一个消息。崔大林退休之后，总局将会调整副局长的分工，蔡振华、肖天两人中的一人有望接过崔大林的工作。崔大林此前一直主持足协的改革工作，南非世界杯期间他还曾率领代表团现场考察。如果说崔大林退休是正常的话，他退休之后不再分管足球（出任足协主席），这才是让人浮想联翩的主要原因。

崔大林被免去总局副局长的第二天，南方某报迅速刊发一篇文章，题目是《“南勇炸弹”引爆崔大林闪电引退？》。这篇文章的典型意义在于，它首先把崔大林和南勇联系在一起，委婉地暗示了崔的不清白，这很符合时下足坛“抓大鱼”的民意；其次，该文章肯定了崔大林许多业绩，貌似公允，但涉及崔与中国足球的关系时，文章则承袭了许多足坛打假扫黑文章的共同风格，那就是对事实的歪曲以及虚构。

我们不妨拜读一下全文：

> 昨天，国务院发文任免一批国家官员，其中崔大林被免去国家体育总局副局长的职务。至此，之前关于崔大林要在体育总局“退休”的消息终于得到证实。
>
> 崔大林在担任总局副局长的任内一直分管中国足球，也是中国足坛“反赌打黑”风潮爆发以来的高光人物。这次崔大林的离职，对中国足

球的未来会带来什么影响呢？

体育界公认的优秀管理家

1949年9月4日，新中国诞生的前夕，崔大林出生在沈阳一个革命干部家庭。崔大林从小就显露出过人的体育天赋，有一年参加沈阳市学生运动会获得了5项全能第一。

1968年9月，崔大林到西丰县下乡。在一次县里的篮球比赛中，崔大林崭露头角，此后被调到县体委工作。1973年10月，西丰县酒厂失火，崔大林第一个爬上高墙，跳到失火的厂房拼命扑火。

1979年起，崔大林开始担任辽宁省体育运动技术学院副院长。1987年，崔大林力排众议，大胆起用竞走教练王魁、柔道教练刘永福等人，从而培养了多名世界冠军。不可一世的“性格教练”马俊仁也是崔大林一手发掘的，这才有了上世纪90年代中国女子中长跑的短暂春天。上世纪整个90年代，辽宁省体育在国内的霸主地位无人能撼。

2003年11月，崔大林从辽宁省体育局局长的位置上调，任国家体育总局局长助理，2007年4月出任国家体育总局副局长，分管训练竞赛工作。他多次担任中国体育代表团的领导，带队参加奥运会和亚运会等国际大赛，具有丰富的指挥参赛经验。2008年他全面主抓中国体育军团备战北京奥运会的工作，最终取得了瞩目的成绩。

职业化足球的启蒙开创人

崔大林是国内体育界公认的一名优秀管理人才，但对于公众来说，崔大林这个名字被熟知，还是因为足球的缘故。

在专业足球时代，辽足隶属于辽宁省体育运动技术学院，崔大林当时正是院长。从1985年起，崔大林主抓足球。辽宁足球能有后来“十冠王”的辉煌，同崔大林有着密不可分的联系。1990年，辽宁队在亚俱杯决赛中力克日本尼桑队捧杯，这是中国男足成年队迄今为止唯一的一个洲际冠军。单从这个角度讲，崔大林在足球领域的成绩无人能出其右。

1989年，40岁的崔大林作为中国足球队副领队，带队参加世界杯预选赛，亲眼目睹了“只差一步到罗马”的悲剧。1992年，崔大林和时任足协副主席的王俊生等人赴欧洲考察。在回国的飞机上，崔大林起草了两万多字的《关于中国足球实行职业发展的方案》，成为“红山口会议”启动职业足球的蓝本。红山口会议后，中国足球在1994年开始进行职业化改革，很多方案都来自当时崔大林的意见。可以说，崔大林是中国足球职业化的开创者之一。

“举国体制”的走火入魔者

无论是之前在辽宁省体育局担任“一把手”期间，还是后来进入国家体育总局工作期间，崔大林可谓中国体育“举国体制”的极力拥护者。具体到足球项目上，崔大林同样拥护“举国体制”，但是在执行“举国体制”的思路上他也出现过不少偏差，甚至闹出过不少笑话。

1995年的甲A联赛，辽宁队在主场输给广州太阳神队后黯然降级。时任广州队主帅的辽宁籍老帅张京天痛哭当场，他指责崔大林是辽足堕落的罪人，原因是崔大林过于强调一线队的成绩，而忽视了后备人才的培养。

2002年，中国队冲入韩日世界杯。崔大林提出“胜哥斯达黎加、平土耳其、负巴西，顺利出线”的目标。但最后国足3战全负，崔大林的豪言成为笑谈。

崔大林一度提出让中超采取“南北分区”的赛制，之后又提出举国体制要渗入到各个项目，全然不顾职业体育的基本规律。韦迪今年在足管中心上任后，一度提出让国奥队参加中超“中甲”的比赛，背后同样有崔大林的支持。

崔大林并没有回避外界给他所起的“崔举国”的称号，今年3月份“两会”期间，崔大林就曾正面回应过这个说法。他认为在中国体育发展的过程中，“举国体制”起着重要作用。但在中国足球走向职业化之后，如何进一步发挥“举国体制”的功效，始终是一个争论的话题。

敏感关头“被选择”闪电退休

按有关规定，副部级干部到了60岁便要离职退休。崔大林按照正常情况在去年就要退休了，但他当时非但没在副局长位置上离职，反而更多地出现在中国足球的各种场合。

去年年初南勇成为中国足协掌门人，外界普遍认为南勇是得到了崔大林的极力支持。而且，有关“崔大林将出任足协主席”的传言也一直未曾断过。大多数人都坚信，中国足球即将真正进入“崔南配”的时代，因为在国家体育总局的所有领导中，崔大林是最熟悉足球的。

去年上半年以来，崔大林在南勇的陪同下，从南至北在多个地方进行足球基层调查。当时，外界普遍猜测崔大林就是在为召开足代会从而出任新一届中国足协主席作准备。

但是，由于去年全运会后足坛“打假扫赌”风潮的爆发，足代会被无限期延后。及至“南杨案”案发，崔大林第一时间在总局内部召开发布会，宣布韦迪从水上中心到足管中心任职。

可以说，至少在韦迪今年上任之后，崔大林是毫无退休打算的。事实上，崔大林正是“南杨案”案发后重建中国足球管理层的主导人物，韦迪上任频频酝酿的各种新政也有不少直接体现了崔大林的思路。崔大林私下也曾与好友透露，今年自己的重要任务一是协助“打假扫赌”的工作顺利推进，二是尽快落实足代会的召开。

南非世界杯期间，崔大林在韦迪的陪同下带队前往南非考察。7月19日，崔大林还依然以体育总局副局长的领导身份接见亚足联主席哈曼。从这些事情上，的确丝毫看不出崔大林退休的征兆。

但没有想到，进入7月下旬，崔大林“退休”的消息突然传出。韦迪此前曾表态，认为崔大林准确来说并非“退休”，而仅仅是从总局副局长的位置上“离职”，因为崔大林毕竟还是全国政协委员，得工作到政协这一届结束，换届时才退休。

但与此同时，南勇案情的进展也通过不同的渠道被部分透露。这难免令人怀疑：崔大林“被选择”在此敏感时候闪电退休，是否出于对南勇案件的“问责”？

崔大林一时又成了热点人物，他的“足球观”也引起国际反响。

2008年10月30日，韩国韩联社发表了一篇题为《中国足坛围绕是否学习朝鲜足球打口水仗》的文章。文章称，在朝鲜女足已达到世界水平之后，朝鲜男足也顺利进入2010年南非世界杯最后一轮预赛，因此围绕是否要向成绩优于中国的朝鲜学习少数精英式举国体制，在中国足球界引起了争论。这场风波起源于中国国家体育总局副局长崔大林的一番发言……

是年10月23日，崔大林在中国足协参加实践科学发展观活动动员大会时表示：“中国足球目前主要矛盾是人民群众日益增长的足球需求同落后的足球水平之间的矛盾。”称中国足球应向朝鲜足球学习。

崔大林说：“足球改革要符合实际国情，从过去这些年的发展来看，职业足球改革没见到预期的效果，反而丧失了举国体制的一些优势。”

他认为，体制机制固然要创新，但也不能把所有的症结都归结为体制。“比如朝鲜，他们的体制下，女足水平世界一流，男足也很不错。”在崔大林看来，中国足球的症结之一就是训练抓得不够，“国奥队的表现既输球又丢人”，归根结底还是训练水平不尽如人意。

崔大林这次讲话最后被有影响的媒体断章取义为：中国足球要发展必须要实行举国体制。崔大林于是变成了“崔举国”，他遭到前所未有的围攻。“开历史倒车”“崔大林要倒行逆施”之类的指责见诸各种媒体。

而事实上呢？2010年元月2日，崔大林回沈，我见到他时也曾提到举国体制的问题，他说：“媒体可以找找我发言的录音听听，我是高度赞扬了朝鲜队，也提出举国体制的重要性，但我说举国体制的前提是足球职业化不能放弃，举国体制应该体现在后备力量的培养上……其中，我们一项重要举措就是酝酿青少年管理体制脱离职业足球，重新回到各地方体育局体系之中，以保证青少年队的数量和质量……”

的确，崔大林作为“职业化足球启蒙开创人”，他 1992 年就与王俊生图谋职业足球大计，他凭什么在 16 年后以举国体制的方式搞倒退？况且，他经营辽宁足球时，虽然“十冠王”在 1995 年遭遇降级，但也正是这一年的 12 月 31 日，他和当年的张桐坡在沈阳扯起中国足球第一家股份制俱乐部的大旗。崔大林应该明白，职业体育，包括职业足球的发展是不可抗拒的，开历史倒车，无异于以卵击石。

《“南勇炸弹”引爆崔大林闪电引退？》的文章中还有两处事实性差错。

文章称：“2002 年，中国队冲入韩日世界杯。崔大林提出‘胜哥斯达黎加、平土耳其、负巴西，顺利出线’的目标。但最后国足 3 战全负，崔大林的豪言成为笑谈。”韩日世界杯期间，中国足球的确提出过这样的口号，但崔大林是 2003 年 11 月从辽宁调至北京出任国家体育总局局长助理的。韩日世界杯期间，身为辽宁省体育局局长的崔大林怎能为国家队去制定目标？

至于文中称“崔大林提出‘南北分区’”的想法更有点张冠李戴。

2007 年年初，谢亚龙萌生了中超赛制南北分区的想法。当时，有“中超之父”称号的郎效农表示了不满，认为在事先没有征求中国足协内部意见的情况下，谢亚龙就畅谈中超改变赛制，不是明智之举，很容易引起各方面的混乱，尤其是容易招致赞助商方面的质疑。

郎效农没想到的是，谢亚龙趁国足在亚洲杯小组赛遭到淘汰的时机，于 2007 年 8 月正式提出了 2008 年中超联赛南北分区。8 月 8 日，郎效农直接向国家体育总局分管足球工作的副局长崔大林上书，陈述了自己反对实施南北分区赛制的理由。10 日中午，崔大林给郎效农打电话，以表示对他的支持。午后，崔大林来到中国足协开会，彻底结束了南北分区的闹剧。

据知情者透露，郎效农因这事儿彻底得罪了谢亚龙。当天晚上，大家都在足协餐厅吃饭，谢亚龙对郎效农说：“你就是要把我搞下课吧？”郎效农回答："你是司局级干部，你下不下课是国家体育总局人事司决定的，不是我郎效农决定的。"

郎效农可能会想到谢亚龙会有一天下课，但他恐怕没想到只两三年的光景，已在中体产业踌躇满志的谢亚龙一夜间就沦为阶下囚。郎效农和谢亚龙从没有个人恩怨，两个人的矛盾也只是围绕着业务展开的。

郎效农也曾和崔大林谈过对谢亚龙的个人印象，但仅限于业务探讨范畴。老郎不可能因为谢亚龙被立案侦查而幸灾乐祸，但他难免会感慨，都说足球场胜负瞬息万变，足球官场又何尝不是如此？

崔大林的仕途从"生产队长"起步

谢亚龙出事儿了，崔大林为什么又成为许多人的靶子？

除了他调到国家体育总局后身居显位、木秀于林外，更重要的在于他在辽宁省期间把持着中国最重要的一支"体育生力军"，他像所有成功者一样，被拥戴的同时也注定了被争议。正如所谓成名，不仅意味着得到了什么，同样也意味着失去了许多。

崔大林出身干部家庭。他在1968年作为知青被下放到辽北西丰县。西丰位于辽宁东北部，毗邻吉林省。西丰历史悠久。1619年，清太祖努尔哈赤灭叶赫后，将此地圈作皇家围场。相传康熙帝曾狩猎于此，射中一鹿，鹿带箭而逃，康熙帝脱口而出："此乃逃鹿也！"此地遂得名"逃鹿"。1896年弛禁招垦，1902年设县。因河水西流，且物产丰富，因而起名"西丰"。

崔大林的仕途就是从西丰县粮全公社天兴大队第一小队的生产队长开始的。他喜欢体育，后调到西丰县体委工作。1979年第四届全运会后，崔大林被调到辽宁省田径队任领队。1985年他出任辽宁省运动技术学院院长。1990年出任辽宁省体委副主任，兼辽宁省体育运动技术学院院长。

崔大林的事业巅峰始于1993年。1993年4月，马俊仁所带领的马家军在天津集体刷新女子马拉松全国纪录；8月马家军又在斯图加特世锦赛包揽女子1500米、3000米、10000米全部3枚金牌。到了9月的七运会，马俊仁的弟子们继续狂破世界纪录……中国体坛的马家军横空出世，王军霞、曲云霞、马丽艳、刘东、张林丽等人迅速成为被热捧的明星。

随着马家军的异军突起，崔大林也迅速陷入辽宁体坛一场权力动荡的旋涡之中。

记得1993年12月25日晚，我的同事、一直跑田径的记者栾俊学发布了一个重要新闻，他说："马俊仁辞职了，辞职书都交了，这可是大事儿……"时任《辽沈晚报》体育部主任的邵永凯听到这个消息后，不停地在办公室里踱步，嘴里叨念着："这可咋办？这可咋办？能让报吗？不可能让报啊……"

当时的马俊仁希望沈阳所有媒体都炒他辞职的事儿，但当时的马俊仁在沈阳基本相当于大熊猫这样的"国宝"级人物，他不仅是一个体育明星，也是一个"政治符号"，对他的任何报道上面都有严格的规定。

最后，马俊仁辞职的消息被北京一家媒体率先披露，这个重磅炸弹让许多人都猝不及防。当时，体育部主任邵永凯叮嘱栾俊学和我："我们不能报，但你们要紧跟这件事，把来龙去脉弄清楚，将来风声不紧了，可弄大稿……"

我们的调查结果很令人吃惊，马俊仁为什么辞职？他辞职的矛头直接对准了时任辽宁省体委主任的阎福君。

1993年12月28日，我和栾俊学到辽宁省体委去见阎福君。阎福君是鞍山人，喜欢舞文弄墨，古体诗功底深厚。他年轻时在鞍钢工作时发表过许多作品，后到《鞍钢日报》当总编。

"阎主任，我们知道您现在的处境，我们想多了解一些情况。实际上，我们也不赞同老马这个举动，我们刚在七运会上取得不错成绩，现在内乱了，这是给辽宁体育抹黑……"

阎福君很有文人气质，宽厚随和。他说："说实话，我有点发懵。我说的你们也不能写，我也不希望媒体炒这事儿，不是啥好事儿。我承认我工作中可能有不当的地方，但马俊仁以逼宫方式来对待工作上的纠纷，这的确不妥当……"

什么事儿让马俊仁冲冠一怒呢?

马俊仁在1993年如日中天时，很多商家蜂拥而至。有人找到阎福君，要与辽宁省体委合作，开发和马俊仁相关的体育品牌。阎福君答应了这事儿，马俊仁不干了。他认为阎福君不该利用马家军品牌“做生意”，这是败坏马家军名声，没把马俊仁放在眼里……于是马俊仁开始酝酿采取行动。

半年后，作家赵瑜来沈阳为写《马家军调查》做采访，他通过阎福君的一个材料披露过这样一个细节：

> 马俊仁同志在提出辞职前一天早晨8时，往我（阎福君）家里打了一次电话，在一个小时的电话里，老马直言不讳地说：“谁支持我，他就是我爹，谁不支持我，他就是三孙子！大林已经答应我当省体委副主任，当全国人大代表、全国劳动模范，你为什么不提到党组会上讨论！你还是我们鞍山老乡呢你，你算什么老乡，够意思吗？我让你听大林的，在体委好好当你的老太爷，你就是不听话！告诉你，我和崔大林翻个浪，眼睛一瞪，一跺脚儿你就得下台你知道不？叫你永世不得翻身！”

马俊仁素有“马大炮”之称，他在这场“动荡”中把崔大林抬出来，顿时让崔大林处于尴尬境地。

马俊仁辞职风波惊动了辽宁省省委省政府，也惊动了国家体委。时任国家体委主任的伍绍祖也加入“灭火”的行列。崔大林也亲自找马俊仁，甚至当面训斥他，要求他尽快稳定下来，以实际行动消除不良影响……但马俊仁是铁了心干到底。阎福君多次找他谈话被拒绝，他的目的很简单，那就是在辽宁体坛，要不你阎福君走人，要不我马俊仁滚蛋……

1994年3月，阎福君调到辽宁省社会科学院做院长。

颇有讽刺意味的是，一年之后，也就是1994年12月中旬，为“纪念”马俊仁辞职一周年，在马俊仁的得意门生王军霞率领下，十几名女运动员将一份集体辞职报告放到马俊仁面前。马俊仁遭遇了阎福君一样的打击，但老马没有阎福君那样的镇定与从容，他面对“造反”的弟子们勃然大怒。老马难以平衡，自己把弟子们当孩子一样呵护她们成长、成名……到最后却落得众叛亲离，老马觉得，天理已经不在了！

时任辽宁省体委主任的崔大林迎来了分崩离析的马家军。客观上说，马俊仁当年的辞职风波给崔大林带来许多负面影响。由于马俊仁在与阎福君的争斗中总拿崔大林说事儿，使得许多人认为崔大林是这场风波的幕后推手。可仔细推敲一下，崔大林应该懂得，凭自己在中国体育界的地位，出任辽宁体育掌门人是迟早的事儿。如果他真急于在1993年做这个“推手”的话，这无疑是一场“引火烧身”的官场游戏。

当年的马俊仁手眼通天，尽管崔大林对他有知遇之恩，但崔大林也不得不看他眼色行事。他知道老马的性格，想操纵马俊仁能是一件容易的事儿吗？

2000年，马家军在悉尼奥运会前的药检中“全军覆没”，这意味着马家军已成为一个名词，彻底告别了中国体育的大舞台。

2003年，马俊仁和崔大林同时进京。为备战北京奥运会，崔大林被调至国家体育总局做局长助理。该年，已赋闲在家的马俊仁把自己养了多年的100多条珍贵藏獒从大连迁到北京大兴。马俊仁开始从事藏獒养殖工作，并以极大热情备战中国藏獒博览会。

崔大林舍弃足协主席确有隐情

进京后的崔大林如鱼得水。北京奥运会后，他开始分管足球。他知道自己已到了退休年龄，但在2010年年初，崔大林设想退休后，他要等待足代会的选举，出任足协主席一职。

2010年1月2日，我和回到沈阳的崔大林在沈阳北陵公园附近一家餐馆小聚。当时的足坛可谓风声鹤唳，草木皆兵。我们的话题从打假扫黑开始，他问：“你怎么看这次行动？”我说：“我们都感到很过瘾，终于有那么多人进去了！”

当时，警方已公布了两次案情。2009年11月25日，公安部公布了“王鑫等16人涉嫌利用商业贿赂操纵足球比赛结果”案件的初步情况，本案具体涉及的比赛场次是2006年8月19日“中甲”联赛广州医药对山西陆虎的比赛。

这场假球的始作俑者王珀和王鑫是当时山西陆虎足球俱乐部的正、副总经理，当二人将广州医药队作为“假球、赌球”对象的时候，就开始想方设法找圈内的接洽人运作。于是王鑫和王珀通过球队助理教练，联系到另外两家足球俱乐部的负责人作为中间人，找到广州医药足球俱乐部。

得到山西方面卖球的示意后，广州医药俱乐部副总经理杨旭在请示了俱乐部主要领导后，在赛后将20万买球钱又通过中间人给了山西陆虎俱乐部。

在策划广州医药对山西陆虎这场假球之初，王鑫和王珀的重要目的就是赌球。王鑫想对这场球押大球盘，大球盘的意思就是总进球数要在3个以上，结果果然出现了1∶5这样悬殊的比分。而据警方调查的结果，这场球刚开始时，王鑫和王珀作为球队的主要领导就跑到东莞去赌球了，最后两人赢了十几万元。

12月11日，足球打假行动又有新进展。

当时公安机关表示，在侦查王鑫一案时，经过进一步深挖和调查，发现犯罪嫌疑人尤可为还涉嫌利用商业贿赂，参与操纵2007年“中甲”联赛个别场次的犯罪线索。尤可为、许宏涛已被依法逮捕，刘红伟等涉案人员已被刑事拘留。

据公安机关调查，2007年9月22日，“中甲”联赛成都谢菲联足球队客场对阵青岛海利丰足球队，当时正是前者“冲超”的关键时期。为赢得这场比赛，时任成都谢菲联队副总经理的尤可为和董事长许宏涛，商议出钱买下此场比赛。

2007年9月20日，成都谢菲联队到达青岛后，尤可为约见青岛海利丰队领队刘红伟，密谋打假球事宜。经双方协商，成都谢菲联队以数十万现金并免费让青岛海利丰队在其训练基地冬训一个月为条件，让青岛海利丰队在这场比赛中“放水”。当晚，尤可为、许宏涛与青岛海利丰队领队刘红伟等人见面，再次敲定了打假球相关事宜。比赛期间，青岛海利丰队通过违反常规换人等形式，操纵比赛结果。最终，成都谢菲联队以 2∶0 赢了青岛海利丰队。

此时足坛已有十数人被警方控制。种种迹象表明，警方足坛反赌刹不住车了，接下来还会有谁?

我在与崔大林聊天时也提到了南勇。我问他：“崔局，你对南勇如何评价？”崔大林笑了笑：“客观地说，南勇是很敬业的。举个例子吧，让他写个文件，他可以一晚上不回家，躲在办公室里干到天亮……至于领导能力，那是另一回事儿了！”

我关心的是打假扫黑会不会把南勇牵扯进来：“你看到那封举报南勇的信了吧？许多记者邮箱里都收到了，好几千万赞助费没了，问题好像很严重吧！”

“爱福克斯那事儿？”崔大林说，“这不是啥新闻了。早在两年前就有人举报南勇。当时总局很重视这事儿，派专门调查组查过，据说是没查出啥事儿来……”

谈到扫黑以及南勇，崔大林还提起一个插曲，他说：“去年 10 月 21 日，我和南勇都在济南看全运会足球比赛。忽然，我接到公安部电话，说足球出事儿了，抓住几个赌球疑犯，他们供词里涉及足协官员。我觉得事情挺严重，就让南勇当晚飞回北京，并向公安部表达两个态度：一是公安部反赌，总局和足协坚决支持；二是如果涉及足协官员，涉及谁查谁，绝不能手软。”

随后，崔大林也返回北京，他特意被召至公安部沟通情况。足坛打假扫黑案始发于原沈阳籍球员王鑫在新加坡赌球一案。王鑫在新加坡事发后潜逃，国际刑警通缉了他，2009 年年初王鑫被辽宁警方捕获，供出国内系列涉嫌赌球案，反赌的雪球也就越滚越大了。

当时，由于王鑫、王珀以及原广州足协秘书长杨旭等人涉嫌操纵广药队的案件最先浮出水面，广东方面曾建议该案交给广东警方侦破，但公安部没有允许。当时公安部相关人员与崔大林见面后，曾对他说，该案涉及许多辽宁籍球员，这个案子是否应该找第三地警方来侦破？崔大林的态度是，辽宁警方是经得住考验的，前期侦破工作已说明这一点。崔大林认为，这个案件本身是公安部督办的，案件应该能办成铁案。

崔大林谈起案件前期侦查工作，深有感触地说："足坛这么乱，再不动真格的能行吗？北京奥运会，最丢人的就是足球，足球只是简单的体育项目吗？它是民心工程！"

"崔局，足代会马上要开了，大家都说你要出任足协主席，你觉得这个担子重吗？"

"足代会初步定在（2010年）1月下旬开，二十一二号吧！"崔大林说，"我今年下半年在总局就退下来了，我对足球有兴趣，目前也很有信心。警方这样强有力的行动，这对中国足球未来发展指定有利。"

"许多人都在盯着你，你得有点思想准备……"

崔大林笑着说："问心无愧就行了。我都想好了，如果我被选上足协主席，我就职演说就两句话——眼下的中国足球在国际足联排行榜上已跌出100位之外，我作为新任足协主席已无话可说，请诸位看我的行动吧！"

从2010年1月至8月，短短的时间里，许多事情的发生恐怕连崔大林自己都没想到。

南勇、杨一民、张健强1月中旬被警方带走，随后陆俊、黄俊杰也被立案侦查；接下来，山东鲁能的董罡、原辽足老总程鹏辉、张曙光等被传"失踪"；8月上旬，福特宝老总邵文忠也被警方传唤……在这样的大背景下，崔大林正式退休，并称不再有出任足协主席的想法。

崔大林为什么改变自己的初衷？

我们不排除外部环境给他带来的重压。确切地说，崔大林是奥运会后正式分管足球的。此间他经历了谢亚龙下课以及南勇上台。作为分管领导，尤其像南勇这个他提拔的干部乱了纲纪，崔大林的压力可想而知。

当然，崔大林的退缩也不排除缘自他对足球的绝望。他是一个坚持竞技体育必须要成绩的业务干部。他若出任足协主席，不仅亚洲杯国足要取得好成绩，巴西世界杯预选赛上，国家队也至少要冲出小组。否则，不论有多大的理想，足球没有成绩就意味着失败。而事实上，崔大林作为北京奥运会摘金夺银的功臣之一，面对足坛现状，他是没有能力扭转乾坤的。用自己的余生豪赌足球的未来，结局很可能是险恶的，那么，战略性撤退不失为一种明智选择。

何况，崔大林提拔了韦迪，他也很信任韦迪。可以说，韦迪也是一枚让他进退自如的“棋子”。假如韦迪在任期内能把国家队带进巴西世界杯，崔大林的足球理想同样能实现；当然，若韦迪败走麦城，他自己也只能独饮苦酒了……

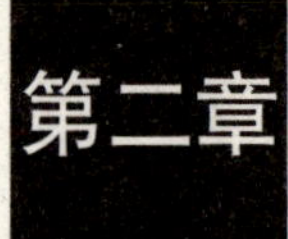

第二章 腹黑谢亚龙——这个龙王不会水

谢亚龙离开田管中心后，曾有人评价他的仕途：成也伍绍祖，败也伍绍祖。体育总局有“秘书派”与“政工派”之争。谢亚龙是“秘书派”最典型的人物。

说到底，在袁伟民看来，谢亚龙毕竟是前朝重臣，谢的离去正符合中国官场哲学。

谢亚龙引出的一段尴尬往事

2010年11月2日，我在北京已逗留近两周的时间。在我的拟采访名单上，有崔大林、韦迪、郎效农、王俊生、阎世铎、冯剑明等足球圈里的重磅人物；也有棋哥、金家继（老金）、原沈阳海狮俱乐部老总章健这些在足球江湖里曾经驰骋过的大佬们……

这天晚上，我坐在天坛饭店一楼大堂吧里等金家继。

老金在中旅工作，因为他在体育圈里有深厚的人脉和不错的信誉，中国体育媒体境外采访这块蛋糕几乎被他独吞了。每逢世界大赛时，国内许多媒体记者差不多都要跟他组的团走。足球这块儿他更熟悉，不论王俊生、阎世铎、谢亚龙，或者南勇、张吉龙等，他都能拍着肩膀跟他们称兄道弟。正因为如此，2001 年沈阳“十强赛”期间，他也为中国足球肩负起了许多外事工作。米卢带领国家队在沈阳五里河体育场出线了，沈阳有关方面在绿岛为出线功臣塑了铜像，在里面老金也趾高气扬地和南勇、米卢、吕锋等人站在一起……

沈阳给许多中国足球人留下难以磨灭的记忆。今年 1 月 8 日中午，我曾和时任中超总经理的吕锋在大宝饭店对面的大连海鲜舫吃饭，他当时就问起我摆放在绿岛的那些铜像。我告诉他，现在绿岛酒店被一所大学收购了，那些铜像好像都要被遗弃了。吕锋听到这儿，很郑重地说：“你回沈阳后给我打探一下，铜像真要被扔了，你把我的那个给弄出来，实在不行我出钱买回来也可以……”

我和吕锋已有十多年的交往，也处成了不错的兄弟。他是黑龙江人，大学毕业后在政府机关做到了处级干部，后跟华堂老板曹国俊下海经商。1995 年年底，北京华堂集团介入辽足，在沈阳树立起中国足坛第一个股份制俱乐部的大旗。当时的吕锋作为华堂集团的中层干部，也开始接触足球。

吕锋为人随和，做事踏实。在沈阳和成都做俱乐部老总时，媒体和球迷对他的印象都很好。2001 年，米卢率国家队在沈阳备战“十强赛”，吕锋是副领队，承担着国足的后勤保障工作。2006 年年底，吕锋被时任中超公司董事长的南勇任命为中超公司总经理。

吕锋做了中超公司老总后，我们也时常有电话联系。正因为关系不错，2010 年年初在北京见到他，我很直白地问他：“我的《球事儿》里把中超公司骂得够戗，你介不介意啊？”他一本正经地笑着说：“我们欢迎你们的监督，这样我们才能把工作做得更好……”我接着问：“那么多人都进去了，你不会有事儿吧？”他笑着说：“我是给人打工的，我能有啥大事儿呢？”

吕锋难以预料到的是，一周之后，南勇和杨一民就被警方带走了；当然，他可能更难以想到的是，南勇等人被带走不久，他也被警方带到沈阳——这个曾给他带来无限荣誉的地方。

时间注定是魔术师，它变换着人的身份、地位和命运。

比如 11 月 2 日，如果从足球视角来端详它，它也有着自己的特殊意义。

2009 年的 11 月 2 日，我们得知了“足坛数十人被警方控制”的重大新闻。记得当天晚上，我和我的同事们搜罗各方信息，字斟句酌，精心策划第二天的版面。深夜 11 点多，我还给我的哥们高健打了一个电话。给高健打电话是有原因的。10 月下旬在济南采访全运会期间，一个朋友神秘地问我：“听说老高（健）因为赌球被抓起来了？”当晚我给高健打电话没打通，心里很纳闷。11 月 2 日这天晚上，我想到还应打个电话给他。

高健手机还是关机。打他家里电话，是他爱人接的。她把高健喊来，我很认真地问他：“你最近怎么总关机呢？你说实话，是不是出啥事儿了？你没参与赌球吧？有人说你被警方带走了……”高健被我问得一头雾水，他说：“我怎会干那事儿？大哥你还不了解我吗……放心吧，啥事儿没有，等哪天我们得喝一下了，好长时间没喝了！”

可是，谁能料到，我们再也没有机会和高健喝酒了……

我和他通话不久，他带两个声称要租房的人去看自己一处空闲的楼房，刚进门就被两个歹徒控制了，最后被残忍杀害。因为高健曾供职于《球报》和《足球》报，也是新浪体育特聘的足球专家，他被害的消息传出后，许多媒体捕风捉影，四处渲染“足球记者高健因为赌球的事儿被杀了……”

沈阳警方没用一个月时间就把案子破了。这是一起典型的抢劫杀人刑事案件。

两个凶手都是 20 出头，一个是抚顺人，一个是湖南株洲人。两个人在网络上看到高健出租房屋信息后，便约高健看房。高健为人一直都很实在，对别人很少提防，他刚领两人进入要出租的房子，就被对方用刀逼住。他身上只有 800 多元现金，歹徒让他拿出银行卡，并逼他说出密码……此间，高健趁站在自己前面的一个歹徒不备，抱住他要把他摔倒，见势不妙，身后的歹徒几刀把高健扎倒在地……

高健被害后，我一直感到奇怪，为什么有人说他因为赌球被抓了？

直到2010年9月中旬，随着谢亚龙、蔚少辉等人被警方立案侦查，媒体披露，重庆足协的高健也曾被警方带走协助调查，我才恍然大悟。

重庆足协的高健正式走向“台前”，关于他的新闻接二连三地也都出来了。原来在2009年10月中旬，当原广州足协官员杨旭被警方带走时，重庆足协的高健也曾被协助调查。该消息经坊间加工演绎，以讹传讹，因为名字相同，又都和足球有关，重庆的高健也就成了沈阳的兄弟高健……

时光在流逝，有一种时间注定叫度日如年。

一年里，中国足坛的大地震是毁灭性的。去年此时，王鑫、王珀、尤可为、杨旭等人走进人们的视线。我像许多人一样，猜测或想象着案情的发展脉络，然后在躁动中开始搜罗记忆，用短短的15天写出《球事儿》这本书。但我的确没有想到，这场始于小鱼小虾的抓捕行动最后能把南勇、杨一民、谢亚龙一网打尽。

如果度日如年，我们不难想象出现在镜头里的王鑫、王珀们为何苍老了许多；我们也不难发现，陆俊、黄俊杰们为何血性全无，在电视里如秋后霜打的茄子；当然，南勇和杨一民等人也会感到光阴的残酷。他们能否理解，当年的龚建平为何关进铁窗后体重骤减几十斤？南杨注定如同过昭关的伍子胥，一夜间须发皆白……

365天只是个数字，有时它却蕴涵了整个人生的荣辱与苍凉。比如，眼下的南勇，他不再需要西服和领带了，甚至他想吃一碗冷面、喝几杯啤酒的权利都被暂时剥夺了。他还可以喜欢足球，被破例允许看场直播，但铁窗里看比赛的南勇与临刑前谈论阿根廷队的文强是没有区别的，失足不是梦魇，那是一种无法救赎的千古之恨。

那么，谢亚龙呢？

2010年1月中旬，中体产业的棋哥向我要了两本《球事儿》，一本给王俊生，一本给谢亚龙。王俊生是中体产业前董事长，而谢亚龙离开足协后，便成为中体产业现任董事长。棋哥告诉我，他把书送给谢亚龙时，老谢笑着说：“郝洪军不够意思，那年他来足协，我很热情地接待了他们……他怎么还说我不作为呢！”

谢亚龙提到的是发生在2006年3月的事儿。当时，我所供职的《辽沈晚报》因报道原辽足守门员刘建生涉毒一案，引出一批足坛涉赌案。3月初，来自上海的一个举报人找到我，声称掌握着许多球队的涉赌证据。后来，我和该举报人在上海见面，从他那里了解到许多“中甲”、中超球队涉嫌赌球，球员涉嫌操纵比赛的线索。这些线索包括长达数米的银行交易明细、涉嫌参赌球员和经纪人的银行账号，等等。掌握了这些线索，《辽沈晚报》联手国内数十家都市报，掀起了一股强劲的反赌热潮。

全国媒体反赌的动静越来越大，接下来怎么办？我想到应该让足协有个说法了。

3月10日，我派当时体育部记者邱国栋和姚广安拿着相关材料的复印件进京。我给他们的指令是，必须要见到谢亚龙，一是把我们掌握的材料交给他，二是要他表示一个态度。

这天上午，邱国栋和姚广安费尽周折，谢亚龙才同意了接待来访的记者。在他的办公室里，谢亚龙与两个记者热情握手，他的身边还有南勇以及新闻官董华等人。邱国栋说明来意，谢亚龙随后表态：“你们的报道我在网上都看到了。首先，我对媒体的行动表示感谢，你们是在净化中国足球的环境，中国足球要发展，是离不开你们支持的；再有，你们提供给我们的相关材料，我们也会及时交给有关部门。足协对反赌的态度是坚决的，那就是绝不允许假、赌、黑势力在足坛肆意横行……”

因此，谢亚龙显然记错了，《辽沈晚报》给他递交材料的是邱国栋和姚广安两个记者。这一天我在沈阳，并没有在他的办公室里受到“热情接待”。

当时，我们谁也没有察觉到3月10日这一天的特殊意义。除了《辽沈晚报》记者与足协巨头因反赌扫黑有了亲密接触，这一天下午4时，中国足坛另一个超威力“地雷”也在众目睽睽下埋下了。

2006年3月10日下午6时，谢亚龙、南勇等人赶到北京长城饭店，他们要参加中国足协、中超公司与爱福克斯冠名中超的新闻发布会。

爱福克斯，官方资料显示，它是一家来自英国的网络公司，以网络通讯、网上免费电话、IP 国际长途电话服务销售为主业务。

早在 2006 年 1 月底，足协副主席、中超公司董事长南勇和中超公司总经理瞿郁明前往法国，就中超冠名一事与中介公司进行沟通，来自欧洲的多家知名企业纷纷向中国足协抛出了橄榄枝。中国足协最终选中了爱福克斯。

南、瞿两人返回国内后，双方一直在进行合作细节的沟通，直至 3 月初，双方最终就中超联赛以爱福克斯冠名达成了原则性共识。根据协定，爱福克斯 2006 年冠名中超的费用约为 600 万欧元，以后 5 年的冠名费用以 10% 左右的增幅逐年递增，到 2011 年，一年的冠名费将近 1000 万欧元，而 6 年的总冠名费将超过 4000 万欧元，这对于中国足球而言无疑是一个大单。

如今，爱福克斯已成了中国足坛的一只落水狗，可在 2006 年它却如同一个英国绅士，高傲、豪爽、阔气，它的举止让许多中国足球人自惭形秽。

爱福克斯为什么要冠名中超？用当时足协的共同说法是：爱福克斯希望借助足球载体在中国庞大的市场开拓新天地，从而更好地推广自己的品牌。该公司网站上显示，他们推出了一种电脑网络电话通讯产品。通过该公司的技术，客户可以在互联网上拨通免费电话，也可以用普通电话拨打价格相当便宜的 IP 国际长途电话。

南勇出事儿前，因为签约爱福克斯一事，两封长长的举报信闹得满城风雨。南勇真的如外界传言那样在爱福克斯签约上做了手脚？或者说，谢亚龙在这件事上是否也该承担领导责任或法律责任？

任何缺少法律依据的猜测都可能是不负责任的行为。答案在哪里？尽管坊间有五花八门的猜测，但真相也只能等南谢案尘埃落定后才能揭开。

历史还原给我们的真实细节是：2006 年 3 月 11 日下午，也就是足协与爱福克斯签约后的第二天下午 3 时，谢亚龙现身西安中超联赛开幕式上。开幕前，西安朱雀体育场回荡着他那激情四溢的讲话："感谢爱福克斯……感谢西安热情的球迷，只要我们的比赛能健康，中超联赛一定会重新回到红火激热的秩序中！"

伍绍祖让谢亚龙跃过了龙门

谢亚龙被立案后，体育圈震荡很大。谢亚龙和南勇、杨一民这样的“纯体育人”不同，他有着很复杂的官场背景。比如，他曾是伍绍祖的秘书，又出任过陕西安康的市委副书记……在体育这个领域，他又当过群体司司长、田径中心主任等。正因为他涉猎众多部门，谢亚龙犯案后，许多人担心反腐烈火会从足球圈引向中国体育圈，从而引起更大的地震。

显然，这种担心是很主观地把谢亚龙放置在了“巨贪”的位置上。谢亚龙会引起中国体育的地震吗？我们不妨顺着他的人生与仕途发展轨迹，接近一个真实的谢亚龙。

谢亚龙 1956 年出生在重庆。他早年离开父母，随哥哥在陕西省宝鸡长大。17 岁时，谢亚龙在陕西省中学生田径运动会上一举夺得 100 米第一名，随后入选陕西省队，参加了全国中学生运动会。同年他被陕西省体工队相中，成了一名专业运动员，专攻 100 米和 200 米。当时谢亚龙 100 米成绩达到 11 秒，是相当不错的成绩了。

1979 年年初，本想在田径赛场一逞雄风的谢亚龙意外受伤，他不得不提早离开田径场，退役做了教练。谢亚龙教练生涯中最得意的弟子是章惠芬。在谢亚龙的调教下，章惠芬的 400 米栏成绩突飞猛进。1979 年 9 月在第四届全国运动会上，章惠芬以 59 秒 79 的成绩为陕西队夺得金牌。此后，章惠芬多次在全国比赛中披金戴银，也代表我国在世界大赛中取得过不俗的成绩。谢亚龙为此受到了陕西省有关方面的嘉奖和表彰。

谢亚龙岂愿当个卧龙？ 1980 年，谢亚龙决定深造，他考入北京体育学院教练员本科班学习。随后又考上研究生，师从著名学者田麦久。毕业后，谢亚龙有幸成为了伍绍祖的秘书。

伍绍祖 1939 年 4 月 6 日出生于西安，衡阳耒阳市南门外松茂堂人。父亲为中共中央军委秘书长、中国红军电台的奠基人、红军无线电通讯事业的创始人伍云甫，母亲是全国政协常务委员、民政部顾问熊天荆。

1957 年 8 月，伍绍祖以优异的成绩考进了清华大学工程物理系，攻读理论核物理专业。1964 年 7 月本科毕业，同时考取清华大学理论核物理专业研究生。1988 年 10 月，被中央军委授予少将军衔。1988 年 12 月底，任国家体育运动委员会主任。

伍绍祖出任体委主任后，他对秘书的选择条件是苛刻的。除了根红苗正，政治上靠得住，还要有基层体育工作经验，还要有比较高的理论水准。挑来挑去，刚刚研究生毕业的谢亚龙浮出水面，他通过严格的考核后，正式出任伍绍祖的秘书。

谢亚龙严谨、踏实的工作作风让伍绍祖很满意。谢亚龙上任后，他面临的最大考验是在北京举行的第 11 届亚运会。

1990 年北京亚运会是中国举办的第一个综合性的国际体育大赛，也是亚运会诞生以来的 40 年间第一次由中国承办。来自亚奥理事会成员国的 37 个国家和地区的体育代表团共 6578 人参加了这届亚运会。代表团数和运动员数都超过了前 10 届。

谢亚龙刚从北体研究生毕业时，正赶上北京亚组委成立。那时，他没想到自己会成为伍绍祖的秘书，更难以想到自己会一夜间接近体委的权力中心。1986 年，包括国家奥林匹克体育中心、运动员村在内的亚运会工程，在北京中轴线北端上百公顷的庄稼地上破土动工。与此同时，一批配套工程纷纷上马，例如，北四环的大部分路段都是于亚运会前建成的……

谢亚龙出任伍绍祖秘书后，他的亚运神经异常敏感。中国体育如何利用亚运会的舞台展示自己？科技在体育事业发展中应具备什么样的战略意义？谢亚龙使尽浑身解数钻研着亚运课题，直到北京亚运动圆满落幕，他才觉得自己向伍主任交出了一份满意的答卷。

1992 年，谢亚龙离开秘书职务，出任北京体育大学副校长。1996 年，他又被调回国家体委出任群体司司长。

谢亚龙当了两年群体司司长后，也就是 1998 年 3 月，正值国务院机构改革，国家体委改为国家体育总局，与中华体育总会一个机构两块牌子。伍绍祖任国家体育总局局长、体育总会会长、党组书记，并兼任北京2000年奥运会申办委员会执行主席。

20世纪90年代的谢亚龙可谓春风得意。他在群体司当司长期间，伍绍祖在体育领域里继续追求着强国健民的理想。在任国家体委主任、国家体育总局局长11年多的时间里，伍绍祖主持了多项重大体育改革，为中国的体育事业在20世纪末和21世纪初的发展，制定了许多积极而卓有成效的改革政策，并对未来产生了深远的影响。

1991年，北京的第一次申奥计划启动。我们为什么申奥？伍绍祖曾回忆当时的情景："那是1990年7月3日上午，小平同志去视察亚运会场馆，我和体委、北京市的一些同志陪同。当时小平同志问了句：'中国办奥运会决心下了没有？为什么不敢干这件事呢？建设了这样的体育设施，如果不办奥运会，就等于浪费了一半。'我在军队当过参谋，什么都记在本上，回去后就给中央领导、体委领导、北京市的领导讲了，小平同志有这么个意思。党中央马上讨论，最后决定：申办！"

对于第一次申奥的失败，伍绍祖认为，这也不完全是一件坏事。"如果第一次申办成功了，以当时我国的经济实力，办奥运会花的力气会更大一些，而且还会影响改革开放的进程。没申办成功，对我国人民，尤其是青年大学生也是一次极大的教育，知道世界上还有我们的反对势力。"

许多老体育工作者都有个共识，那就是伍绍祖搞体育务实、果敢，这可能与他军人家庭出身有关。在伍绍祖家中，有三张特殊的照片被他珍藏起来。照片在不同的历史时期拍摄，其中的主要人物是毛主席，与毛主席合影的分别是伍绍祖的祖父、伍绍祖的父亲，还有伍绍祖本人。每当伍绍祖凝望着这三张照片时，思绪便飞到了久远的过去，那是一段段令人难以忘怀的美好往事。

关于这三张照片，伍绍祖曾在《中华儿女》杂志上亲自撰写过回忆录，有媒体据此又呈现了伍家三代人与毛主席之间珍贵的记忆：

2007年7月，伍绍祖大儿子一家从耒阳市老家回来时带来一张照片，是伍绍祖的小叔叔给的，照片是1919年初夏原长沙湖南第一师范学校一些校友的合影。照片上一共有21人，第一排坐在地上，第二排坐在凳子上，第三排站着。第一排右数第二人是伍绍祖的祖父伍如春，第二排左数第三人便是毛泽东，那时他刚从北京经过上海回到湖南长沙。据伍绍祖的小叔叔讲，这张照片过去在耒阳老家的家中也有一张。1959年伍绍祖的祖父去世后，伍绍祖的三个小叔叔分别都出去上学、当工人或参军，他们三个人的母亲（伍绍祖的后奶奶）也离家走了，家里的房子便出租给别人。“文革”初期这家人怕与“当权派”有瓜葛，便把家中所有的照片都烧掉了。这次拿回来的照片是当时在一本新出的杂志上发现的，他翻印后由伍绍祖的儿子带了回来。

伍绍祖的祖父伍如春是1878年出生的，比毛主席大15岁，原在家乡当私塾老师，为了适应社会变化，1913年又去长沙读书，进了第一师范，与毛主席同年级。那时毛主席才20岁，风华正茂，广交朋友，胸怀大志，以图报国。而伍如春已经35岁，虽然他与毛主席的关系还不错，毛主席称他为“伍大力士”，但他家中上有老母，下有妻小，所以没有跟随毛主席参加革命，这也成了他一生的憾事。

他在新中国成立后给毛主席写了一封信，信中有诗一首，其中两句是“大惜未随长征去，作一鸧鹈不可能”。还诉说了家中生活困难：“云儿救我只杯水，杯水焉能救车薪”。当时毛主席给他回了一封信，是用毛笔在宣纸信笺上写的，从书法角度看，是很好的草书书法作品。毛主席在信中表示对伍如春家中“困难甚念”，并寄去当时的旧币300万元“聊助杯水，如有急需尚望续告”。伍绍祖听父亲伍云甫讲，1955年春节团拜时，毛主席见到他还问：“你为什么不给家里寄钱？”其实那时实行供给制，伍绍祖父母的津贴并不多，但还是每个月给湖南老家寄25元。

前些日子伍绍祖在中央电视台看到电视剧《恰同学少年》，讲毛主席在长沙第一师范情况的。虽然其中并无伍如春这样一个人物，但把当时毛泽东同志的革命精神和革命活动表现出来了。所以当伍绍祖得到了这一张当年毛主席和祖父聚会时的照片，心里非常高兴。

伍绍祖父亲伍云甫是1904年出生的，在伍绍祖祖父的鼓励下于1920年考上衡阳湖南第三师范。在这个学校，伍云甫开始接触到一些宣扬欧洲革命思想的书。1922年毛泽东同志到衡阳湖南三师作过一次关于社会主义的讲演，伍云甫听了以后，很受教育，遂于次年加入了社会主义青年团。1925年毕业后他回耒阳县当教师，参加县里的革命活动，并于1926年4月入党。

当教师一个月有20块大洋收入，但党组织那时需要有人专门搞党的工作，当时耒阳县党组织的负责人便对伍云甫讲："你是要当党员还是要当教员？要当党员就辞去教员。"结果伍云甫就辞去教员专门搞党的工作了，后来他又参加了1927年秋收起义和1928年的年关湘南起义，1930年被党组织派到上海党中央特科四队学习无线电通信技术，1931年年初被派到赣南参加创建中央红军电台的工作。那时伍云甫在中央红军总部工作，经常能见到毛主席。当毛主席得知他的父亲是伍如春时说："伍如春的儿子也来参加革命了！"

伍云甫从1931年年初到1950年一直在党中央机关工作，但家中从来没有他与毛主席合影的照片，这也成了家人的一个遗憾。2003年在准备纪念毛主席诞辰110周年的时候，伍绍祖所在的中直机关工委准备搞一个图片展览。有一天，新中国成立初期专门为毛主席照相的侯波同志在清理毛主席的照片时，突然对帮助整理的一位工作人员说："这里有一张伍书记的父亲与毛主席的照片，你们赶快洗出来给伍书记送去。"这样伍绍祖就得到了一张毛主席与伍云甫握手的照片。从照片上看，毛主席是在接见一个什么会议的代表，他正握着伍云甫的手与他说话。发现这张照片后，伍绍祖特别珍视它，一直挂在家里客厅显眼的位置。

再一张就是伍绍祖自己与毛主席的合影照片了。这张照片拍摄的时间是1946年1月1日，地点是在中央军委所在地延安王家坪，伍绍祖那时才6岁多。照片上一共有33个人，现在大致确定身份的有22个人，伍绍祖父母和岳父也在上面，而伍绍祖正好站在毛主席的左前方。这张照片是2004年7月在军事博物馆展出的《延安精神永放光芒》展览上用的，但当时把照片的时间地点都注错了，伍绍祖向展览的主办方提出来，他们就把这张照片摘下来送给伍绍祖了。

毛主席曾于1917年4月在《新青年》杂志上发表《体育之研究》，这篇文章充满了物质第一的思想，充满了辩证法思想，充满了中华文化的意味，一直到70多年后伍绍祖当国家体委主任了，这篇文章的主要观点还是伍绍祖的基本指导思想，而毛主席写这篇文章时才刚刚24岁。

谢亚龙重伤“马家军”轻伤崔大林

2000年5月，伍绍祖调任中共中央直属机关工作委员会副书记。袁伟民被任命为国家体育总局局长。中国体育在新千年伊始，告别了伍绍祖，跨入了袁伟民时代。

袁伟民是个实干家，也是中国经济转型特定时期沾染着爱国情愫的一个鲜明符号。他做女排主教练期间，分别于1981年、1982年和1984年，历史性地取得第3届世界杯女子排球赛、第9届世界女子排球锦标赛和第23届洛杉矶奥运会女子排球比赛冠军，使中国女排在世界排坛上首次取得“大满贯”“三连冠”的历史性突破。

袁伟民也是一个福将。他刚出任局长就迎来了悉尼奥运会。在2000年悉尼奥运会上，中国军团以28枚金牌的战绩第一次跻身第一军团。此次奥运会上，中国运动员共有3人12次创8项世界纪录，6人11次创11项奥运会纪录。

2000年，随着伍绍祖的离任，谢亚龙的命运也发生了变化。他由总局群体司司长调任田径管理中心主任。伍绍祖的离开让谢亚龙有种失落感，但官场历来如此，风水轮流转。谢亚龙知道随遇而安的重要性。既然伍绍祖借最后的力量让他掌管田径中心这一要害部门，他就要以卓越的业绩回报老领导，同时也可借此作为给袁伟民的“见面礼”。

为了业绩，谢亚龙要拿兴奋剂开刀。他手起刀落，马家军在悉尼奥运会前轰然倒地。

其实，伍绍祖在任期间，他明确提出要严格禁止运动员服用兴奋剂。因为反兴奋剂工作做得好，他还被国际奥委会请去作经验介绍。萨马兰奇称赞中国是“反兴奋剂的模范”。

谢亚龙把严查严办兴奋剂事件当成上任后第一件大事。悉尼奥运会开赛前一个月，在一次飞行药检中，当时中国田径队的尿检结果让体育总局的领导们触目惊心，其中“马家军”队伍中有 2 人尿检呈阳性、4 人血检超标，总共才 7 人的参赛人员居然有 6 人被证实使用了兴奋剂或者有明显涉嫌使用兴奋剂。

谢亚龙挥舞砍刀毫不留情。最终，这些有嫌疑的运动员全部被排除在名单之外，从而使中国田径队的参赛人数从最初确定的 38 人减到 26 人。“马家军”事件过后，谢亚龙说出了这样的豪言壮语：“不杜绝田径界的兴奋剂问题，我就下台，宁愿去北京前门卖大碗茶。”

严厉查处兴奋剂事件，为谢亚龙赢得极大声誉。但作为当事人的马俊仁，却一直觉得自己比窦娥还冤，声称田管中心有人就是要整他。

2001 年初秋，时任《体坛周报》记者的金松在一个特殊的机会，捕捉到马俊仁第一次言辞激烈的公开辩解。金松是这样记述当时情景的：

> 马俊仁在书记刘志固和训练基地主任杨建的陪伴下出现在辽宁省田径训练基地的会议室，本来不想讲什么的马俊仁在听到杨建等人的激烈陈词后，终于还是忍不住了……
>
> “从进行药检到最后下达判罚决定，整整度过了 9 个多月。在这段时间里，许多人都认为是我们辽宁省体育总局在做田管中心的工作，争取不给我们处罚，所以才过了这么久，但实际上是田管中心自己有问题。
>
> “去年 7 月 9 日，是大连市流行性痢疾的高峰期，我们队有 6 个人

染病，其中也包括尹丽丽和宋丽青。她们当时拉得都脱水了，一天两个吊瓶。田管中心在12日来检查时，她们已经打了3天吊瓶了，宋丽青是在人事不省的情况下被背回来参加药检的。当时背她回来做检测时，医生都对我们说，你们还有没有人性了。

“按照奥林匹克反兴奋剂法规规定，如果尿的比重达不到1.010，就不够检测的标准。当时尹丽丽由于拉肚子脱水，尿的目测比重只有1.005（实际机器测试只有1.003），也就是说，尹丽丽的尿根本就不够检验标准，但这却成了定罪的依据。另外，按照反兴奋剂法规定，当事人必须观看对B瓶尿样检测的全过程，但检测中心没有让尹丽丽看最后的技术分析。

“宋丽青的B瓶尿样检测说出来更是个天大的笑话。去年12月28日，宋丽青去进行复查B瓶尿样，结果发现那个瓶子的瓶口有了1/2破损。根据反兴奋剂法，这瓶尿样已经不具备检验的资格，当时田管中心声称是运输原因造成的。后来为了推卸责任，又未经我们许可，私自将此瓶送到公安部物证鉴定处鉴定。本来瓶口破损就不应再检测，而送到公安部更是违反了法规，因为法规中规定尿样是由带锁的冰箱保存的，没有当事人在场不应私自打开。

“我们建议做了一个关于B5885尿样（宋丽青尿样）的检查备忘录，来自田管中心的孙莹和来自兴奋剂检测中心的吴侔天等8人在备忘录上签字，证实瓶口确实破损。

“宋丽青在3月22日写了《我的意见》，并想直接申诉到国务院办公厅或者往国际上送。但我考虑现在正是申奥的时候，闹出去是个笑话，因此希望中心妥善处理就行，我们暂不申诉了，我们想把申诉放在确定奥运申办城市后。他们可能以为我们不敢了，以为我们好欺负，所以就把处罚发了出来。

“在青海集训时，宋丽青出走，当时有些人说她是为了逃避药检，我气坏了。实际上，那次在青海搞血检时，弄了一个不懂行的来检测，他扎左胳膊不行又扎右胳膊，而且上完厕所不洗手又来。另外，让20多岁的女孩尿检，他们就在对面，说“你快尿”。你想，当着这些男人的面，她能尿出来吗？看来，我们不但要研究训练学，还得研究怎样能使队员不因为尿检而生病。当时宋丽青因为血检已经血液感染，而且连续六七次尿检，把肾盂炎引发了。

“当晚检验完后，宋丽青觉得这样下去迟早要把自己折腾死，所以于次日凌晨5点背包走了。

“没有让我们参加奥运会，不明真相的人都以为我们是血检不合格。什么血检不合格，我告诉你们吧，那都是假的，只是不让我们去奥运会的托词。

“我们辽宁省体育总局查了中外165篇关于血检的论文，人在高原时EPO值和在平原时是不一样的，我们上高原的目的就是要让运动员自身产生EPO。

“去年田管中心血检之前，我已经给她们测过了，李季的EPO值是最高的，可是他们竟然让李季去奥运会了。这也让我们认定，这是存心在整我们。实际上，这种事从1999年就开始了，以前你们听说过不参加田径大奖赛就不准参加国际比赛这样的事吗？结果我们没有资格参加亚运会，这不是明显的权大于法的例证吗？

“我们马家军是不可能犯兴奋剂错误的，我现在有德国和美国最好的检测仪器，我们的检验员有北大的研究生，在每次接受国际和国内的检测时，事前和事后我都要为每个队员测一次（说话间他拎出一摞写得密密麻麻的记录本）。因为我知道，这不是我马俊仁个人的问题，而是代表国家，代表声誉，这是国家利益的问题。他们说我们以前的成绩都是假的，但我们拿冠军时哪次没参加药检？根本就是没有问题。我想问，他们究竟查到了什么？到底我们用了什么药了？

“说到底不就是想收拾我马俊仁吗？如果是这样，干脆就针对我马俊仁自己得了，何必让这些无辜的人跟着受罪呢？

“我马俊仁不缺什么，名、钱我都有，一个方子我就卖了1000万，我其实就想多拿几块金牌，我以前就曾说过，宁可死在跑道上，也不死在医院里。其实打奥运，我们能得到什么，不就是想给国家多拿点金牌吗？现在我身上有11种病，我不怕死，也不怕整，但我希望，别让中国再受损失了。

“真理是永存的，你再有权，早晚也要跪在真理面前磕头。说实话，我现在都不敢看我的队员们，看到她们我都想哭，我感觉真是对不起她们，高中、大学都没上，跟着我，结果还这样。”

马俊仁的辩词充满火药味儿，这符合马俊仁的性格。

马俊仁火爆的性格可能来自他身后那些别人无法撼动的成绩。他担任辽宁田径队女子中长跑队教练时，率队在1993年横扫世锦赛，夺得女子1500米、3000米和10000米三枚金牌；同年在七运会上，马家军多人次打破1500米、3000米和10000米的世界纪录，书写了中国田径史上最辉煌的历史。先后培养出曲云霞、王军霞、董艳梅、姜波等一批世界级中长跑名将。

马家军创造了中国体育的辉煌，他们也是国家的荣誉，那么，体育总局真会以国家名义“迫害”马家军？这种论断显然不合情理。

袁伟民在《袁伟民与中国体坛风云》一书中，也无不骄傲地披露过这段往事。他当时是总局局长，谢亚龙向马家军动刀，没有袁伟民的支持是不行的。可是，领导支持的事儿很多，执行者应付差事的也不少见。显然，谢亚龙是真刀实枪地干上了。

谢亚龙查处马家军时，崔大林时任辽宁省体育局局长。

我记得2007年7月，我因为要去采访悉尼奥运会，特意到崔大林办公室拜访他。当时的崔大林激情澎湃，他从中国代表团的情况谈起，最后聊到辽宁籍运动员可能拿奖牌的项目。我吃惊的是，崔大林的确是业务干部，他有超强的记忆力，谈到任何一个有望夺牌的选手，这个选手的最好成绩、世界纪录成绩，以及该选手最强竞争对手的详细资料等，他都如数家珍。

那次在他办公室里，他谈到马家军。这也是一个让他兴奋的话题。他分析了马家军夺金的态势，然后意味深长地说："马家军需要重新证明自己，悉尼奥运会这个舞台，对他们来说太重要了！"

然后，谢亚龙一记重拳，不仅让马俊仁砰然倒地，也让崔大林有点发懵。

崔大林清楚地知道，当时，北京正申办奥运会，在悉尼奥运会这个舞台上，中国体育不能有任何闪失。当时中国代表团的成绩不该是问题，最可怕的就是兴奋剂丑闻了。为此，崔大林多次在辽宁省体育系统大会上强调打击兴奋剂的政治意义。

马家军出事后，崔大林作为省体育局局长，也受到通报批评。他为此也找了马俊仁谈话，大意是：首先要服从处罚，吸取教训，不得公开质疑总局打击兴奋剂的行为，并保证类似事件不再发生；其次，做好善后工作，尤其是要保证马家军中李季参赛的纯洁性。

悉尼奥运会上，马俊仁的弟子李季是唯一一位"马家军"成员，她在女子万米比赛中获得第7名。

事实上，崔大林的两点希望一个也没得到保证。马家军受到处罚后，马俊仁并没有管好自己的嘴。他把谢亚龙看成是"迫害"马家军的"刽子手"，四处放炮，造成许多不良影响；而李季呢？她还是出事了。

悉尼奥运会两年后，也就是2002年3月，中国田径协会作出决定，对赛外兴奋剂飞检中尿样呈阳性的辽宁田径运动员李季及其主管教练等给予严厉处罚。

田管中心介绍说，李季在2001年7月17日国际奥委会反兴奋剂委员会进行的赛外兴奋剂飞检中，尿样呈阳性。田管中心对李季的处罚包括：警告和禁止参加国内外田径比赛两年，即2001年8月3日至2003年8月2日；罚款8万元；停赛期满后如要恢复比赛资格，停赛两年期间必须接受4次兴奋剂抽查。如不按时接受检查，将终身禁赛。而对其主管教练员石福杰的处罚是：警告和禁止参加国内外田径比赛两年，即2001年8月3日至2003年

8月2日；罚款8万元。

田管中心作出此项处罚前1个月，即2002年2月，踌躇满志的谢亚龙不得不离开他钟爱的田管中心，被调至总局体育科研所担任副主任。

此时的谢亚龙可能会更加怀念他的老领导伍绍祖……这是卸磨杀驴吗？他不知道自己的仕途是否会峰回路转？他更想不到五年后他入主足协时，曾经被他“搞得很尴尬”的崔大林会成为他的直接领导。

2002年初春，谢亚龙有一种感觉最真实，那就是“一朝天子一朝臣”这话没有错。的确，如果袁伟民能重用前任局长伍绍祖的秘书，那么中国的官场哪会有那么多纠葛与暗战？

两任局长秘书仕途的黑白轮回

谢亚龙离开田管中心后，曾有人评价他的仕途：成也伍绍祖，败也伍绍祖。

体育总局有“秘书派”与“政工派”之争。谢亚龙是“秘书派”最典型的人物。谢亚龙一直把自己担任田管中心主任看成人生最有成就感的时刻，他甚至把扳倒马家军当成自己谋求晋级的筹码，但他最后失望了，不得不在2002年年初到总局体育科研所赴任。

他的职务是体育科研所副主任。虽然享受正司级待遇，但他明显有种被“戍边”的感觉。谢亚龙是与田管中心副主任尚修堂同时被调离的，尚修堂平级调到游泳中心当主任，谢亚龙却被降半格使用，个中滋味只有他自己能体味了。

至于谢亚龙为什么被调走，坊间有各种说法。比如，谢亚龙与尚修堂在工作上不配合，无法形成合力；又如，谢亚龙反兴奋剂行动太猛，得罪了一些权贵……但问题的关键是，如果袁伟民想重用谢亚龙，这些都构不成谢亚龙离任的理由。将帅不合，那么，要保谢亚龙的话，可把尚修堂调走；反兴奋剂是符合国家利益的，谢亚龙立功再受贬，同样不符合情理。

说到底，在袁伟民看来，谢亚龙毕竟是前朝重臣，谢的离去正符合中国官场哲学。

谢亚龙到了体育科研所，既来之，则安之。他思辨能力很强，也搞过体育理论研究，曾出版过《中国优势竞技项目制胜规律》《奥林匹克研究》《国际群众体育》等著作。到体育科研所后，没用半年时间，他就和夫人李益群一起提出了奥运会中的“克拉克现象”，还和李益群一起出版了专著《体育博弈论》。正因为谢亚龙有学者风范，他前后共获得了国家科技进步奖、国家体委体育科技奖等10多项科研成果奖励。

在体育科研所工作不满7个月，像当年以一个基层教练身份考取北体大一样，谢亚龙的命运又发生了一次重大变化。

2002年9月，正是中国足坛最喧嚣的时刻。韩日世界杯结束，国家队在世界杯赛场晃了一圈儿后，有点神情恍惚。高潮过后人们不得不沉思，中国足球的出路何在？

谢亚龙曾回忆2002年初秋那段时间，他说，可能是世界杯年的缘故，也可能是工作太轻松，他自己莫名其妙地关注起足球来，甚至从理论上尝试着探讨中国足球的出路。

但对他来说，这个月份最重要的命运转折绝不是和足球发生关系，而是他放弃体育科研所副主任职务，到陕西安康市挂职任市委副书记。

谢亚龙作为市委副书记，主管宣传、文化和体育。到安康呼吸到新鲜空气，他重新抖擞精神，经过大量基层走访，谢亚龙为安康的经济文化发展，明确地提出了“绿色文化”的口号。谢亚龙要求各县根据自身实际，推出“一县一品”：即在汉滨区搞“农舟文化”、在汉阳县搞“三沈文化”、在石泉县搞“鬼谷子文化”、在平阳县搞“女娲文化”、在紫阳县搞“民歌文化”……

谢亚龙在安康工作期间，有着良好的口碑，工作踏实，平易近人，没有一点官架子。最难得的是，他有着浓厚的文化气质，也有学者风范。

据谢亚龙在安康的一个同事回忆，谢亚龙的调研工作给人留下深刻印象。安康地处陕南，山多路险，大多地区尚未脱贫。为了了解基层的情况，谢亚龙在安康工作两年间，他的足迹踏遍所有区县。有时他深入山区，步行几十里，饿了啃几口干粮，渴了喝几口山泉，脚磨起了泡，但他毫无怨言……

时光荏苒。安康对于谢亚龙来说，差点成为他下半生安身立命之地。

2003 年年底，谢亚龙曾向安康市委组织部递交一份申请，要求结束挂职后留在安康。他觉得这里老百姓的日子过得很苦，想为百姓踏踏实实地做点事。可后来他的想法发生了变化。谢亚龙的妻子李益群当时得了慢性肾衰，出现了心力衰竭现象，北京的医疗条件肯定比安康要好，因此在妻子的要求下，谢亚龙最终还是决定挂职之后回到北京。

安康，注定要成为谢亚龙的一种记忆。

2004 年 10 月，他结束了挂职工作，回到体育总局电子信息中心任党委书记。

谢亚龙回京不到 4 个月，即 2005 年 2 月 17 日下午 3 时，足协的会议室里迎来了总局副局长王钧、局长助理崔大林以及总局人事司副司长蒋治学。面对足协全体干部，蒋治学宣布了一项重要任命：免去阎世铎足球运动管理中心主任、党委书记职务，而接替阎世铎的是在电子信息中心任党委书记的谢亚龙。

2 月 18 日上午，谢亚龙第一次以中国足协新掌门人的身份到足协履新。他甫一上任，便开始召见薛立、南勇、张吉龙、杨一民四位副主席，听取工作汇报。

谢亚龙搞起了足球，他知道这对于自己来说属于“风险投资”，但他也相信无限风光在险峰的道理。事实上，他的使命很明了，在 2008 年北京奥运会上，中国足球要想夺牌是一种奢望，但如果有尚佳的表现、不错的名次，这种突破对他来说就是卓越的功绩。3 年的时间够吗？谢亚龙心里没底儿，他只能赌一把了！

奥运会像一座大山压着他，而听完几位副主席的工作汇报后，他又有一种火烧眉毛的感觉。

谢亚龙知道，一周后将召开中超和“中甲”委员会议。其中，中超委员会议的内容包括：增补会员协会委员及新升入中超联赛的两俱乐部委员，增补会员协会委员成为常务委员会委员，中超委员会作年度工作报告，商讨中超委员会2004年度的结算及2005年度的预算报告。

同时，会议还要商讨中超公司的筹建事项，以及2005年的中超联赛工作等。其中最挠头的是钱的问题。首届中超联赛的主赞助商宣布退出之后，根据2004年中超联赛的赢亏情况，各俱乐部各自只分得300万元人民币。如何安抚各家俱乐部？而2005年中超联赛的总赞助费用究竟能有多少？能否找到新的主赞助商？这都是疑问！

当然，谢亚龙更费心思的是人事问题。他知道入主足协后，要通过各种渠道对足协人际关系进行初步了解。几位副主席各怀心事，虽然各有分工，但协作精神让人无法恭维。另外，足协在经营上也有许多隐患。比如福特宝公司为人诟病已久，改组势在必行。阎世铎在任期间，中超公司的筹建也已列到日程上，如何让中超公司闪亮登场，谢亚龙不能不考虑。

2005年2月，谢亚龙注定要思绪万千，他可能会想到自己有一天会像阎世铎一样灰溜溜地下课，但他绝不会想到6年之后，他会和南勇、杨一民等人一夜间失去所有的尊严，以犯罪嫌疑人的身份被警方拘捕并立案侦查。

我们暂不讲谢亚龙涉嫌犯罪的程度，仅从他的足球业绩来说，的确是满目疮痍：

女足沦落至亚洲二流队伍；青少年足球方面，郑雄执教的国少与贾秀全执教的国青在2006年的两项亚洲青少年赛事中均遭淘汰；至于国家队，朱广沪带队在亚洲杯赛上小组赛都未能出线；在2010年南非世界杯的亚洲区预选赛中，谢亚龙亲手打造的所谓“拉杜”组合黯然失色，同样遭遇淘汰命运。

如果说谢亚龙若赌赢国奥，尚能一俊遮百丑，但他偏偏祸不单行。在北京奥运会上，国奥队在奥足赛中小组赛排名垫底惨遭淘汰，这不仅让球迷大跌眼镜，男女足在家门口拙劣的表现，也让高层十分震怒。

谢亚龙必须下课了。2008 年 9 月 9 日，谢亚龙以到国家行政学院学习的名义离开足协。半年后，他出任中体产业集团股份有限公司董事长。一年半后，他被辽宁警方从北京带走，随后因涉嫌受贿等罪名被立案侦查。

警方正式宣布谢亚龙被立案侦查的第二天，中体产业召开临时董事会，谢亚龙被罢免，由副董事长兼总裁刘军暂时代理董事长一职。

刘军，1964 年生于扬州，1981 年毕业于扬州中学，1985 年南京大学毕业后进入当时的国家体委工作。2010 年 4 月，刘军以国家体育总局体育器材装备中心副主任和北京奥组委市场开发部副部长的身份，接替掌舵中体产业 11 年的原集团副董事长、总裁吴振绵，正式出任中体产业总裁。

刘军的身份可能比他的职务更令人感兴趣。他是何许人也？对此，谢亚龙可能最能感到世事的无奈与苍凉。刘军曾经和谢亚龙有同样的身份。谢亚龙是伍绍祖的秘书，而袁伟民取代伍绍祖后，刘军是袁伟民的秘书。袁伟民卸任，刘军先后出任国家体育总局办公厅调研员、对外联络司处长、体育器材装备中心副主任。他还是亚洲排球联合会秘书长、中国体育用品联合会副主席。北京奥运会期间，他担任北京奥组委市场开发部副部长、沙滩排球场馆团队常务副主任。

谢亚龙亲朋好友的一次自救行动

2010 年 9 月 12 日，警方宣布谢亚龙、蔚少辉等人被立案侦查后，他们遭遇了和南勇等人当初相同的境况。尤其是谢亚龙，这条鱼很大，许多人都以当渔民为时尚，动用各种工具，胡乱撒网捕鱼，甚至殃及无辜，谢亚龙的妻子李益群就是其中一个“受害者”。

李益群，1965 年生于成都，1990 年毕业于北京体育大学研究生部，获教育学硕士学位。1990 年起在国家体育总局科研所工作，先后在运动训练教研室、科研处、竞技体育中心任代主任、代处长，后在体育社科中心从事科研工作。著有《澳门体育发展》等书，2002 年与谢亚龙合作出版《体育博弈论》。

谢亚龙与妻子是大学同学，两人虽相差10岁，但志同道合，感情一直很好。李益群可谓才貌双全。她涉猎的体育领域很多，但对于足球还是很陌生。谢亚龙出任足球管理中心主任后，她才关注起足球相关的新闻，有时也把网络上关于谢亚龙的文章打印下来给他看。她看足球新闻看多了，越发觉得丈夫搞足球是一种极大的冒险，只是，她无法拽丈夫回头，只能默默地支持他的工作了。

2009年年底，足坛有关人士纷纷落网，尤其2010年1月中旬，当南勇和杨一民也被警方带走时，李益群心里像揣个兔子。尽管谢亚龙谈起南勇们时总是一副不同流合污的神情，但足协是什么地方？那是一个大染缸，即使把一块白玉放进去久了，它也会变色。

现实是残酷的。谢亚龙最终还是难逃一劫。李益群不相信这个现实，她更无法接受的是丈夫被警方带走后，那些泼给自己的一盆盆脏水。谢亚龙刚“失踪”那几天，她想上网看看相关新闻，又害怕打开电脑，最后鼓足勇气去浏览各个网站，她震惊了……

有些媒体在为谢亚龙“清算罪行”时，把李益群和他捆绑在一起，大致内容如下：

> 2008年国家队和国奥队两支队伍的外教杜伊和福拉多都是谢亚龙一手选拔的，而在谢亚龙被立案侦查后，一个爆炸性的消息传出，那就是，在选择杜伊和福拉多的很多中间环节和渠道中，都出现了谢亚龙老婆的身影，这让这种选择变得很耐人寻味，也被人认定是立案侦查需要重点侦破的内容。
>
> 当时谢亚龙在办公会上决定为两支国字号男足聘请外教，而他是通过夫人的关系请来了杜伊和福拉多。当时很多经纪人都给中国足协递上了外教人选名单，其中有特鲁西埃等熟悉亚洲足球又出过成绩的教练，但是最终谢亚龙通过家人的牵线，联系到了杜伊和福拉多的经纪人。对此，谢亚龙当然有所关照，最终杜伊和福拉多两名对中国队

和亚洲足球完全陌生的外教登陆中国。

杜伊和福拉多当然知道谢亚龙是他们找到工作的关键人物，对他的意见和建议都言听计从，即使有些隔阂，杜伊和福拉多都没有坚持自己的观点，而是以谢亚龙的意见为最终的决定。比如，在挑选队员、制订备战计划以及指挥用人上，谢亚龙都有着绝对的权力。

在2008年奥运会上，国奥队在与新西兰、比利时和巴西队的比赛中，谢亚龙每场比赛都直接参与首发阵容的制定，在年初的世界杯预选赛上，谢亚龙同样行使着主教练的权力。这与两名外教的“配合”有很大的关系，如果外教不配合的话，谢亚龙是掺和不进球队的。

有一个例子就是，当时国家队的领队蔚少辉在队内的工作方式令杜伊不满，为此，2008年世界杯预选赛小组赛前，杜伊就找到谢亚龙明确提出要更换领队，否则球队作风难以保证。但是谢亚龙立即给挡了回去，他告诉杜伊，“这是目前最适合球队的领队”。经过谢亚龙的劝导，杜伊也改变了主意，最终与蔚少辉合作到了最后。

有细节显示，那之后谢亚龙语气非常严厉地指责了蔚少辉。在房间里，谢亚龙批评道：“蔚少辉你是来配合外教工作的，不是来显威风的。”当然其中还有很多激烈的言辞，在这次谈话后，蔚少辉有了很多的改变，这点让杜伊对谢亚龙充满感激。在离开中国后，杜伊在各种渠道都表达了“对谢亚龙的感谢”，杜伊数次说道：“在中国足协里，谢亚龙是一个好人。”而杜伊这个说法还有一个原因，那就是在最后工资结算的时候，谢亚龙做主给他开了奥运会打进八强才能拿到的工资。

更有一个细节能证明谢亚龙的妻子在这个过程中确有参与。2007年年底，杜伊的夫人来到中国，这是她首次到中国，因此有着浓厚的游览兴趣，向杜伊提交了一份旅游线路图，其中还有河南嵩山少林寺等地。为了让她旅途有个伴，谢亚龙的夫人专门陪同前行，其间甚至向杜伊夫人赠送了古董，后来杜伊还专门为此向谢亚龙表达了谢意。他们的关系显得非常不一般，而这关系的背后会不会有不为外人所知的内幕呢，或许这会成为立案侦查中的一个环节。

还有圈内人士披露：谢亚龙被查与2008年中国足协一笔专项培训费和一家名为“天之择”的公司有关，而这家公司和谢亚龙的妻子李益群关系密切。于是，谢亚龙之妻再次被卷入“反赌扫黑风暴”。

据知情人透露，2008年谢亚龙在主抓国足和国奥队时，曾聘请过一位美国运动康复专家埃迪。不过，按照相关规定，国内公司想聘请外国专家都需要有一个接待方，除了负责安排接待之外，还要支付相关的聘请专家费用。这时候，一家名为“北京天之择体育文化发展有限责任公司”的机构成了“接待方”。“其实谢亚龙选择‘天之择’作为埃迪的接待方并不意外，因为这家由体育界和经济界专家共同创建的公司，一直负责体育的商业化运作，与国家体育总局、国家体育总局科研所等单位有着良好的合作关系。”该知情人说。

该知情人又称，以前总局下属多个司局级单位以及运动队，都曾委托过该公司进行商业运作。问题在于谢亚龙的妻子李益群与这家公司关系十分密切，所以很容易让人产生其他联想。

不过，警方在得到举报之后，曾到“天之择”公司查过账，但并没有发现什么问题，而这家公司目前还在正常运转。“其实即使是谢妻搭桥让谢亚龙选择了‘天之择’，但如果一切都按程序进行，也无可厚非。”昨天，一圈内人直言，“俗话说得好：举贤不避亲。关键就怕这背后真有什么交易和见不得光的猫腻。”

李益群最初见到这些报道，气得呼吸都有些困难。她想默默忍着，但后来，她的一位兄长，也曾是谢亚龙朋友的某君劝她：嫂子，你越沉默，脏水泼得越欢、越多。找个适当的时机，你应该选择一个合适的媒体，把该说的说出来，这样你心里也痛快，也顺便回击一下造谣生事的人。

谢亚龙被警方带走的模式和南勇、杨一民等人相同。2010年9月3日，总局方面把电话直接打给谢亚龙，让他来局里开会。谢亚龙赶到后，立刻被辽宁警方控制，随后带走。究竟是谁把谢亚龙带走的？媒体最初的说法是“8·25专案组”，这个专案组以辽宁铁岭公安局和铁岭检察院业务骨干为主，然后抽调辽宁其他城市的精兵强将组成。

事实上，“8·25专案组”完全是媒体给冠的名。关于辽宁警方对足坛系列赌球案的立案侦破，始于2009年8月17日，该专案组的真正名称应该是“8·17专案组”。诸如王鑫、王珀、尤可为、南勇、杨一民、陆俊、黄俊杰等人的抓捕都是由该专案组来实施的。他们都被关押到沈阳，最终审判他们案件的将是铁岭市人民法院刑事二厅。

谢亚龙与上述嫌犯有所不同。9月初他在北京被带走后，没在沈阳停留，而是直接被押送到辽宁丹东，丹东检察院直接开始对他立案侦查。

李益群是在谢亚龙失踪第二天知道丈夫出事的。9月3日晚，谢亚龙手机到深夜也无法接通，李益群预感到丈夫出事了。第二天，总局某领导委婉地告诉她，老谢被警方带去协助调查了……让她不要太慌张，并说，老谢没事的话，过几天也就能回来了。

李益群没能等到回来的丈夫，相反，她等来的是关于谢亚龙各种铺天盖地的传闻。她的那位兄长找到她时，她觉得他说得很有道理。尤其这位兄长也有自己的良苦用心，比如，谢亚龙被立案侦查后，如果舆情都被各色虚假新闻把持着，这种混淆视听的做法可能会影响到案件的侦破工作。换个角度说，如果谢亚龙家人能如实把谢亚龙涉及的敏感事件讲清楚，也会对谢亚龙有利。

李益群最后同意以家人名义对各种假新闻进行回击。她和这位热心的兄长推心置腹地谈了好久，大致列出逐一反击谣言的提纲，字斟句酌，反复推敲，最后以李益群的名义形成如下说法：

①谢亚龙如果有问题，大家可以说问题；如果是工作中的失误，可以谈失误；如果是犯罪，那就谈罪行。但很多东西不能不负责任地像现在这样去凭空猜测、想象。我们跟谢亚龙朝夕相处这么多年，他是什么

样的人，我们比谁都清楚。

② 谢亚龙在足管中心任职不到4年，我从没进过足协办公室，而且也没接受过一次记者采访，因为我不想给谢亚龙添麻烦，而且谢亚龙也不希望我参与其中。到现在为止，足协工作人员中，我能够认得出来的没几个，他们认识我的也没几个，说我参与为国家队选帅纯属无稽之谈。

③ 我和杜伊只有一次接触。当年，杜伊夫人首次来华，足协从礼仪角度宴请杜伊夫人。谢亚龙让我一起去，说人家夫人来了，你们女人能够聊到一起，同时也因为我外语不错。我没有想到杜伊夫人的英语那么好，因而那次吃饭聊得挺开心。那次吃饭先后总共有20多人参加，除杜伊和他夫人外，好像还有杜伊两个助手和他们的家人。足协这边除谢亚龙外，好像还有蔚少辉，那时他是领队，那是我跟杜伊唯一的一次接触。

④ 北京奥运会前，国际足联主席布拉特的夫人来华，陪她的还有国际足联的两名女性工作人员。王彬（外事部主任）给我打电话，说足协外事部没有女同志，让男的陪不是很方便，我外语还不错，请我帮个忙。因为我当时没什么事情，就陪着FIFA（国际足联）的人去了红桥市场等地方。谢亚龙在足协3年多期间，这是我仅有的两次参与与足球有关的事情，其他事情我就没有参与过，甚至也没有去打听过。

⑤ 在2003年年底时，谢亚龙曾向陕西省委组织部递交过申请，希望在结束挂职锻炼后能留下来。他曾跟我说，说老百姓生活得很苦，他不想再回体育界，而是希望留下来为老百姓做点事情。如果真留下来，就不会有现在这样的事情了。

⑥ 当初谢亚龙去足管中心任职的时候，我就曾跟他说过，为什么要去足管中心呢？去了一段时间之后，谢亚龙曾说过，在2007年女足世界杯赛后，他曾向总局领导提出过辞职，但领导不同意。谢亚龙为什么要辞职？我们记得他是这么说的，“现在的中国足球像是一辆载重车，而且是走在下坡的路上。几乎所有人都是在往下推，我们想要刹车，可根本就刹不住”。

⑦ 2008年北京奥运会结束后，谢亚龙在给总局领导的请辞报告中说得很清楚，就是他希望自己来承担责任，希望总局能够调整足管中心的领导班子，并力荐南勇来接任。谢亚龙曾说过，说搞足球还是应该用熟悉足球的人，自己在这方面吃了很大的亏，因为自己不是搞足球出身，短期内并没有搞清楚足球的问题，等自己慢慢明白了，学费也已经交了。

⑧ 南勇、杨一民等人被宣布拘捕后，谢亚龙回家后还跟我谈过爱福克斯的事，也回忆过处理此事的过程。当初，爱福克斯要赞助中超联赛时，谢亚龙就很慎重。可能外人不知道，他曾专门找过李一，也就是现在瑞士银行（UBS）中国区主席兼总裁。李一以前是陕西足球队的门将，跟谢亚龙是队友，因为都在陕西体工队，而且后来也是北体大同学。因为李一从事金融工作，谢亚龙就问李一，如何才能确保中国足协在整个合作过程中的利益不受损失。李一给谢亚龙出的主意是，找世界最著名的审计公司对爱福克斯进行审计，看看这个公司有无能力支付赞助中超联赛的款项。但是，审计是需要时间的，而当时的时间根本就不允许这样操作。后来，在足协主席办公会上，几位副主席作出了最终决定，此事有专门的会议纪要，是足协领导的集体决定，而不是某一个人的决定。而且，谢亚龙在离开足协前，专门提出过赞助款的追缴问题，甚至打了官司，北京原崇文区二中院也作出了最终判决，判对方败诉。我们记得南勇出事后，谢亚龙后来也曾提过，说这事幸亏不是他负责处理，否则真要说不清了。

⑨ 关于承包中国之队，当时好像是有两家公司在争取拿下“中国之队”项目，一个就是盈方公司，另一个好像是什么亚足联下面的公司。为什么最终选择盈方？尽管谢亚龙是足管中心的一把手，但有些事情并不是他一人说了算。我们只是记得他曾这么说过，即盈方公司本身非常有信誉，而且瑞士盈方总部也亲自出面进行担保，加之该公司与国际足联领导人布拉特有不错关系等背后的一些原因，足协主席办公会最终选择了盈

方，此事同样有会议纪要。事实上，他们也确实全部支付了合同中的所有款项，只是中国足协在某些条款上有违约，该扣除的钱都扣掉了。

⑩ 重庆最终主办东亚四强赛，并不是中国足协的决定，是领导定的。这个事谢亚龙曾跟我们提过，不仅不像外面说的，是谢亚龙作出的决定，而且恰恰相反，因为承办东亚四强赛这个事，他与重庆体育局方面闹得很不开心，甚至上面领导也很不开心。在实际主办过程中，谢亚龙也总是不断挑刺。等四强赛结束后，他和重庆方面的关系也有些僵。

李益群的这些反击文字经媒体披露后，顿时引起强烈的反响。有人认为李益群的说法是给丈夫涂脂抹粉，完全是一种美化；但也有人觉得，李益群的文字就事论事，以理服人，澄清了许多似是而非的东西，这在媒体捕风捉影、胡编乱造的大背景下显得弥足珍贵。

事实上，谢妻李益群的文字的确玄机重重。她的文字是以“谢亚龙家人”的身份见报的，但仔细揣摩全文，常常有称呼混乱的现象，有时以“我（李益群）”的口吻述说，有时以“我们”的口吻发表看法；再有，假如真像李益群所言，丈夫谢亚龙在任期间，她除了与杜伊和布拉特的妻子有过接触，“其他事情我就没有参与过，甚至也没有去打听过”，那么，这不与李益群文中对足协的许多重大决策翔实的“写真”发生了矛盾？

当然，我们没有必要纠缠这样的细节。李益群作为体育圈内卓有成就的学者，她应该懂得文字忠实于心灵的重要意义。她珍视自己的名誉，为事实负责，那么她的说法就值得尊重，她的文字就有价值。哪怕李益群为丈夫的“辩词”皆为那位兄长所为，且得到李益群的认可，我们甚至也可以把这位兄长的行为理解成患难见真情。在世风日下的今天，这难道不值得尊重吗？

杜伊究竟是怎样混进中国足坛的？

许多人回忆谢亚龙在任的几年时，都把他聘请杜伊来华执教当成他工作决策的第一个重大失误。

其实，在 2005 年年底让南勇出任中超公司董事长后，谢亚龙并没有像外界说的那样，把国家之队管理权都抢到自己手里。谢亚龙有意让自己的师弟杨一民介入更多足协工作，但他也一时难以割舍南勇，南勇有丰富的足球工作经验，他还是足协副主席。所以，放眼北京奥运会时，谢亚龙把为国奥队选帅的重任交给了南勇。

2006 年 10 月 21 日，经过马拉松式的选帅，中国足协终于在北京昆仑饭店召开新闻发布会，正式向外界宣布国奥队新任主帅是前南斯拉夫人、来自塞尔维亚的杜伊科维奇。

年近花甲的塞尔维亚人有着不凡的经历。他的球员生涯多半在贝尔格莱德红星队效力，并帮助该队 4 次夺得南斯拉夫冠军，还打进了 1970 年欧洲冠军俱乐部杯半决赛。杜伊最辉煌的经历发生在加纳。2006 年的德国世界杯上，作为主教练他率首次打进世界杯的加纳队竟打进 16 强，从此杜伊名声大噪。

2006 年 10 月 21 日这一天，南勇和杜伊至少提前 40 分钟来到昆仑饭店。两人在休息室里通过翻译聊得很开心。发布会开始后，南勇简要介绍了一下杜伊的经历，然后很明了地提出足协为杜伊指定的任务指标：杜伊的聘期将到 2008 年奥运会结束，目标是进入奥运会前四。至于年底的多哈亚运会，只希望杜伊好好选人、练兵，没有明确的任务指标。

杜伊是 19 日抵达北京的。他走出北京国际机场后，足协直接派车把他接到香河基地，他和足协在那里正式签约。关于合同条款和相关细节，双方之前已进行了多次沟通。在对杜伊的任务指标方面，双方曾有过一点分歧，但这点分歧早在发布会前就顺利解决了。

南勇在接受记者采访时表示，足协将会尽全力配合杜伊的工作。为了备战 10 月 25 日的中日对抗赛，国奥将把所能派出的全部主力一起带到日本。此外，国奥已确定下月 11 日与强队喀麦隆进行热身赛，而这都是为了方便杜伊更好地考察球员。

南勇还说，多哈亚运会的组队原则已经确定，将采取“奥运会组队模式”，并确定为国奥队外加 3 名超龄球员。但南勇还是否认将把权力全都交给杜伊，他表示，足球还是中国体育的落后项目，聘请外教只是阶段性的措施，是一种技术手段，最终突破的关键还在我们自己。我们必须结合自己的实际情况，系统把握备战的成功要素，从严治队。尤其要防止过去“一聘了之”和靠外教“包打天下”的失败经历，切实做好备战的全方位工作。

南勇最后说：“杜伊马上要跟随国奥前往日本参加中日对抗赛，他将考察精英全部亮相的中国队，以便心中有数，而他正式接手国奥队将是 12 月初开始的多哈亚运会。”

足协要请外教风声正紧时，有些媒体声称，如果杜伊在多哈亚运会能取得不错的成绩，他有可能接替国家队主帅朱广沪。此前也曾有消息说，当选国奥主帅的杜伊科维奇如果成绩出色，将取代国家队主教练朱广沪。杜伊能一肩担两个筐？南勇在发布会上回答得很干脆：“这是一种传闻，根本没有这回事！”

尽管足协正式为杜伊召开了发布会，但国内许多媒体还是不太认同这个主帅。这也不奇怪，在中国足球水平日益堕落的背景下，许多人已习惯用怀疑甚至否定的目光审视足协所作出的任何决策，凡是足协拥护的都反对，凡是足协反对的都拥护……正是在这样的思维里，许多人一开始就质疑杜伊的能力，也猜测有足协官员在聘请外教时玩了猫腻。

其实，关于聘请外教，足协内部的争论也一直没停止过。

阎世铎从足协卸任前半年，他曾亲自到德国考察，为中国足球发展指定了一个规模宏大的“德国工程”，即找到德国一个只有 3 万多人口的巴特基辛根小城，中国足协与德方密切合作，将之作为基地，制订出了一套旨在提升中国青少年足球水平的培训计划。

遗憾的是，阎世铎出师未捷身先死，这个计划还未彻底实施，谢亚龙就接替了他。

真是一个衙门一个令。谢亚龙上任后，为打造出一支过硬的中国国奥队，他的目光也盯上了欧洲，只是，他没有去德国为阎世铎“擦屁股”，而是选择了法国，瞄上了法国小城克莱枫丹，并迅速启动“克莱枫丹计划”。

当然，谢亚龙抛弃德国，投身法国怀抱，这也不是简单地否定他的前任阎世铎。这里还有更深层次的商业目的和政治含义。

阿迪达斯公司曾是中国足球的赞助商，该公司曾提出中法足球这个合作项目，但法国足协对此不太感冒。2004 年夏，中国一个知名足球经纪人得知这个信息后，开始不停奔波，通过法国马赛俱乐部一名官员游说法国政府。因为赶上 2005 年是中法文化交流年，法国政府部门在获悉这个项目之后，让法国体育部亲自出面，一方面委托法国驻华使馆官员与国家体育总局相关人士进行磋商，另一方面敦促法国足协积极就可行性进行研究。由于阿迪达斯本身也是法国足协的资助商，在这种双重努力之下，最终促成了这个合作项目。

2005 年 6 月中旬，体育总局局长助理崔大林和中国足协两位副主席谢亚龙、杨一民飞赴巴黎。他们随后赶到克莱枫丹基地参观，然后又马不停蹄地去与法国足协主席爱斯卡莱特谈判。此间，法国方面对派出什么样的教练、联系何种性质的热身赛等都作了认真的探讨。据当时谈判的细节看，“克莱枫丹计划”相当诱人。仅从资金来说，法国方面承诺中国足协，在北京奥运会前，针对中国球员的培训，法国每年将投入 300 万欧元。

正是有“克莱枫丹计划”这样的大背景，杜伊之前，中国足协一直把选帅的目标锁定法国。法国足协也一直推荐特鲁西埃、桑蒂尼等名帅。

随着时间的推移，中法之间的合作蓝图显示出远没有想象的美好。中方选帅目光开始游离于法国教练之外，这不但让法国足协有点郁闷，连阿迪达斯赞助中国之队的兴趣也减退了。“克莱枫丹计划”成了中国足球荒漠上空的海市蜃楼。

2005 年 10 月 7 日，尚属国庆假期，但足协主要领导提前上班，召开选帅小组工作会议，主要研究国奥主帅人选问题。参加会议的有谢亚龙、南勇和杨一民，选帅小组成员有朱和元、李飞宇和外事部的董铮以及徐根宝等人。

由于8日足协还要召开主席会议，这个会议上将敲定国奥主帅人选，因此，7日的会议内容尽管被封锁得很严密，但联想到第二天的主席会议，我们不难推断，7日的会议主要是对所谓国奥主帅的候选人统一口径。

8日上午，足协国庆后第一天上班，谢亚龙、南勇、杨一民和薛立等聚在会议室里召开“主席办公会”。会议上，南勇作“工作汇报”，他说，经过长达数月的选择甄别，目前愿意就国奥主帅与中国足协谈判的只有4个人，即桑蒂尼、埃里克森、杜伊科维奇以及法国足协推荐的雷尼·吉拉尔。

事实上，桑蒂尼、埃里克森是早被排除了的，而吉拉尔不论哪些方面都不如杜伊……最后几位主席一致通过，决定与杜伊作深入接触，争取请他出任中国国奥队主教练。谢亚龙在会上还定下时间表，表示杜伊上任时间不能超过10月底。

2010年9月中旬，也就是谢亚龙、蔚少辉等人被警方立案侦查后，曾为足协官员的冯剑明对南勇、杨一民、谢亚龙等人的境遇感慨一番后，也说起了当年的选帅内情。

他说：“当初委派我们到法国接触特鲁西埃，见到特鲁西埃后，他很高兴地对我说：‘我已经接触了七八个中国方面的人员，而你（冯剑明）是第一个以足协官员身份和我接触的。’”冯剑明透露说，特鲁西埃非常看重详细的执教计划，“我们在法国交换了彼此的意见，特鲁西埃一定要我把备战08奥运的方案详细地跟他说一下，然后他也表达了自己的看法，我听了以后觉得特鲁西埃很有自己的想法，回来以后就把情况汇报了。但没想到过了不久谢亚龙就认为特鲁西埃太牛气，要价太高，此事就没了下文。”

冯剑明还感叹，很多决策并不是由足协的骨干力量决定的。“俗话说，好货不便宜，便宜没好货。我作为足协的副秘书长，对当时聘请杜伊是不支持的。就像当初聘请阿里·汉，在足协中层工作会议上，大多数人都是不支持的，认为还不如请李章洙。但在某些重大问题的决策上，往往是某些领导的意志起了决定的作用。”

谢亚龙斩杀杜伊源于难言之隐

杜伊的使命是率国奥队踢北京奥运会，可他执教不到两年，蜜月里的高潮还没到，却在北京奥运会前，即 2008 年 7 月被足协解职。谢亚龙这个看似荒唐的举动，如同一个变态的家长把已入洞房的儿子强行拖出来，阉割后送到宫里去做了太监。

足协难道不知道临阵换帅乃兵家大忌？杜伊为什么下课？近两年半时间过去了，尽管各种说法很多，比如成绩不佳、将帅不合、球员造反等，可这些说法中却没有一种是接近真相的。

从杜伊的执教成绩来看，他执鞭 637 天，率队踢了 49 场比赛，总成绩是 19 胜 16 平 14 负。从这个数字来看，他并不是足协聘请的外教中成绩最差的。

何况，在杜伊上任十多个月后，即 2007 年 8 月 21 日，中国足协正式确定了在新一届国家队组建时实施“两队一总”方案，即国家队和国奥队拥有同一个总教练，这个总教练就是杜伊。一个总教练统领一个“大国家队”，足协想以此为国奥队再加一个保险，因为只有给杜伊更大的权力，国家队与国奥队才能实现资源共享。

足协是在前任国家队主帅朱广沪辞职后作出重组国家队的决定的。

朱广沪于 2005 年 3 月被体育总局任命为国家队主教练。他在执教国家队期间，成绩不佳，带领中国队胜少负多，与欧洲强队交手无一胜绩，在 2007 年 7 月亚洲杯赛场上，国家队小组赛中就被淘汰。随后，朱广沪正式提出辞职。

从足协任命杜伊为“大国家队”总教练这一点上看，杜伊还是很被足协重视的。杜伊在总教练这个位置刚坐了 20 多天后，即 9 月 14 日下午 3 时 30 分，足协在东玖大厦中国足协办公楼里正式宣布与塞尔维亚教练福拉多签约，即日起福拉多担任中国男足国家队执行教练。

福拉多执教中国国家队，因为有总教练杜伊站在身后，他几乎被公认是个傀儡。仅以国家队踢世界杯亚洲区小组赛为例，6 场比赛中，除了中国与澳大利亚队的比赛是福拉多亲自指挥的，其他 5 场都是杜伊垂帘听政。当国家队在世界杯亚洲区小组赛中被淘汰后，福拉多下课也势在必行了。

当初，足协与福拉多签订的是一个短期合同，时限从 2007 年 9 月到 2008 年 6 月世界杯预选赛第三轮结束，薪水在 20 万美元左右（约 150 万人民币）。此后，福拉多能否续约，则要看情况。如果杜伊带国奥队完成进入前四的目标，则将由杜伊接手国足，而一旦国奥队成绩不佳，福拉多才有续约的可能。

2008 年 6 月，福拉多没来得及等到杜伊在奥运会上的成绩，就卷铺盖走人了。当时，国家队暂时没有比赛任务，福拉多卸任后，足协并没有迎合球迷和媒体的呼声另外选帅，而是把精力放在国奥队身上。国家队死了，国奥队如果在家门口再有个三长两短，谢亚龙还能保住乌纱帽吗?

进入 7 月，为向奥运会冲刺，国奥队将有 4 场热身赛，即 7 月 6 日在沈阳迎战越南国家队、7 月 14 日于延吉迎战马来西亚国家队、7 月 20 日在盘锦迎战澳大利亚国奥队、7 月 27 日在长春对垒塞尔维亚国奥队。

终于，中国国奥队最魔幻的月份到来了。

7 月 7 日，也就是国奥队在沈阳踢完越南队的第二天，谢亚龙电令南勇、薛立和杨一民三位副主席在 14 日必须赶到延吉，足协要在那里召开“主席办公会”，具体磋商国奥队的相关事宜，以确保国奥队在奥运会上有尚佳的表现。

足协在一个边陲小城要紧急召开“主席办公会”，这是史无前例的事。国奥队在延吉要迎战的只是马来西亚队，这场比赛本身不具备同时吸引几位足协主席的魅力。可以肯定的是，国奥队绝不是在训练或比赛中出现了不可原谅的问题，那么，究竟是啥事儿让谢亚龙有了火烧眉毛的感觉?

7 月 12 日，南勇抵达延吉，随后，薛立和杨一民也接踵而至。

12 日深夜，网易体育频道嗅觉灵敏的记者率先发出“足协巨头齐聚延吉竟密谋杜伊下课?”的消息，其中称，“在 12 日的国奥训练场，足协副主席南勇出现在了谢亚龙身边。13 日，另外一位副主席杨一民也将抵达延吉。三位足协巨头齐聚国奥一场热身赛，本身就令人奇怪……中马之战，很有可能将决定杜伊是否将就此下课。”

13日凌晨，搜狐体育也发出《四巨头密谋杜伊下课　谢亚龙欲刀斩国足罪人》的消息。

……

随后的几天，全国媒体开始疯狂追踪杜伊下课的新闻。

笔者在追访调查2008年7月这段往事时，在北京与资深体育评论员方肇有一次长谈。方肇跟随各级国家队多年，他说，自己跟得最莫名其妙、索然无味的就是这届国奥队。7月，他跟随杜伊从沈阳来到延吉，又从延吉奔赴长春，“我有幸亲历了这段荒唐的日子。”

足协几位主席聚集延吉时，他们已开始正式交流杜伊下课的问题。谢亚龙指出，拿下杜伊的关键原因是他消极的工作态度以及不负责任的训练方式。谢亚龙说：“国奥队到延吉后，很多堂训练课的质量，在我看来都是不过关的。现在离8月7日第一场与新西兰国奥队的比赛，还有20多天的时间，这个时候训练量还完全可以加大，国奥队的体能储备不是为了参加三场小组赛作准备的。”

对谢亚龙的想法，南勇和杨一民持反对态度。在他们看来，在离北京奥运会还剩下20多天的时候，解除球队主教练的职务，会给备战带来很多意想不到的麻烦。见两位副主席态度坚决，谢亚龙随即抛出了架空杜伊的方案：“奥运会结束前，杜伊可以继续留在队中，但球队的具体训练和比赛工作，交给中方教练组组长殷铁生负责牵头协调。”

方肇说，在谢亚龙宣布杜伊下课的前一天，也就是7月16日，杜伊的举止很反常。

国奥队在延吉打完比赛后，有个短暂的假期。杜伊趁机回北京，因为他的夫人要来华探亲。正是杜伊夫人的这次探亲，足协外事办找了外语很好的谢亚龙夫人帮忙接待，才闹出谢亚龙夫人“李益群参与选帅”的传言。

杜伊16日从北京飞到长春，中午找谢亚龙进行了一次谈话，谈话的内容大抵是表达想继续带领国奥队参加奥运会。杜伊甚至有点低三下四，他向谢亚龙表态：如果我得罪了球员，我愿意向每一名球员道歉……

大概是谢亚龙没给杜伊留任何活口。下午训练前，杜伊照例把队员们聚集在一起，这其中也包括球队的所有工作人员，足协副主席谢亚龙也在其中。与以往不同，杜伊科维奇的这次讲话足足持续了10分钟，并且言语十分惊人。

杜伊说："我们都是棋子，我和你们这些球员都是棋子，很多事情不是由我来决定的；你们这里的一些人能够留在这个队伍里，并不是我的意思；有些人离开了，也不是我决定的；其中有一个人是最应该离开的，但他依然在这里，我没有这个权力让他离开。"

杜伊越说越激动："你们队员不是喊累吗？那么我告诉你们这些训练安排也不是我来定的，你们不要再来怪我。从明天开始我会让你们累得连路都走不动，我会让你们累得上不了车，也下不去车，我要看看你们到奥运会的时候还能剩下几个人，11个人、8个人、7个人还是6个人？"

杜伊破罐子破摔，谢亚龙也出手了。

7月17日上午10时，谢亚龙正式向全队宣布：殷铁生出任国奥队执行教练。杜伊名义上仍是主教练，但主要工作是分析对手战术、提供方案，以供教练组参考。

谢亚龙正式宣布杜伊靠边站后，围绕杜伊下课的原因成为各界关注的焦点。媒体披露了谢亚龙的观点，那就是杜伊训练不行、责任心差之类……还有许多人炒作杜伊和足协官员以及球员的关系，比如，球员对杜伊的指责，甚至集体签名要求杜伊下课等。

同在17日上午，也就是球队训练之前，一份神秘的倡议书在球员房间里传递着。这份倡议书大致内容是：杜伊在执教国奥队期间，他的训练达不到所应具备的强度，责任意识不强，因此我们强烈呼吁，取消杜伊行使国奥队主教练的权力。

不难看出，谢亚龙要以这份倡议书传递一种"民意"，以求他最后宣布决策时显得水到渠成。因为在这份倡议书上，所有国奥队球员都签了字。

任何一届国家队，主帅和球员之间的矛盾都是不可避免的。但哪届国家队内部的矛盾也没有上升到“集体造反”的程度。国奥队为备战北京奥运会，在沈阳热身时表面上还风平浪静，可球队到了延吉，随着足协四位主席的驾临，紧张气氛骤然升级。从常理上讲，此时的国奥队即使内部有不可调和的矛盾，但大赛在即，四位主席又如黑云压境，球员在各种压力下是没有火上浇油的勇气的。

国奥队从延吉到长春，球员与杜伊矛盾“激化”，从本质上说是足协默许并怂恿的结果。

确切地说，出现在长春的那份倡议书，只是谢亚龙要驱逐杜伊计划的一部分。早在延吉期间，关于四巨头密谋杜伊下课的风声，实际也是足协有意透露给相熟媒体的。这样做也是为了先在舆论上造势，为杜伊下课作前期准备。

谢亚龙期望在铺天盖地的“倒杜”热潮里，杜伊能在压力下主动引退，体面地离开，但杜伊很执著，他并没有知难而退，他甚至要牺牲自己的人格，“挨个给球员道歉”。

2008 年 7 月，谢亚龙也受到媒体责难。临阵换帅，有点太白痴了吧？上任时就被指责是外行，现在又出昏招，一时谢亚龙不得不承受巨大压力，但他还是铁了心，他耳边有一个响亮的声音：必须让杜伊下课！

在谢亚龙心里，关于杜伊下课原因的一切猜测都变得苍白了。谢亚龙耳边的声音越来越大，这个声音不是来自体育总局某位领导，而是来自谢亚龙内心深处；这个决策不是谢亚龙刚愎自用，不顾全大局，而是他最无奈的选择，甚至是为了国家利益……也就是说，杜伊下课不是因为他的训练质量差或与球员关系闹得不可开交，而是因为他涉嫌践踏了足球比赛的底线——赌球！

关于国家队教练或球员涉嫌参与赌球，这不是一个新鲜的话题。早在 2001 年米卢率中国队打“十强赛”时，他就被人公开怀疑过参与赌球；至于 2001 年 10 月 7 日“中国 VS 阿曼”那场比赛，许多国脚也被怀疑参与了赌球……

杜伊来华后始终没有任何涉嫌赌球的传闻。他统领“大国家队”时，唯一一次涉嫌赌球传闻发生在 2008 年 1 月 12 日。当时，国家队到迪拜打热身赛，面对汉堡队，国家队竟以 0∶4 大败。这让足协震怒，因为马上要备战世界杯亚洲区预选赛，国家队以这种状态出征，情何以堪?

1 月 15 日上午，国家队领队蔚少辉突然召集全队宣布：通过前一阶段考察，福拉多和教练组决定对人员进行调整，杜威、张耀坤、李健华、王万鹏、杨林、陆博飞、孙吉 7 人暂时离队。

这个决定让国脚们很惊讶，尤其是杜威和张耀坤是绝对主力，他们的离队令人不解。蔚少辉对此的解释是："这是队委会研究的结果，谢头和南头（谢亚龙和南勇）也赞同这样做。调整球员不会管谁是主力谁是替补，只要违犯纪律，谁都可能被调整。"

杜威、张耀坤等人有什么违纪行为？当时比较堂皇的说法是，他们在对汉堡的比赛中表现失常，并且不尊重教练……但后来有一种传闻还是在蔓延，那就是有人怀疑杜威、张耀坤等人涉嫌赌球。当这种传闻变成问题直接向足协官员发问时，足协的态度是：我们没有掌握球员涉嫌赌球的证据。

那么，杜伊怎么也会涉嫌赌球呢?

原来，在 2008 年 6 月，通过一个很偶然的机会，有人发现杜伊每个月都有一二百万美元的账目来往。谢亚龙得知此事后，顿时感到事态严重。如果一个足球教练巨额资金流动频繁，这说明什么？涉嫌操纵比赛？谢亚龙想到这儿吓出一身冷汗！要知道北京奥运会在即，不管杜伊涉嫌赌球是真是假，境外媒体一旦炒作此事，这不仅损害了中国足球的荣誉，也会极大破坏中国的形象。这不仅是足球本身的问题，而是政治问题了！

再者，如果杜伊涉嫌赌球是真，那么谁敢保证国奥队在奥运会上的比赛是清白的?

怎么办？谢亚龙觉得最安全的办法就是让杜伊下课。这可能会"错杀"杜伊，但那也只能"委屈"杜伊了，奥运会不是简单的体育比赛，它也是政治，一点事儿不能出的！

国奥队在沈阳踢完与越南队的热身赛后，谢亚龙感到不能再迟疑了，他马上召集南勇、杨一民、薛立等人到延吉，商讨杜伊下课事宜，但他没有和几位副主席提杜伊涉嫌赌球的事。

实际上，谢亚龙让几位主席到延吉也是一箭双雕。一是召开足协主席办公会，在程序上使杜伊下课“合法化”；二是，他认为，足协为一场没有悬念的热身赛事如此兴师动众，一定会让媒体产生合理推测，那就是杜伊帅位动摇了——媒体前期舆论的“支持”，也是足协为自己实施的“减压手段”。

谢亚龙还是心存善意，他希望杜伊在媒体、球员等群体的围剿中能主动辞职，但杜伊没有这样做，而是以自己的方式抗争、发泄……当然，杜伊还是无法摆脱被架空的命运。

在谢亚龙宣布他靠边儿站不久，杜伊回到北京办事，意外地在足协大楼里碰到蔚少辉。本来，他俩平素关系很僵，杜伊甚至很讨厌在国家队里目中无人的蔚少辉，甚至高喊过“蔚少辉是黑社会”。可这次，杜伊见到蔚少辉却很热情，仿佛找到了倾诉对象。他通过翻译表示要和蔚少辉聊聊，一说就没完没了。蔚少辉最初也认真倾听着，后来找借口走了。杜伊又碰到杨一民。当时的杨一民因女足内乱而失意，他来到足协工作 16 年了，小风小浪经历过，但从没遇到过像 2008 年年初这样狼狈的日子……他见到杜伊本来只想有礼貌地点头致意，没想到杜伊还是想和他聊聊。杨一民耐心听了一会儿，最后看看手表，说自己还有急事，临走时他微笑着拍拍杜伊的肩：“以大局为重，以大局为重……”

城府南勇
——聪明反被聪明误

我问崔大林："崔局，你对南勇如何评价？"崔大林苦笑："南勇很敬业。让他写个文件，他可以一夜不回家，躲在办公室里干到天亮……至于领导能力，那是另一回事儿了！"说到底，在袁伟民看来，谢亚龙毕竟是前朝重臣，谢的离去正符合中国官场哲学。

我和南勇的两次"亲密接触"

当我揣摩足协的窝案时，从新闻里了解到时任河南省交通厅厅长的董永安犯案落马。有人把河南省交通厅说成是政坛的百慕大，因为在这个位置上，董永安之前已有三任厅长锒铛入狱，这种前赴后继的热闹场景也有点像中国足坛。

董永安是2008年3月开始担任河南省交通厅党组书记、厅长的。而在此前，河南省交通厅曾连续有三任厅长被查出违法犯罪事实。1997年10月，河南省交通厅原厅长曾锦城，因受贿被判刑15年。2001年3月，曾锦城的继任者、河南省交通厅原厅长张坤桐因受贿、挪用公款罪被判处无期徒刑。2001 年 12 月中旬，时任河南省交通厅厅长的石发亮，同样涉嫌违纪违法，被省纪委双规。

正像人们对谢亚龙、南勇等人的印象一样，贪官往往都是披着清正廉洁的外衣。

比如，河南省交通厅第一任落马厅长曾锦城，在任时就曾以写“血书”的方式向河南省委表白：“我以一个党员的名义向组织保证，我绝不收人家的一分钱，绝不做对不起组织的一件事……”第二任交通厅长张坤桐上任伊始，就原创了一句名言：“让廉政在全省高速公路上延伸。”他每次下基层返回时，总要检查轿车后备厢，看是否有礼品。他说：这不是礼品，而是糖衣炮弹；不是给他补身子，而是挖陷阱。

第三任交通厅长石发亮的名言更言简意赅：“一个廉字值千金”，并附带两条原则：不义之财分文不取，人情工程一项不上；但不久他就做了一笔大交易：一个价值 6400 万元人民币的高速公路标段中标后，开价的回扣是 400 万元。

官场上泛滥的如此这般的忠贞与誓言，在体育总局领导面前，南勇、谢亚龙们一定也表达过。但现实好像应验了那句话：不查，你就是孔繁森；查你，你就是王宝森。南勇预料到自己要被查吗？

2009 年 12 月 11 日，公安部第二次公布扫赌打黑案情。成都谢菲联老板许宏涛在电视上大谈中国足球的美好前景，南勇坐在电视机前义愤填膺：“很多人认为扫赌打黑快结束了，但这只是开始，足球扫赌打黑不会就此停止，案件绝不是这一起……”此时，谁能预测一个月后南勇也会走进高墙之内？

当然，我们应该承认，不论南勇、杨一民，还是谢亚龙，他们不是生下来就是十恶不赦。他们有过理想、有过为神圣事业拼搏的冲动，也为中国足球做过许多有益的事。遗憾的是，他们选择了无序的足坛，他们在缺少监督机制的环境里忘乎所以，最后把自己的仕途埋葬于当年一次失误的选择。

我和南勇第一次接触是 1998 年年初。

当时，我所供职的《辽沈晚报》体育部为迎接3月中旬的甲A联赛，特意给国内10多家俱乐部发了一份传真，主要调查各个俱乐部在联赛中是否有行贿裁判的行为。12份匿名调查问卷收回来后，有11家俱乐部声称给裁判送过钱。针对这种调查结果，《辽沈晚报》刊发了《中国足球裁判到底有多黑？》的系列报道。

1998年网络刚刚兴起。《辽沈晚报》及时与北京四通利方公司经营的《体育在线》建立了密切联系，我们负责每天把体育报道内容通过邮件发给他们，而《体育在线》则及时署名刊登。我们关于裁判的系列报道，就是通过《体育在线》迅速扩大了影响面。

顺便提一下，1998年10月，四通利方与北美最大的中文网站华渊网合并，一举成为国际互联网领域主要的跨国公司之一，同年12月推出了全球最大的中文门户网站“新浪网”。

1998年3月上旬的一个周末，时任《辽沈晚报》社长、现CCTV台长焦力找到体育部主任崔巍。他说：“我们的体育报道反响很大，中国足协派人来沈阳了，他们想了解一下情况，你们接待一下。”

当时来的人是南勇和负责裁判工作的张健强。他与崔巍通话说：“我是为你们那个调查问卷来沈阳的，你看什么时候方便，我们见一面？”

当天下午，我和崔巍在南勇下榻的酒店见到了他。

那时，南勇从国家体育总局到足协任副主席还不足一年，他也只有36岁。我们见到他时，他谦和地站起来和我们热情握手：“回沈阳我有种回家的感觉，我是沈阳体院毕业的……”

他寒暄几句便直奔主题：“我来是和你们了解一些事……你们的调查报道影响很大，路透社一转载，国际足联和亚足联都过问此事了。足协更重视你们的调查报道，我这次来希望拿到你们的调查线索，然后我们会根据相关程序进行追查……”

显然，南勇想要我们针对裁判所做的调查问卷。

他最后失望了。我们当时的态度是：“我们有为各个俱乐部保密的义务，这也是当初我们对每个俱乐部的承诺，所以，调查问卷不能交给足协。”而崔巍也强调了一点，“如果足协认为我们刊登的是假新闻，破坏了中国足球形象，你们完全可以起诉我们，到时候在法庭上我们会出示你们所需要的调查问卷……”

当年，南勇和张健强悻悻而归。而我们关于黑哨的报道虽然影响很大，却没起到任何实际效果。

三年后，南勇率国家队来沈阳参加“十强赛”时，在一个官方场合，我和崔巍又见到他。当时我们已到《球报》工作，崔巍对他说：“南主席，《球报》是‘十强赛’组委会指定会刊，你得多给我们支持啊！”南勇回答说：“搞足球的都是一家人，没问题，有啥需要就打我电话。”

国家队在沈阳打完第一个主场后，飞阿曼和卡塔尔去打两个客场。在多哈，我和南勇有一次“亲密接触”。

2001 年 8 月 31 日，国家队在马斯喀特打完阿曼队，球队和大批随队记者随后飞到多哈。卡塔尔不是鱼腩阿曼队，也是中国足球老冤家。国家队客战卡塔尔，上至“团长”南勇，下至球员记者，大家心里都没底儿。

9 月 7 日下午，国家队在下榻的酒店开例会。

2 时 30 分左右，球员三三两两进了会议室，南勇要进门前还不时和记者打招呼，顺便也嘱咐一下：“你们别在这里守着了，这会儿能让采访吗？”话虽这么说，可大厅右侧的会议室门口，还是有许多记者转悠着。谁踢主力？球员伤病情况如何？带着许多疑问，记者们望着那扇厚厚的古铜色大门发呆。

例会开始时，我凑到门前，耳朵贴着门缝听里面的动静。

“喂——你干什么……”

我身后一声断喝。我一回头，看到是国家队领队朱和元。他满脸涨红，用手指着我。

“你干什么？”朱和元继续斥责，“你是哪个报社的？”

“我是哪个报社关你屁事？”我也对着他喊。

“你怎么这样说话？把你记者证给我拿来……”

“你算个球？你有什么资格看我记者证，× 你妈！”我忍不住破口大骂。

我和朱和元有大打出手之势，附近记者见此情景，纷纷上来劝架。当时，央视段暄一边推朱和元，一边说：“记者也不容易，球队更不容易，大家就多些理解嘛，没必要大动干戈。”现场还有一位央视新闻中心的记者彭洪军，此君为做专题，跟踪国家队多时了。他本来扛着机器拍会场外花絮，见我和朱和元打起来了，他的摄像机就把全过程都拍了下来。

当日夜里写完稿，我正在房间里看电视，足协新闻官董华找到我：“洪军，南（勇）头要找你，他在大堂吧等着呢，你下去一趟……”我说：“是为朱和元的事儿吧？”董华点点头。我说：“我没时间。”董华很急：“你一定得下去，否则我怎么交差……”

我到大堂吧时，南勇正微笑着坐在那里。“来，坐这边。”他拉拉身边的椅子说。

南勇在足协的几个领导里，一直比较谦和、低调。记者们也愿意和他打交道。在马斯喀特打阿曼队时，国家队训练地点很远，许多记者看完训练打不到出租车。当时有个细节很感人。南勇看完训练坐专车走了，车开出很远忽然又拐了回来。原来，他看到两个电视记者扛着机器站在路边，他把车停到两人面前：“快，上车吧，这地方等到天黑也没有车的……”

南勇的这种美德后来被广为传颂。足协一直是中国足球最高权力机构，别说足协的主席或中层干部，就是打扫卫生的都觉得腰杆很硬。在这样一个卖弄权力、狐假虎威的机构里，南勇难免会给人耳目一新的感觉。

在酒店大堂里，南勇问我：“这个时间，稿子应该都发回去了吧？”

“是的，早发回去了。”我说，“南头，找我为朱和元的事儿？”

南勇笑了笑：“是的。我听他说了。我觉得你们记者老远跟来采访，要抓新闻的心情可以理解的，但有些纪律也要遵守，国家队开会是不能采访的……当然，老朱当时的态度的确欠妥，他可以心平气和地给你们讲道理，不能一张嘴就大喊大叫的！”他接着又说，“可话又说回来，你也不该骂他。我们出来都是一个集体，有啥事儿关上门自己解决，那种场合真要把事儿闹大，最后丢的是我们自己的脸，你说对不？”

南勇娓娓道来，丝丝入扣，我一时还真没有话说了。

“你看这样行不？”南勇说，“你去给朱和元道个歉，毕竟他是国家队领队。”

“道歉是不可能的！”我说，“除非他先给我道歉！”

南勇笑了笑：“那好吧，等回沈阳主场后，找个机会大家坐一坐。朱和元也不容易，那么大岁数了，怎能张口就骂呢？回沈阳后你是地主，你要有安排的话，我也可以作陪的。”

南勇的案情很难牵扯到“十强赛”

国家队在沈阳的两个多月里，南勇马不停蹄地忙着，想约他吃饭是很难的事。

作为“团长”，国家队每个客场都要跟着。回到沈阳，南勇也马不停蹄地忙着。除了开会、看训练，南勇还有许多外事活动。尤其沈阳相关政府职能部门把南勇视为座上宾，宴请、剪彩、参观……南勇像个飞速旋转的陀螺，除非摔倒，否则一刻也难以停下来。

确切地说，自1999年以来，沈阳是在委靡中期待着“十强赛”这一针“兴奋剂”的。

1999年7月，沈阳常务副市长马向东因在澳门赌场3天输掉公款上千万元被双规。随着马向东的落马，原市长慕绥新，以及包括该市财政局局长、国资局局长、法院院长、检察院检察长等在内的100多名领导干部全部涉案……

沈阳政坛遭遇了一次令人震惊的“大地震”。

“慕马”大案损害了沈阳的声誉。如何重塑沈阳形象？足球给了沈阳机会。2001年，世界杯外围赛亚洲区“十强赛”就要开踢，国内许多城市在申办，沈阳忽然发现如果把国家队主场拉到沈阳，这无疑是提升沈阳城市形象的一次难得机会。

沈阳最后成功了！为什么成功？南勇在2010年1月15日被警方带走后，许多人在列举南勇的“罪状”时，不约而同地把“十强赛”扯了进来。

最广为流传的说法是：

> 当时国内许多城市都向中国足协表达了承办“十强赛”主场赛区的意愿，各方面条件并不算优越的沈阳成为了最后的赢家，其中最主要原因，是时任沈阳市体育局局长的隋某与南勇是大学同学，他私下与南勇达成了协议。“十强赛”中国队主场比赛场场爆满，一票难求，当时主办方对外宣称门票收入总共为5000多万元人民币，可据估算实际票房超过7400万元，还有2400万元没有做到账上。“十强赛”之后不久，隋某就因为经济问题落马，然而南勇却一路挺到了最后。

不能否认的是，沈阳在申办“十强赛”一事上，南勇起到很大作用。上海、西安、昆明等同时申办，最后除了沈阳以绝对优势申办成功，其他几个城市纷纷落马。沈阳的优势在哪里？高丰文时期的国家队把沈阳当成大本营，最后在这里完成了冲击奥运会的梦想；而中国男足第一个亚洲冠军，也是在沈阳取得的……

许多人知道，除了这两个值得炫耀的辉煌，与其他几个城市相比，沈阳在场馆设施以及经济资源等方面都没有优势可言。沈阳五里河体育场能容纳6万多人，可当时这个体育场外表破败，场内座椅也多破损。

可是，一切都无法阻挡沈阳迈向成功的步伐。

2001年8月11日下午1时20分，米卢的国家队抵达沈阳。当天的沈阳桃仙机场，近百名沈阳球迷锣鼓喧天地迎接着国家队。米卢和国家队在未来两个月里将以沈阳为大本营，征战国人瞩目的“十强赛”。

国家队是搭乘北航的CJ6405次航班抵沈的。沈阳赛区的组委会以体育局局长隋路牵头，联合各方精英迎接国家队的到来。组委会设计了几套方案。

最初想派专车进入停机坪，将国家队直接从停机坪接走。

然而，在11日中午11时30分，组委会临时召开的一个专门会议上，这一方案被否定了。主要原因就是如果按照这个方案，在桃仙机场外面聚集的球迷与媒体记者将无法迎接国家队的到来。特别是考虑到近百名球迷迫切想一睹国家队队员风采的心情，组委会临时决定，让国家队下机后，走机场专用的工作人员出口，并直接从二楼的候机厅电梯下来，登上大巴，抵达绿岛。这一方案被在机场指挥中心办公的有关领导批准，并得以立即实施。

下午1时20分，国家队一行从特殊通道走了出来，走在最前面的是国家队教练迟尚斌与队员李明，之后，魏新、符宾、江津等队员也依次走了出来。见到围观的人群，这些队员显得极为沉默，似乎还没有消除旅途的疲惫。当国足主教练米卢走出来时，沈阳市体委主任隋路迎了上去，在场的记者发生了一阵小小的骚动，但一向十分活跃的米卢此次也显得十分疲惫，没有与任何相熟的记者打招呼，便匆匆穿过候机大厅，坐进了专车。

国足仅用了10分钟的时间，便顺利离开了桃仙机场，直奔下榻的绿岛森林公园酒店。

为迎接国足，绿岛酒店的安保工作十分严格，每一名想要进入绿岛酒店的人都要说明自己的身份，并出示有效的身份证件，方才被允许进入。在酒店的入口，有十几名保安与警察守卫……

南勇稍后也来到沈阳。沈阳市相关领导纷纷会见、宴请，各种荣誉和鲜花都送给了他，南勇在2001年开始走向他的事业顶峰。

南勇案发后，有人拿“十强赛”门票说事儿，这显然是捕风捉影。

从当年协议上看，沈阳承办“十强赛”，需要上交足协一定的费用。足协要的是钱，他们是不可能亲自经营门票的。而沈阳“十强赛”门票，则有组委会指定一家公司承包。既然是一种外包行为，门票销售的多少纯粹是该承包公司自己的经营行为，而有人指出的“2400万元没有做到账上”，这经不起事实推敲。足协只要能收到既定的费用，他们怎会去管承包公司是赔还是赚的？

至于南勇在“十强赛”上是否有受贿行为，靠猜测是无法获得答案的。

南勇 1997 年 9 月从国家体育总局人事司正式调到中国足协，担任正处级的足协副主席。此间，他经历了中国足坛最著名的疑案“渝沈之战”，以及“甲 B 五鼠”闹剧。除非南勇胆大包天，否则在足协内有张吉龙这座大山，南勇上任未稳就利令智昏，这种可能性有多大？

再者，南勇的案子是被足坛打假扫黑案牵扯进来的，他因“涉嫌操纵比赛和受贿”被立案侦查。据知情者透露，南勇受贿部分主要集中在近几年他大权在握之时，比如为一些俱乐部谋求利益接受贿赂、为向国家队硬塞球员接受家长贿赂等。在足坛专向打击的大背景下，专案组怎么可能去调查近十年前的往事？

即使南勇“十强赛”真有受贿行为，专案组也属于搂草打兔子。这种结果的出现可能来自两种原因：一是南勇立功心切，主动交代；二是和“十强赛”有关的人员案发，牵扯出南勇。

2010 年 1 月 15 日，南勇和另一位足协副主席杨一民被警方带走后，他的案情已引起许多人猜测。有的是道听途说，有的不排除是胡编乱造。比如，他刚被带走不到三天，有人就煞有介事地开始清点南勇的污点。

有消息称：

> 2000 年前后，南勇的妻子开了一家“南家菜馆”，但这并非是一般的菜馆，一顿饭的费用过万，那是稀松平常的事情。
>
> 一般来这家餐馆吃饭的人都是找南勇办事的，如果南勇同意办事，那么请客之人就要在这家餐馆办理额度不同的充值卡，起步价是 5 万，这样的卡基本上就是消费一次完事。当然，吃饭仅仅是幌子，他们是用这样的一种方式来完成私底下的权钱交易。
>
> 2002 年世界杯结束之后，有关方面曾经调查过南勇的经济问题，这家餐馆也是因此关门。但是足协的工作人员证实了这家餐馆的确存在，顾客里外地的俱乐部人员和经纪人居多，至于这家餐馆到底“创收”了

多少，恐怕只有南勇一家人清楚。

包括和南勇整天朝夕相处的足协工作人员，他们也不是很清楚南勇到底有多严重的经济问题，这只是因为南勇实在隐藏得太深。当年南勇手戴劳力士被记者拍到照片，但是现在他则是把大部分精力用在高尔夫上。

南勇在北京的时候相当低调，打高尔夫也仅仅是和关系很铁的朋友。但是一旦到了外地或者国足海外集训、比赛时，只要有时间，南勇就会出现在高尔夫球场练习。2001 年“十强赛”期间，曾经有两名国脚半夜跑出去想蒸桑拿，但是却突然发现南勇的专车停在洗浴中心门前，两人只能够落荒而逃。

此外，南勇的孩子一直在京郊一家私立学校念书，每年的学费不菲。去年该校争取到了几个海外留学半年的名额，许多家长面对高额的费用都是望而却步，但是南勇的孩子却出现在了最终的名单上。南勇每个月的工资是 1 万元，如果说孩子上私立学校还能够理解，那么这些年的花费，包括孩子留学的高额费用，这些都是让人生疑的。

从常理上讲，对一个涉嫌犯罪的人不以法律视角去审视，而是从生活角度去揣度或攻讦，这本身是一件缺少人性和道德的事儿。因此，探讨南勇的案情，应该在他职业涉及的范畴内寻找蛛丝马迹。

比如在 2001 年，为了抢占一张甲 A 联赛的入场券，先是成都五牛打出 11∶2 的比分狂胜四川绵阳，以净胜球优势大幅度超过原本第二的长春亚泰。末轮联赛里长春亚泰补时 6∶0 大胜浙江绿城，成都五牛也在最后 30 分钟里连入 4 球以 4∶2 逆转江苏舜天，成为中国足球职业化以来的最大丑闻。事后四川绵阳被罚入乙级联赛，长春亚泰被剥夺了甲 A 资格。参与打假球的五队多名球员，遭到足协禁赛处分，这也是中国足坛臭名昭著的“甲 B 五鼠”案。

浙江绿城是很有背景的一支球队。2000 年，当时的吉林队降级，随后整支球队和甲 B 的资格转让给了浙江绿城。据了解，因为南勇是延吉人，整个延吉队被卖到浙江，运作人恰恰是南勇。

浙江绿城成为五鼠之一，但他们似乎觉得很委屈。时任浙江省体育局长的陈培德联合浙江绿城老板宋卫平、广州吉利俱乐部的李书福站出来揭黑。浙江绿城和广州吉利两家俱乐部承认自己曾给裁判送钱，并将矛头直指张宝华和张建军两名裁判……随后，龚建平成为职业化以来第一个自首的裁判，他退还了四万块钱的行贿资金……同时，陈培德和宋卫平声称已经掌握了多名涉嫌受贿裁判名单，并随时准备公布。

值得玩味的是，裁判们人心惶惶之际，南勇出面了。他在足协召开了一次裁判特别会议，在会议上他明确表示，只要有人承认收过钱，并上缴赃款，足协保证既往不咎，也允许犯错误的人执法当年的联赛……

不可否认，南勇在2002年年初这次打假风暴中扮演了一个尴尬的角色。在内因与外因的共同作用下，南勇首先用足球业内的行规替代了法律，使许多黑哨逃脱了法律制裁，也令法律失去了一次拯救中国足球的机会；而且，南勇在这场风波里，表面上看是为中国足协救火，实际上是不是自救？他究竟有没有"操纵"相关比赛行为？或者说，他在吉林队易帜过程中充当了什么角色？这给人留下很大的想象空间。

恩师眼里的南勇是个好孩子

南勇出事后，许多人在北京想挖挖"恶人"南勇留给人们的蛛丝马迹。但我更感兴趣的是延吉和沈阳这两个城市。前者是他的家乡，后者是他求学的地方。他官运亨通时，人们很容易忽视他的成长经历。他身陷逆境了，我很好奇，当年的南勇是什么样子呢？

2010年11月初，我和长春《新文化报》的杨波联系，让他在延吉给我找下接洽人，我想去了解一下南勇的家世以及成长经历。杨波生于20世纪60年代，是一个资深的体育记者，见证中国足球从专业到职业的全过程。当年，他在《延吉晚报》工作，我们一起随队采访，只是他跟的是吉林敖东队，我跟的是辽宁队。

我去延吉采访并没有特别的收获。本想见见他的父亲南兴烈，但延吉朋友讲，南勇出事后，许多记者曾来延吉采访，可南勇的父亲没有见任何媒体记者。我到延吉同样吃了老人家的闭门羹，最后只见到南勇当年的教练以及他父亲的几个同事，从侧面了解了一些南勇成长过程中的零散回忆。

真正接近当年的南勇，还是从延吉回沈阳之后。

吴佩玉，南勇在沈阳体院读书的辅导员。在沈体，只要提起吴佩玉老人，许多人的第一感觉就是“德高望重”，从老沈体毕业后留校任教到退休，老人把一生的精力都奉献给了教育事业。直到退休的时候，沈体还向吴佩玉老人提出了返聘，让她继续发挥余热。

2010年11月中旬，许多媒体开始吵嚷着南勇要公审了，关于南勇的各种传闻不时见诸报端。我的同事姚国繁见我从延吉回来，他问：“我们什么时候去体院？南勇当年的辅导员联系到了，她同意和我们聊聊。”我说：“马上去，越快越好，这样的事儿不能等……”

吴佩玉老人是怎么知道南勇出事的？

2010年春节前，吴佩玉正在美国休斯敦女儿家度假，她和老伴像往常一样观看着中央四套的新闻，忽然，南勇出现了……

这是一个很短的新闻，但对吴老师来说却像晴天霹雳。南勇被刑事拘留？他怎么会这样？不会吧？已71岁的吴佩玉老泪纵横，那一夜她没睡着觉，脑海里一幕幕地回忆着自己的这个学生。

吴佩玉老人可谓桃李满天下，这一点她自己也承认，“带学生一茬又一茬，他们已经成长起来了，有的学生很有出息。”有一件事可以佐证：1984年前后，当时的国家体委从国内的包括沈体在内的六大体院要人，每个体院要两人，目的是培养后备干部。因为学生素质很高，沈体一家就被要去8个人，而其他体院的名额就被占去了。

当年沈体被要去的8个人中，就包括南勇——他当时就读于沈体的6班，而吴佩玉老人当年正是南勇的辅导员。

吴佩玉还记得第一次见到南勇时的样子，“他给我的印象很一般，很低调，当时他穿的是速滑队队服，但身体看上去很健壮。”

南勇在1980年秋进入沈阳体育学院，此前，他是牡丹江速滑队的专业队员。南勇入学后进入了6班。当时南勇所在的专业一共8个班，吴佩玉是5班到8班的辅导员，同时她还兼任年级支部书记。这个年级的学生中，除了南勇，还走出了刘殿秋（中国足协职业发展与监管部主任）、张新江（沈阳市体育局副局长）等人。

南勇入学不到半年，不显山不露水，但学校要求什么，他都能做到，学习成绩也特别好。尽管话语不多，但南勇在学生中人缘非常不错。不知不觉中，他那种核心力量就显露出来了。吴佩玉有一次找到南勇说：“你自然条件、各方面都这么好，你可以当干部啊！”南勇很实在，他告诉吴老师：“我在运动队时间长了，知识面很窄，我想多花点时间在学习上，班干部嘛，我不太想当。”

当时，吴佩玉说：“其实你这想法不对，你当干部同样是学习啊，而且有些东西你从课本是学不到的，你这是在实践中学。”

吴佩玉的耐心劝导，打开了南勇的心结。1980年冬，南勇当上了6班的生活委员。果然，在南勇的组织下，6班在生活方面根本不用吴佩玉操心。南勇对吴老师说：“我现在干劲很足，我肯定会让您放心的。”

过了半年，南勇升任年级的生活部长。吴佩玉回忆：“那时候也没有院学生会，也没有系，大家都是年级学生会的干部。在年级生活部长这个位置干了一段时间后，南勇又当上了年级学生会主席。我可以这么说，不是南勇上得快，而是他干得确实好。”

吴佩玉说了三件事情。“有一次，我记得6班学生到省粮校那块修煤气管道。当时正是8月份，天正热啊，年级干部开会时，南勇一张罗，全班人都来了，谁也不敢迟到。当时我往那一坐，根本不用我多说什么。”

第二件事发生在南勇他们毕业之前。当时，吴佩玉要照顾自己的母亲，还要兼顾两个孩子，她的心脏不太好，而自己的工作特点又是没白天没黑夜，一下子，吴佩玉累倒了，只能在家休息。临毕业前，自己不能亲自带班，吴佩玉对班级很不放心，这时又是南勇站出来了。“毕业前的琐事，都是南勇在底下组织干部做，每天晚上到我家来汇报一次工作，征求意见。按理说，毕业前两个月，我不去上班，一般来说班级不都得散了！但是南勇他们组织得却那么好。南勇是真有能力，不服不行。”

最后一件事，就是毕业的时候。那一晚沈体开篝火晚会，在南勇和同学的组织下，1980 年入学的这一拨学生上演了乐器合奏，那阵势，那声势，震撼了现场的每一个人，结果他们勇夺第一名。

2001 年“十强赛”时，国家队到沈阳打主场比赛，当时的南勇已经是中国足球代表团团长。到沈阳后，南勇约上当年同学一起去看了吴佩玉，“他来之前给我打了一个电话，等他们到我家的时候，还带了酒菜。多年不见，大家太亲切了，他们当时喝了四瓶白酒，唠起了当年上学的时候。看着这些学生们出息了，我心里真是为他们高兴。”

2002 年的时候，吴佩玉和老伴周老师要从北京出发去美国看望女儿。得知这个消息，南勇开车一直把吴佩玉和周老师送到了机场，“南勇当时怕我们到美国不习惯，还特意送了我一桶茶叶，他是个细心人啊！”

早些年，南勇的父母来沈阳还专程请吴佩玉老两口吃饭。至今，吴佩玉还记得南勇父亲说过的一句话：“南勇，你无论什么时候都不能忘了恩师，这是一辈子的事！”“南勇的父亲在当地是一个官员，从他的语气中我能感觉出，南勇的家教很严，父子俩重情重义。”吴佩玉说。

吴佩玉和南勇最后一次见面是在 2007 年。当时，沈阳奥体中心五里河体育场作为奥运会的足球分赛场，举办女足测试赛，南勇照例来到沈阳督战。他利用比赛间隙看望了吴佩玉，当时 80 级的学生又聚了一下，南勇一直坐在吴佩玉的身边。“无论做到多么高的位置，”南勇看着吴佩玉动情地说道，“在您的身边，我永远是个孩子！”

让吴佩玉始料未及的是，始于去年年底的反赌打假风暴，南勇涉案被捕。在美国，在休斯敦女儿的家中，吴佩玉和老伴周老师看到这个新闻时，两人说什么也不相信这个事实。

“她的眼泪也没少掉啊！”周老师对记者说，“我就觉得南勇是个好孩子，但这事对南勇个人不是小事，对国家也是损失！”

吴佩玉一声叹息。“这人怎么变得这么厉害呢？南勇的抵抗力也太差了。你犯罪了，国家就要处罚你。我想，他只要不被判死刑，我肯定会去看他，给他送点衣服，送点钱。南勇在我眼里，始终是那个学生时代能力强、人缘好、重感情的孩子！”

南勇案发前足坛的风吹草动

无疑，南勇辜负了恩师当年对他寄予的希望，也无颜面对父母的养育之恩。谁也不能否认他对足球的热爱，只是这种爱因自己的贪欲嬗变了，因环境的挟持畸形了，使他从一个阳光少年蜕变成一个罪犯。

2010年1月7日傍晚，我在北京港澳中心1005房间忙着翌日《球事儿》的首发式。

当时，在我房间里有黄健翔以及《最体育》的总编颜晓华等人。我们正谈着南勇的一些趣闻。颜晓华当时问我，南勇真是朝鲜大将南日的后代吗？我和黄健翔摇头，说这就像大家都说徐明是总理的女婿一样，指定都是谣传。

我去延吉后了解到，南勇不是南日后人，但他的确是一个老革命的后代。他生于1962年6月，父亲叫南兴烈，是一名参加过“东北抗日联军”的老战士。新中国成立后，南兴烈曾担任延吉县委书记。1967年，南兴烈被关进牛棚。南勇曾这样回忆自己的童年：“父亲被关到牛棚里去了，我只能跟着奶奶过日子。那个时候家里的生活挺苦的，最惨的时候我都吃不饱饭。”

1972年，10岁的南勇被选入图们市业余体校，练习速滑。1975年，他打破了延边州少年速滑的纪录，并因此在第二年进入延边州体育工作大队（简称“体工队”），成为一名专业运动员。

据知情人介绍，南勇成名后，一些媒体曾炒作他“在速滑上的天分”，但他本人这样说：“那个年代，只有两个地方待遇最好，一是军队，二是体工队。

这两个地方的伙食好，有补助。当时参军没啥希望，所以进体工队是我最好的选择。而延边别的项目并不强，只有速滑比较受重视，我就去了速滑队。”

1980 年，18 岁的南勇决心通过高考，改变自己的人生。经过一番努力，他考上了沈阳体育学院体育运动系。大一时，他入了党，第二年又成为校学生会主席。在学校里，南勇的人缘非常好，威信也相当高。他当年的一些同窗回忆说：“那时候，南勇给人的印象就是非常成熟，而且很愿意和人打交道。”

1984 年，南勇大学毕业，他被国家体委的绣球砸中，到体委人事司工作。

南勇和足球的缘分是从到国家体委时开始的。他到了这里，和年轻人组建了一支足球队。那时的南勇很活跃，他常组织自己的球队进行比赛，也因此结交了许多人，有的人后来直接成为他在足协的同事。

1989 年，国家体委向阿拉伯也门共和国（即北也门，1990 年并入也门共和国）派出一个体育援助团，南勇是该团的领导成员之一。那是他第一次出国。那次他比较出色地完成了任务，从此更受国家体委高层的重视。到 20 世纪 90 年代中期，他已经是人事司的处长，分管干部的提拔和任用工作。

1997 年，南勇 35 岁，他被正式调入中国足协，担任足球运动管理中心副主任、中国足协副主席，成为中国足协历史上最年轻的副主席。此前，除足球运动管理中心外，还有两个司局级部门可供南勇选择，但他最终决定到足球领域闯荡一番。

南勇恐怕绝没想到，自己人生的列车奔驰到 2010 年元月时，遥望官场路途漫漫，任重道远，自己正想提速，冥想着在风驰电掣中体味更大的权力快感时，他的列车不知不觉间就要邂逅一场重大的“交通事故”了！

最先觉察到南勇这种危险的人应该是崔大林。

我曾邀请崔大林到《球事儿》首发仪式上去捧场。直到 2010 年 1 月 7 日傍晚，我还以为他能出席翌日的首发式，没想到的是，当我和黄健翔、颜晓华等人聊得正起劲儿时，他的电话打进来了。

崔大林说：“你明天那仪式我不能去了，上午有个很重要的党组会。我现在刚从杭州回来，刚下飞机，开机看到有你一个未接电话。”

我问他："崔局，原定22日召开的足代会是不是推迟了？"

"你听谁说的？"崔大林很敏感，使劲追问我的消息来源。我说："我上午和刘建宏去深圳台做节目，听他说了一嘴。"崔大林笑着说："可能推迟吧……你还别说，有些事儿你说得还挺准的……"

他说完这句话，没等我追问就撂下电话。我开始琢磨，崔大林的话什么意思？我和他是1月2日在沈阳见的面。当时，我和他谈到两个人，一个是高洪波，一个是南勇……他们俩谁出事儿了吗？

1月6日，崔大林和南勇一起在杭州观看了国家队与叙利亚队的那场热身赛。

这一天是南勇最后一次公开露面。正式比赛之前，南勇出人意料地换上球鞋，国家队领队蔚少辉也换上球衣球袜，他们到训练场上和球员一起热身。当时我看到一张他秀脚法的图片，迅速把图片转到微博上，并委婉地写道："南勇为什么要秀脚法？因为天气太冷，或者因为太心虚，需要靠运动给自己鼓劲儿？"

其实，崔大林早在2009年年底就已隐约察觉出南勇要出事。崔大林分管足球，又要出任足协主席一职，他除了关注足坛反赌的风吹草动，还时时规划着足代会的日程。因为这个会议恰逢足协班子换届选举。中国足球何去何从？崔大林许多施政方针也要在足代会上抛出来，但没想到南勇事件打乱了自己的最初设想。

2010年元旦，他结束休假飞杭州后，就已有确凿消息反馈到他耳朵里。他要做的除了保密，另外一件重要的事就是赶快推迟即将召开的足代会。

足代会一拖再拖，完全因为足坛扫黑的不确定因素太多。

本届足代会要进行换届选举，会议要如期召开的前提是：足协的班子必须是稳定的。今天抓走一个，明天失踪一个，这样足代会是无法正常召开的。正因为如此，我在7日电话里问崔大林足代会是否又要被推迟时，他才异常敏感。

2010年1月15日下午，因为是崔大林分管足球，他的秘书给南勇和杨一民打电话，让他们晚上到总局参加一个紧急会议。晚8时前后，南勇和杨一民各自到了总局，等候他们的除了相关总局领导外，还有扫赌反黑专案组的干警。9时，专案组带走了南勇和杨一民。

当晚，原足协裁判委员会主任张健强在住宅附近散步时，也被突然出现的警方带走。

南勇等三人同时“失踪”，给足协的工作造成许多“不便”。

1月18日，足协要召开全国女足座谈会。然而，女子部主任张健强也不见了踪影，手机关机。随后，工作人员又发现，分管女足工作的足协副主席杨一民也联系不上了。足协相关人员随即求助副主席薛立，她只好拨通崔大林的电话。崔大林说自己也不知道这三个人的去向，但崔大林也同时要求薛立暂时取消女足座谈会。

南勇“失踪”后，其妻子多次到国家体育总局询问丈夫的下落，得到的一点人性化的回答是：“南勇的确被辽宁警方带走了，但你要相信公安机关。”1月21日，公安部证实，南勇、杨一民等正在接受警方调查。

第二天，国家体育总局宣布，免去南勇、杨一民的职务，任命原水上运动管理中心主任韦迪出任足球运动管理中心主任、党委书记。

中国足球的南勇时代就这样猝不及防地结束了。

两封匿名信和三股倒崔力量

2009年12月15日凌晨，也就是南勇被抓一个月前，很多体育记者都收到一份关于南勇的匿名检举信，发信人是“HaorenHh”。发信人主要揭发了南勇的两桩“罪行”：第一是诱逼国内俱乐部签约阿里·汉，自己收取好处费；第二是在签约爱福克斯的过程中，南勇存在瞒天过海、中饱私囊的行为。

第一封举报信的内容摘要如下：

近期有《体坛周报》等多家媒体反映，“天津泰达俱乐部在中国足协一把手南勇的暗示下签约了阿里·汉作为主教练”。根据媒体文章报道，泰达俱乐部董事长李广益接到了南勇打来的电话，电话中南勇“暗示”天津俱乐部任命阿里·汉作为其主教练。俱乐部接到“南头儿”的暗示后立即行动，签约了阿里·汉。看来，天津泰达俱乐部对中国足协领导的意图领悟得十分透彻，贯彻得十分坚决。

南勇身为中国足协的第一副主席兼秘书长，是掌握中国足球实权的头号人物。但是按照他的身份，是不能干预下属俱乐部经营的，在聘请主教练这种高度敏感的事情上，他为什么要毅然“出轨”暗示下属俱乐部雇用他的关系教练呢？这么做其他的俱乐部会怎么看？是不是明年的联赛“内定”这个词又要被安到天津泰达身上了？

让我们回顾一下09赛季的重庆力帆队，创造了后10轮奇迹的重庆恰恰也是在阿里·汉的率领下完成了“不可能”的任务。09年中超联赛，如果按后10轮的表现，重庆也是有机会冲击赛季冠军的。难道把中国队带得平庸到进不了亚洲10强的阿里·汉，真的那么神奇？真的能创造世界职业联赛的奇迹？答案当然是否定的。那么到底是谁创造了这个奇迹呢？巧合的是重庆俱乐部也是在南勇的“威逼利诱”下签约了阿里·汉，于是，我们不得不联想到其中的猫腻。如果结合当前打假扫黑的形势，我们有充分理由去重新评估重庆力帆09年保级阶段表现神勇的原因。

说起南勇和“神奇教练”阿里·汉，不得不说到一个叫白川的经纪人。阿里·汉此次登陆中超联赛和其在2002年与中国国家队的联手，都是由这个白川先生一手操作的，同时在力帆队里他还以阿里·汉翻译的身份出现。

南勇给人的铁腕印象主要是由其行为风格得来的。比如2002年为国家队选帅，他力排众议放弃埃里克松、里杰卡尔德等名帅，选择了一个名不见经传且没有执教国家队经验的阿里·汉；比如2006年中超联赛冠名，他执意找来一家行踪诡异的皮包公司“爱福克斯”来赞助，导致联赛和足协蒙受巨大损失；比如2006年中招聘08国奥队主教练时，他毅然拒绝克劳琛等优秀主教练，而任用与国内无良经纪人勾结颇深的南斯拉夫帮教练杜伊等人担任国奥队主教练，正是这位杜大爷，搞惨了国家队、国奥队以及一名央视女记者的声誉和生育能力；比如以保级为最大诱惑把阿里·汉推荐给有病乱投医的重庆力帆；比如以掌门人身份再把在重庆制造了一系列假球而疯狂抢得大把积分的阿里·汉强力推荐给天津。

这一系列事件背后隐藏着一个人，他就是能让南勇成为铁腕南勇的人之一——白川。

白川是比利时籍男性华人，其父辈亦是体育圈内人士。2002年南勇赴欧选教练，世人关注，媒体热捧，甚至几家著名媒体纷纷派员跟踪至欧洲。有报道埃里克松的，有报道里杰卡尔德的，殊不知白川早已安排好了南勇的行程，迅速签下了自己物色好的唯一人选阿里·汉，让媒体和业内人士大跌眼镜。阿里·汉之后的表现也很好地反映出了当时人们大跌眼镜的原因。

阿里·汉带领男足国家队冲击德国世界杯虽然失败了，但白川和南勇却结下了深厚的友谊。因为白川是商人，和许多海外游子一样，在国外一直郁闷于庸庸碌碌，需要中国这个超级大市场实现他们回家“啃老”的怯懦设想。南勇是中国足协高官，同时又是中超公司董事长，他认为，如果能把白川这样既有实力又安全可靠的海归经纪人网罗在自己门下，必将开辟一片新天地。

先来看看2009年。白川杀个“回马枪”回家“啃老”来了，这回他啃的是只病鸭子——重庆力帆。重庆力帆想留在中超，这对于俱乐部产业、重庆政府、重庆球迷，都有着重要意义。为此，它曾不惜血本、不顾旁人的鄙夷借壳赖在了中超。白川嗅到了这个机会，力帆也探明了白川的背景，这时的足球界都看出来了，一场大戏就要上演了。

当时南勇已稳坐足坛第一把交椅，行为也愈加铁腕。为了做出暗中支持阿里·汉的姿态，在阿里·汉登陆重庆时，他特派了一名足协官员前往护送。见此情景，力帆人仿佛看到自己已经保级了，多年未亲近的足协终于向他们敞开了怀抱！

阿里·汉执教的力帆果然让老板兴奋不已，除去要保级的球队，就连夺冠球队北京国安都慷慨献分。献分大戏一场接一场，假球的呐喊一浪高过一浪，白川导演了这场闹剧，制作人是他的铁哥们南勇。

尽管最终力帆没能保级，但白川已是有口皆“呸”的人物了，只要他去哪个俱乐部，哪个俱乐部就能得到中国足协的恩宠，因为这厮朝里有人！

在官场上铁哥们等于帮派，铁腕人物等于黑老大，维系他们的不是坚毅的铁，而是交易的银子。没了银子他们之间比你我还陌生。

现在再来说说南勇和白川导演的另一场闹剧。

2006 年年初，中超联赛在 2004 年西门子退出，2005 赛季“裸奔”一年之后，南勇以中超公司董事长的身份只身一人飞赴欧洲与白川商谈中超联赛的冠名赞助问题，白川向他推荐了爱福克斯公司。之后他们签署了爱福克斯、白川、中超公司的三方框架协议，白川作为中超公司的全权代理收取了高额的代理费。

南勇回国后向足协汇报了寻求赞助的情况。此时体育总局和媒体都在关注爱福克斯的赞助问题，并发出许多质疑的声音。南勇的回答是：“我可以以我的党性担保，没有问题。如果有问题，我辞职。”

问题终于还是出现了，爱福克斯约定的 6 千万冠名款没有如约汇入中超公司，两年后也只汇入了白川扣掉代理费后的 600 万。无奈，在谢亚龙的敦促下，2008 年年底，中超公司把爱福克斯和白川告上了法庭。

中超公司官司赢了，而剩余的 5 千多万却再也追不回来了，因为爱福克斯的代理公司 ACE 和白川的 BCD 公司早已破产。ACE 公司是 2006 年当年在英国注册的皮包公司，BCD 公司也是同一年白川在香港注册的皮包公司，它们都是为爱福克斯临时注册的公司，而爱福克斯也是2006年才成立的公司。三家外国公司无一不是2006年的新公司，都是典型的皮包公司。除了南勇，全世界没有谁会与没有任何信用记录的公司签订如此重要的合同。

当然，南勇为了获得体育总局和足协对爱福克斯赞助协议的认可，不会把真实情况汇报上去的，而是提供了假信息以瞒天过海。

爱福克斯协议的签署完全是南勇和白川操纵的，就连中超公司董事会成员都没有一人了解签署过程，直到现在他们也没有亲眼见过这份协议，更谈不上参与了。也就是说南勇和白川共同欺骗了体育总局、中国足协及全体关心中国足球的球迷，且不惜损失5千多万。

……

最后送南勇一句话，出来混，迟早要还；自作聪明？只能反被聪明误！

第一封举报信是在警方第一次公布案情后面世的。这封举报信矛头主要针对南勇，除了在理论上预测出“出来混，迟早要还”这样正确的结果，信中所涉及的许多细节都似是而非，也有捕风捉影之嫌。

2010年1月15日，南勇案发。两个月后，也就是2010年3月15日，第二封举报信又在网上像病毒一样流传，它一时又成为人们关注的热点。

第二封举报信内容摘要如下：

……

（2009年12月）18日一早，媒体曝光匿名信的报道还是由一家无名小报的无名氏报出，就立即出现在全国大小网站上，激起了网民的严重愤慨，几分钟内网友评论就达几百条。于是国家体育总局新闻司的同志和中国足协新闻官分别在×××和南勇的淫威下，以迅雷不及掩耳之势出击。有关报道在新浪等主流媒体的显要版面上马上被“屏蔽”得无影无踪。但是其他一些网站，比如人民网、新华网、央视网、凤凰网等依然没有拿下，这些网站甚至还“过分地”把这条新闻放在了头版头条的显著位置。新浪等媒体也不甘落后，在 12 月 19 日公休日的新闻版面上，又陆续登载了这个报道。

与此同时，南勇马上和他天津泰达的小老弟李广益商量对策，因为匿名信里提到的“南系教练阿里·汉”还有“内定”这个词，对他们来讲真是要了老命。上赛季“内定说”弄得北京国安成了联赛里的过街老鼠，下赛季刚签了阿里·汉的天津泰达弄不好可要吃不了兜着走，搞体育的不公平竞赛可是原则问题！

李广益的危机公关策划得相当出色。《体坛周报》爆出天津选聘阿里·汉的南勇电话门事件后，他马上拟好了两个东西：一个是给《体坛周报》的抗议函，一个是 12 月 19 日上午召开泰达赛季前新闻发布会的发言稿；都马上发给南勇过目。

南勇点头后，泰达俱乐部按计划于 12 月 19 日一早大张旗鼓地召开了一个赛季前新闻发布会，李广益在会上号称“阿里·汉懂中国足球，符合泰达标准……俱乐部经过反复考察，并征询了咱们天津足球几位名宿的意见……”

……

上面说了那么多，一直没进入主题。下面我们说说 ×××。

他和南勇有一些共同点：

第一，业务差，智商低。

先说南勇，一个练滑冰的，不懂装懂总给足球专业出身的教练们讲专业大道理。为啥学生教老师？谁让老师怕学生。

为什么说南勇智商低？以爱福克斯事件为例……您南主席呢？把自己玩进去了吧。弱智。

×××，先不说别的，你看看你自己的语录：

关于姚明受伤：“你不能说因为姚明回国打奥运会，所以回去以后就受伤了。”“他在 NBA 连续打了 100 场比赛，火箭队主教练过度透支姚明，这才是他受伤的原因。”

关于高尔夫：“……北京奥运会上我们拿到51枚金牌，在金牌榜上排名第一位，就是得益于举国体制。举国体制现在同样可以用来提高高尔夫球的水平。”“举国体制就是调动全国的力量，通过各个省份、举国上下的共同努力把高尔夫搞上去。举国体制是中国竞技体育取得成功的经验，同样适用于高尔夫项目的发展。”

关于中国足球，××× 热衷朝鲜模式：“在他们的体制下，女足水平世界一流，男足也很不错。”关于2002世界杯：“一切为世界杯让路，中国足球队要力争小组出线，小负巴西，大胜哥斯达黎加，逼平土耳其”，这样的构想广为流传，可这个作战思想就是出于我们 × 同志的。关于奥运会：“不管怎么说，北京2008目标是要夺牌，中国足球就是丑媳妇也要见公婆啊”，这是2004年提出国奥队组建时 × 总下达的任务。××× 还说，“一个世界杯不重要，重要的是奥运会”——这个是2005年国足兵败世预赛之后 × 总安慰大家的话。

媒体说 ×××：“常年盘踞足协副主席一职。蛰伏在阎世铎、谢亚龙等人身后，其实是真正的中国足球豪赌政策的主使人。是联赛让路、大赛先行、封闭集训作战思想的思想源头。真正的中国足球领导核心，思想的先行者，战略的总设计师，他的言论和思想直接影响到中国足协核心工作战略的方向。是总局关于足球项目集权的代表人物。”

联赛为国家队长期集训让路？职业联赛搞南北分区？这么做就意味着让职业联赛丧失商业价值、赶走赞助商、球员教练记者等从业者大量失业、工体等金牌球市彻底消亡、俱乐部纷纷倒台，等等。届时全国就剩下一支国家队了。这不就是明摆着让苦心积累了十几年的职业联赛彻底完蛋吗？让中国足球举国进入朝鲜模式吗？这些明明违背足球规律的观点都是 ××× 提出的。在足球圈从业的即使是傻子都能明白的道理怎么就你 ××× 不明白？

第二，胆大妄为，贪得无厌。

可以负责任地告诉大家，南勇和 ××× 是足球假行家，可悲的是他们真的以为自己很懂。他们认为只要学习朝鲜举国体制就能把足球搞上去。他们给各级国家队大讲战术。他们都在媒体面前号称要把反腐进行到底。他们懂业务是假的，他们懂怎么黑钱是真的。

南勇挣钱的奋斗史，其实什么爱福克斯、阿里·汉都不是最主要的，赌球才是他的真本事。具体的就不用给大家细讲了，回头警察同志会给你们讲的。

××× 同志呢？首先，南勇是 ××× 一手呵护并提拔的，××× 为什么这么器重南勇？这个道理还用我跟你讲吗？根据我们对南勇人品的了解，他在监狱里肯定会把 ××× 咬出来。他们之间的交易数额估计已经在审讯南勇的记录中落笔了。

第三，坑蒙拐骗，手段低下。

先说南勇，2001 年“十强赛”的时候，南主席就一马当先，除了借沈阳主场用各种手段疯狂捞钱外，还用各种低下手段给客队的比赛工作制造障碍。某西亚客队来到沈阳后，就不停被各种小伎俩骚扰。比如，人家球队到了球场，一打开自己的更衣室大门，发现竟然闹了满地大水以致无处下脚！谁知这是南勇故意用的“水计”。给你更衣室放水，为的是让你在球场上放水。南勇的“水计”还不止这一种，赛前热身一结束，几台剪草机马上开始在五里河的草皮上开足马力，把高草剪短；同时，体育场内的灌溉系统立即启动，几分钟的时间，浇水完毕。当西亚球队队员穿着短钉鞋入场开始比赛的时候，惊讶地发现竟然又中了“水计”！ 10 分钟前还是又高又涩的长草，怎么突然变成了又湿又滑的短草？！此役，该西亚队惨败。

第四，罪有应得。

犹太人的《塔木德》有言：“肉越多，蛆越多；财产越多，忧虑越多……”这隐喻一个道理，人太贪婪，只会要求越来越多，欲望无止无尽，当然也会失去得越多。

南勇被抓之后，很多媒体都开始提出了“鲨鱼”说，暗指×××就是南勇背后的黑手。中青报毕熙东先生1月25日的一篇名为《匆忙换人是挡箭　体制不变“南勇”更多》的文章中提到了这么一句话：“如果在反赌打黑过程中，再挖出南勇们的上级领导，您也不必大惊小怪。”着实把坐在体育馆路白楼里面的×××吓了一大跳。

……

在第二封举报信的开头，作者特意强调“自己”第一封举报信的爆炸效应。但仔细揣读两封举报信，我们不难看出绝对不是出自一人之手。

不否认，两封举报信的“作者”注定是圈里熟悉内情的人。但两封信的差异很大。首先是文风不同。第一封文风平实，侧重以事说理；而第二封文风浮躁，近似泼妇骂街，并且信中所涉猎的许多内容都是江湖流传多时的传言，可信度很低。

再者，第一封举报信矛头对准南勇；而第二封举报信中，南勇只是个“背景”，举报信中的×××，不难看出就是崔大林。

仅以南勇案中的爱福克斯事件为例，当时足协掌控在谢亚龙手里，中超冠名大事谢亚龙能容得南勇一个人瞒天过海，独自吞下这块肥肉？出事的话，谢亚龙也不能排除“共同作案”的可能。至于阿里·汉来华执教一事，在举报人看来，阿里·汉不论在国家队执教还是来中超，都是经纪人白川和南勇策划的……而在2010年9月3日，谢亚龙被警方带走后，关于谢亚龙插手阿里·汉来华一事也被炒得沸沸扬扬，有权威媒体甚至声称，谢亚龙的妻子都参与了此事。

可见，在阿里·汉来华谜案中，从南勇或谢亚龙某一个人身上选择答案，这是草率的。

至于崔大林，我分析过纠结在他周围的各种传言。关于两封举报信，暂且不论匿名信里某些荒唐的内容，人们最感兴趣的悬念应该是——谁是举报人？

我为两封举报信走访了一些圈里人，可以肯定的是，第一封对南勇的举报信应出自足协内部一位曾经的“高层”策划。显然，该人在权力争夺上是南勇的对手，或者败将，举报也就成了他唯一的发泄途径。我们可以想象，如果这位“高层”正和南勇关在一个号子里，这是不是一件非常幽默又残酷的事？

那么，第二封举报信中，谁又把矛头对准了崔大林？

质疑崔大林的人很多，网络上流传说，李承鹏曾被人怀疑是第二封举报信的策划者。但依笔者对李大眼的了解，他的磊落在于，与崔大林“政见”不合的话，他也绝不会选择举报信这类“暗器”。李大眼希望足球是一种娱乐，他只凭对足球的热爱来宣泄自己的情感和理念，即使他对某些人和事恨得咬牙切齿，这种恨也永远无法上升到杀父与夺妻的高度。

因此，我们必须承认，倒崔来自三股力量。一是来自辽宁体坛的各种势力，这些人曾与崔大林共事，是崔在辽宁时得罪过的群体；二是某些媒体从业人员的确扮演着积极倒崔的角色。这部分人以某些喜欢煽风点火的辽籍记者为主，他们又与在京某些专业媒体骨干联手，在某一敏感时间节点，通过网络散布崔大林“被协查”的消息……

还有一股力量来自总局内部，也就是说崔大林在任时曾经“伤害”过的那些既得利益者。他们熟悉崔大林的工作风格以及生活习性，再加上地处北京这个信息中心，关键时刻扑棱下翅膀，中国体坛就会在流言里发生“强烈地震”。

第四章

"傀儡"杨一民
——别说我一切都无所谓

谢亚龙入主足协时，足协的领导层已被"北体帮"牢牢把持着。作为一个足球外行，谢亚龙忽然间感到了自己校友、副主席杨一民的重要性，他开始借助杨一民来牵制日益壮大的南勇势力……

杨一民为职业足球不做北体大教授

1992年的中国足坛如同青春期的少年，冥想着未来，心旌荡漾、桃花纷飞。

这一年，袁伟民再任中国足协主席。他面临的形势是，中国足球即将迈出职业化步伐，美妙的蓝图令他寝食不安。怎么办？新的历史使命落到自己肩上，这意味着足协要搭建一个过硬的班子，并要充实储备一批足球经营和管理人才。

袁伟民1984年出任国家体委副主任，两年后出任足协主席。四年期满，年滩泗接替了他，待年滩泗任期结束后，1992 年，袁伟民再次出任足协主席一职。

袁伟民再任足协主席后，因为他作为体委副主任不可能具体管足球业务，他这个主席属于挂名，袁伟民还需要为足协寻找一个真正的掌门人扛起中国足球职业化的大旗。他最初想到的人并不是王俊生，而是时任安徽铜陵市市长的汪洋。

汪洋，1955 年生，安徽宿州人。1984 年他出任安徽体委副主任，1987 年至 1988 年出任安徽省体委主任、党组书记，随后调至铜陵市，先后任市委副书记、代市长、市长。

袁伟民考虑到汪洋有过在地方体育战线做领导的经历，又有工作魄力，他想到中国体育以足球为突破口进行改革时，汪洋应该是个合适的人选。于是袁伟民便给安徽省领导打电话，提出自己要人的想法。但对方的回答是：汪洋可是我们重点培养的后备干部，如果你们调他进京，能提拔使用我们才可以考虑放人……

袁伟民无法“提拔使用”汪洋，他只能放弃这个想法。而有幸未进入足协的汪洋，后升至安徽省副省长、国务院副秘书长、重庆市委书记……时任中央政治局常委、广东省委书记。

袁伟民与汪洋失之交臂后，他与年维泗商讨人选，最后圈定两个人，一个是王俊生，一个是高丰文。两个人各有优势，投票吧！袁伟民召集足协中层干部投票，最后两个人票数相同。袁伟民最后把决定权交给年维泗，年老权衡半天，最后把关键一票投给了王俊生。

王俊生上任后，求贤若渴。环顾一圈，他相中了北体大的两个人，一个是北体大教授、足球研究室副主任杨一民，另一个是北体大青年教师张健强。

1992 年，43 岁的王俊生出任足协常务副主席，兼秘书长；这一年调入足协工作的杨一民 36 岁，而张健强刚刚 26 岁。在杨一民和张健强命运发生转变的 1992 年，我们看看后来在足坛上呼风唤雨的大佬们都在做什么。

1992 年，37 岁的谢亚龙任北体大副校长。

1992 年，33 岁的陆俊在北京工业大学做体育教师，已是国际级裁判。

1992年，30岁的南勇在国家体委人事司做职员。

1992年，33岁的蔚少辉已在足协负责裁判工作。

1992年，40岁的阎世铎在国家体委政策法规司任职。

1992年，40岁的张吉龙已在中国足协外事部工作14年。

1992年对中国足球的特殊意义，除了启动足球改革计划，实际上这一年也让走向职业化的中国足坛的权力构架初具雏形。足球走向市场，并声称与国际接轨，但在这具有历史意义的一年，与足球改革相呼应的并不是一个适应新形势下足球发展的体制。足协依附于足管中心，“一套人马，两块牌子”管办难以分离，政企混淆不清，这不仅意味着以王俊生为核心的足协第一代领导班子的官僚习气无法避免，同时也预示了中国足球未来15年的命运。

比如，1992年的南勇已在国家体委组建了一支业余足球队，他春风得意，喜欢足球，又通过足球聚敛了许多人气，为自己在这方面的发展打下了基础；而阎世铎自1992年开始，他作为研究政策理论的干部，就已密切关注足球改革，并开始撰写足球理论文章；谢亚龙呢？他在1992年和足球没发生一点关系，但他没想到13年后入主足协时，足协的领导层已被“北体帮”牢牢把持着。作为一个足球外行，谢亚龙忽然间觉得自己的校友、副主席杨一民的重要性，他开始借助杨一民来牵制日益壮大的南勇势力……

杨一民是安徽蚌埠人，生于1956年11月23日。他曾担任安徽省二队的替补守门员，1978年考入北京体育大学，先后就读本科和研究生，并随后留校担任北京体育大学足球教研室副主任。

杨一民调入足协后，先在职业部工作。1993年，德国人施拉普纳被聘为国家队主帅，杨一民作为国家队助理教练随队征战世界杯预选赛。遗憾的是，这届国家队最后小组未能出线，杨一民没沾上国家队的光，他随后又回到足协技术部。

初到足协工作的杨一民给人儒雅的印象，这与他长期在校园里进行专业研究不无关系。在北体大期间，他对足球研究得很透彻，不论是自己写的书籍还是论文，学生们都喜欢捧读。他是教授，也是博士生导师，这种背景让许多人预想到他在足协的光辉前景。

但杨一民调到足协后并没有一步登天，像任何一个后备干部一样，基层锻炼是他必经的程序。杨一民的“基层”涉猎很多领域。当时，在施拉普纳身边有两个形影不离的人，一个是马克坚，另一个就是杨一民。这一老一少的搭配，既是工作需要——比如两人一起为国家队提供技术和科研服务，同时，足协掌门人王俊生这样做，也有让马克坚带一带杨一民，以利于他快速成长的意图。

当年的杨一民保持着他为人处世的基本个性，那就是谦逊地对待他人，同时保持和任何人不远不近的关系。这是一种让人感到可怕的处世方式。如果一个人整天微笑着看着你，不表态，不多说话，看谁都热情地点头示意，谁知道他的葫芦里卖的是什么药?

但面对工作，杨一民依旧像在校园时一样保持着极高的热情和钻研精神。杨一民知道过去自己研究的是理论，而走出校园，如果不能把理论和实践很好地结合起来，那就是死路一条。

当时在足协，33 岁的杨一民与 46 岁的郎效农相处得很融洽。

郎效农，1947 年生于北京。经历上山下乡后，1970 年，他被召入宁夏足球队，司职守门员。1978 年 31 岁时退役。退役后的郎效农被分配到宁夏体委工作，20 世纪 80 年代在北体学习。1990 年北京举行亚运会时，郎效农被中国足协从宁夏借调到北京，随后留在中国足协工作。

杨一民从北体调进足协时，郎效农和马克坚、李传琪等已开始马不停蹄地投入职业联赛创建工作。当时，郎效农面对问题敢于直言的劲头让杨一民很佩服。杨一民觉得自己做不到这一点，他有时在工作中发现的问题可能比郎效农更大，但他总喜欢一个人去琢磨，绝不会在公开场合表达自己的疑问。

杨一民欣赏老郎的性格，也愿意和他私下探讨问题。同时，杨一民也见证了老郎的命运轨迹。

1994 年职业联赛启动时，郎效农开始在职业技术部负责联赛管理工作。1995 年，郎效农和张健强、蔚少辉一起被提拔为副处级干部；两年后他被提拔为正处级干部。

1998年，郎效农开始担任竞赛部主任，负责联赛管理工作。

2001年，阎世铎开始搞足协中层干部轮岗制，老郎被调离联赛管理部门，担任中超联赛筹备办公室主任，负责筹建中超联赛，他的“中超之父”的称呼就是从这儿来的。2003年年初中国足协再次轮岗，郎效农重新担任联赛部主任，负责联赛管理工作。

2004年是中超元年。郎效农激情澎湃地迎接了这个“婴儿”，但没想到的是，中超踢到10月，徐明、张海、张曙光等人搞起“G7革命”，试图改变联赛的体制和机制，这让郎效农勃然大怒。他在不同场合对几家造反的俱乐部进行了猛烈抨击……

可以说，郎效农与阎世铎曾一起度过一段值得怀念的“蜜月”期。阎世铎入主足协后，在领导层面上，他最初依靠南勇，而在中层干部领域，他重用的是郎效农。正因为如此，中超联赛作为阎世铎的一个政绩工程，郎效农全部担当了起来。

“G7革命”流产后，谢亚龙接替阎世铎成为足协新掌门人，郎效农的命运发生了变化。

早在阎世铎时代，杨一民就已被国家体育总局任命为足协专职副主席。谢亚龙来到足协后，因为他重用同为北体大校友的杨一民，而杨一民与郎效农又有不错的私交，老郎在谢亚龙上任伊始的境遇不错。但随着杨一民的“失宠”，老郎的命运也发生了急剧的变化。

谢亚龙上任后曾要把联赛搞成“南北分区”，这想法一曝光，立刻引起各界的强烈批评。在足协内部，郎效农的质疑声最大，他甚至直接给总局领导写信，陈述“南北分区”对职业联赛的戕害。最后，时任总局副局长的崔大林了解情况后，立刻叫停了谢亚龙的计划。

2007年11月28日，谢亚龙对郎效农“动刀”了。他给他安排了女足领队以及相关部门副职的调整，同时还宣布郎效农不再担任中超委员会秘书长，该职位将由联赛部主任马成全兼任。这意味着为中国足球勤勤恳恳拉了大半辈子磨的郎效农，不得不停下来，眼睁睁地被上演一幕“卸磨杀驴”的大戏。

老郎的确感到意外，尽管到了该退的年龄，但足协领导早就暗示过，他要干到2008北京奥运会后。老郎希望在自己岗位上见证一下家门口的奥运会，也想在有限的时间里再为中国足球做点事儿，但他没处理好与谢亚龙的关系，只能提前退休。

郎效农失意的日子，许多人安慰他，其中包括杨一民。

2010年1月15日，当南勇和杨一民被警方带走、立案侦查后，有记者找到郎效农，让他谈谈对两位副主席的印象，以及南杨出事后的感想。老郎说法很简单，也很客观，他说：“很大原因在于体制！”

南勇和杨一民被带走不久，中超公司总经理吕锋也被警方带走“协助调查”，足协新任掌门人韦迪立刻与前足协联赛部主任郎效农进行沟通，并希望其重新出山担任中超公司总经理。郎效农在接受采访时证实自己同意出任这一职务，并于2010年2月8日正式进入中超公司暂时代总经理一职。

足协里的“北体帮”应是中性概念

中国足坛有许多巧合让人忍俊不禁。比如，1992年杨一民与张健强同时从北体大调至中国足协，而18年后，两个人又同时离开足协，被警方带走立案侦查；而南勇和杨一民最后一次公开露面是2010年1月4日，他们以足协领导身份开会、颁奖；11天后，两个人再次聚首时竟然都成了“犯罪嫌疑人”。

2010年1月4日，中超中甲工作会议在昆明举行。有媒体这样描述了这次会议：

> 中超中甲会议，上午的会议是由杨一民主持的。上午务虚，主要是对2009年的一些赛风赛纪、球场保卫等工作进行了一个总结，而此时，杨一民得到消息，南勇一行终于在9点钟左右，踏上了飞往昆明的班机。

中午会场休息，杨一民悠闲地点上一根烟，和相熟的人有时候打个招呼，整个会议的气氛波澜不惊，也让很多到场的媒体记者失望。因为很多人对这次会议的主旨不甚了了，以为会对涉假球队出台一个处理结果。结果有人试探着问杨一民，杨一民摆摆手："这就是个总结会议，跟其他事情无关。"

中午快到1点的时候，南勇一行终于赶到海埂基地，和杨一民简单碰了一个面，下午的会议就开始了。会是分开开的，中超一个组，中甲一个组，地方足协一个组，杨一民主持了一下中甲会议。地方足协会议和中甲会议很快就开完了，唯独在二楼的中超会议一直开到了下午6点。此时，其他两个会议已经结束了快一个半小时，而杨一民，也早已进入了中超会议的房间。媒体不能进入房间，不过性急之人还是可以到门口去听听——会场偶尔传来争吵的声音，不过总体还算平静；中超54条，全力支持亚冠，这是会议的核心议题，而大家最关心的处理假球的问题，一句未提。

漫长的等待等来一个无关痛痒的结果，会议室的大门打开，南勇和杨一民最后出来。最后是颁奖，两位副主席面对大家微笑，看着各个奖项逐次发出。一切如常，等所有程序已经结束以后，记者们都想让南勇或者杨一民说两句。南勇摆摆手，杨一民说："我们就不接受采访了。你们去找马成全吧。"

南勇和杨一民走了，剩下马成全侃侃而谈——谈的是中国足协如何全力支持亚冠球队。"那也是中国足球的脸面。"马成全说。

天一黑，昆明就起风，气温陡然降低，杨一民理了一下西装，消失在夜幕之中……

早在本次会议之前，警方已公布两次案情，广药、青岛海利丰、成都谢菲联等球队踢假球的事实已经查清，相关犯罪嫌疑人注定要受到法律制裁，但足协根据自己的纪律处罚条例如何对几家俱乐部处罚？人们都在猜测，也期望在昆明这次会议上寻找出答案。

媒体的失望是正常的。2010 年元月里的南勇和杨一民，他们如同被洪水包围的孤岛上两棵大树，尽管曾经根深叶茂，但已经预感到洪流将给自己带来的命运。面对围堵的记者，他们可以微笑，也可以谈笑风生，但他们脆弱得像肥皂泡，随时都会爆裂。

2010 年 1 月 5 日，在中国足坛的飞行坐标上有几条标志性航线，它勾勒出南勇和杨一民们崩溃前的轨迹：杨一民从昆明飞北京，南勇从昆明飞杭州，而在沈阳休假的崔大林也从沈阳飞往杭州；此时的崔大林已了解到南杨面临的命运，但他飞到杭州后还是和颜悦色地和南勇一起观看了国家队的比赛，然后再回到北京，目送南勇、杨一民、张健强等人被警方带走。

1 月 15 日，"失踪"后的杨一民同样享受到和南勇一样的"待遇"。

某些媒体披露南勇所谓"500 万银行卡""开黑店敛财"后，那些长期盯访足协的专业记者纷纷换上马甲，在自己的报纸上开始清点杨一民的"罪行"。

担任足协副主席 8 年间，多位出任国字号球队主教练或助理教练的"意外人选"，皆出自其手笔，而其中最具代表性的即是贾秀全。

相比贾秀全球员生涯的显赫，王宝山等人则多次成为国字号教练队伍里的"黑马"。王宝山曾担任国青队主帅，甚至一度险些在 2008 年年底成为国足的"过渡主帅"。而贾秀全的"意外"，则是他两次在国青国奥担任主教练期间，另觅高枝到地方俱乐部就职，成为著名的"贾跑跑"，但却可以屹立足坛不倒，足迹遍及陕西、上海、河南，其中在上海还是"二进宫"。这些意外中间，背后始终有杨一民的影子。

江湖传言杨贾二人是"连襟"，未经证实。但杨一民与贾王郑，皆是亦师亦友的铁杆关系，乃圈中公开的秘密。

铁哥们或者门生的存在，让杨一民拥有了足够的资源。虽然三个"小老弟"担任国字号教练的时间都不长，但已是圈内公开秘密的"国字号黑金”，相信已是一笔丰厚报酬，这其中断然少不了杨主席的好处。“喝水不忘挖井人”的道理，向来是利益链上的第一原则。

杨一民在足协内部拥有一大批嫡系，某种程度上造成了他与南勇的“对峙”。作为足协“北体帮”的当家人（足协中层干部中张健强、蔚少辉、马成全、郭辉、李冬生、朱和元、林卫国等人均出自北体大），在杨一民的权力与利益链条上，他们都扮演着某种角色。当然这并不是质疑他们中的每一个人都牵涉其中，但他们为杨一民肆意行事，绝对创造了有利条件。

据说在某些足协官员或杨氏门生的口中，称呼杨一民为“老板”，更有甚者言必称“老板的意思是……”在这棵巨大的树下，盘根错节枝蔓攀生，可见一斑。

在陈亦明一句“杨一民和杨楠的关系，圈内人都知道”后，河南建业的美女老总杨楠，再难洗脱自己与杨主席之间的红粉味道。不过美女老总倒也淡定，“有些事情，时间会证明一切”，令人浮想联翩。

绯闻无从证实，但河南建业在2009年的中超黑马奋蹄，却被外界广泛猜测是杨一民的“护佑”。河南建业的魔鬼主场人所皆知，虽然建业方面也拿“主场和国安的比赛，我们吃够了裁判的亏”来开脱，但被圈内知情人斥为笑谈，“在国安身上吃亏，说明你后台不如人家硬……”值得一提的是，目前在中超执法的相当一部分裁判，也都有北体大背景。不少北体大足球专业的人士，都愿意“付出昂贵代价”谋得这一肥缺，而作为“北体大足球系老大”的杨一民，也自然乐得大派顺水人情用“自己人”，关键时候总是能派上用场，你好我好大家好。

在某些资深媒体人的笔下，杨一民的“形象”比南勇更高大，即便在落网之后，还是有不少媒体含糊其辞地为其涂脂抹粉。不过一位西部俱乐部老总愤愤然表示，“杨一民一直是历任足协领导中给我印象最差的，永远一副高高在上阴阳怪气的样子，也不知道是不是我们没给他进贡的缘故……”

任职专职副主席期间，杨一民最“憋屈”的事情莫过于因分管女足不力而被“拿下”。深究其中原因，可见杨一民与谢亚龙的权力斗争。两人互相不给对方“确定”的主教练面子，以至于女足在2008年奥运会前三年间六度更换主帅，而其间担任女足领队（这几乎是领导把持球队的最直接亲信）的，除了杨一民和薛立，也还有5位之多，堪称奇迹。

恐怕很少有人想到，看似清贫的女足同样油水丰厚。女足球员为进国家队，向领导送礼送钱早已不是秘密。因为进入国家队，意味着她们的运动员级别从“一级”到“健将级”的提升，背后同样是待遇的区别。更重要的是，一些地方体育局，考虑到万一女足在奥运会拿到奖牌，全运会加分和政绩双丰收，也愿意源源不断进贡到领导这里，为的只是自己的省份可以多一两个“国脚”。

在杨一民事发后，“北体帮”这个概念又被人重新提了出来。但此时这个名词已被赋予了许多贬义，它几乎成了拉帮结火、沆瀣一气的代名词。

在足协领导班子成员中，谢亚龙、薛立、杨一民出自北体大；足协的中层干部里，郎效农、冯剑明、朱和元、马成全、张健强、郭辉、林卫国、李冬生等都出自北体。至于在足协里的普通工作人员，北体大毕业的更是数不胜数。

早年在北体专科毕业的王俊生，他把对母校的情感和自己的事业结合起来，客观上让中国足球牢牢地把持在北体大人的手里。

古语说得好，打仗亲兄弟，上阵父子兵。事实上，足协内部北体大势力强大，这本身不值得诟病，因为在中国任何一个机构中，官（职）员的“出身”都有一定的规律性。有的倾心于文科名校，有的喜欢理科名校。

北体大全称是北京体育大学，属中央部属高校，也是国家体育总局唯一直属的普通高等学校。它筹建于1952年，1953年举行开学典礼，原名中央体育学院，1956年更名为北京体育学院，1993年更名为北京体育大学。

从北体大的属性来看，它直属国家体育总局，其历任校长都是由总局任命，那么足协在这个院校里遴选优秀人才也是情理之中的事。我们可以想象，除了足协，体育总局其他中心北体大毕业的也绝对不在少数，甚至要多于足协。

足协里的“北体帮”为什么能引人关注？关键在于北体大的几个领头人在工作中没有形成合力，并在利益面前丧失了原则和操守，最后携手走向犯罪，同时也让足协这座大厦顷刻间轰然倒塌。

正是因为足协“北体帮”给人带来的思维惯性，当毕业于沈阳体育学院的韦迪出任足协新掌门人后，有人杞人忧天，坊间又传出“沈体帮”要取代“北体帮”的说法。韦迪毕业于沈阳体育学院，南勇曾是他的学生。韦迪履新后，把同样毕业于沈体的于洪臣空降足协，命其出任足管中心副主任。韦迪还会抽调哪些沈体精英充实到足协？有人难免会浮想联翩。

谢亚龙搬起杨一民砸了自己的脚

许多人谈到杨一民的命运时，常常把他和谢亚龙联系在一起。比如说，谢亚龙最初宠幸他，后来怀疑他，最后抛弃他，这才导致杨一民一蹶不振，最后踉踉跄跄地跌倒。

事实真的如此吗？

杨一民早于谢亚龙 13 年到足协。杨一民到足协工作时，谢亚龙已从伍绍祖秘书卸任，到北体大做副校长。当谢亚龙于 2005 年 2 月出任足管中心主任时，尽管杨一民早在 2002 年就被阎世铎提拔为足协专职副主席，但他的职位还是低于谢亚龙。

在北体大期间，杨一民读到大二时，曾为基层田径教练的谢亚龙于 1980 年考上了北体大。杨一民学的是足球专业。两人读研究生时有两年的“交集”，私交也不错。因此，谢亚龙空降足协后，他首先找杨一民了解情况，并准备重用这个比自己小一岁的师弟。

此前，杨一民在足协的技术部、联赛部工作。2004 年雅典奥运会上，女足惨败后，薛立失意，阎世铎私下里已让杨一民介入女足工作。谢亚龙上任后，从业绩上说，2004年男女足皆墨，杨一民和薛立都是不可信任的；但从政治上讲，直接威胁谢亚龙权威地位的依然是南勇。所以在谢亚龙看来，大胆使用杨一民符合自己这个掌门人的核心价值。

谢亚龙明确杨一民接替薛立，负责女足工作。

薛立，1980年毕业于北体击剑系，毕业后直接分配到当时的国家体委击剑处工作。后又到游泳中心做副主任。2003年，阎世铎把他要到足协做副主席，副管女足。

如果问是谁让杨一民的命运出现第二次转折？这个人是阎世铎，而不是谢亚龙。

杨一民来足协工作10年后，也就是2002年，阎世铎提出用人意向，总局正式任命杨一民为足管中心副主任、中国足协专职副主席。我们把阎世铎提拔的杨一民和薛立放在大环境中揣摩，就不难看出阎世铎自2002年伊始驾驭权术的玄机。那就是用杨一民和薛立来削弱如日中天的南勇的权力。

南勇是国家队2001年“十强赛”的总指挥，他率中国队打进韩日世界杯，让自己的事业迎来最辉煌的时刻。南勇分管国字号，为国家队抽得好签的张吉龙不仅负责足协外事活动，也分管联赛，这两位哼哈二将在阎世铎身边一站，老阎难免有被架空的感觉。

韩日世界杯后，阎世铎为维护自己的绝对权威，必然要考虑足协班子的重新构架，于是，被提拔的杨一民和空降的薛立成为他手里两枚重要棋子。

在阎世铎时代的“后期”，南勇和张吉龙“因工作需要”不再分管国字号和联赛了。杨一民一度把国字号与联赛都把持在手里，薛立来到足协后，女足分给了他，但在事实上，杨一民已成为仅次于阎世铎的足协二号人物。

毕竟，官场上惊心动魄的博弈无法替代赛场上的实力。阎世铎能改变杨一民和薛立的职务，但杨、薛二人却无法改变球队的命运。2004年8月，张海涛率领中国女足征战雅典奥运会，曾经的铿锵玫瑰制造了0∶8输给德国队的惨剧，随后小组被淘汰；同年11月，阿里·汉率国家队罹难于广州天河体育场，失去进军德国世界杯的机会。国字号沉没，而2004年秋天的中超赛场因“G7革命”也几近崩盘，阎世铎的命运只能是下课了。

谢亚龙接替阎世铎时，可以说是杨一民最灰头土脸的时刻。尽管如此，谢亚龙先让他接替薛立抓女足，也是出于战略考虑。当时女足面临的有两大任务：一是2007年在中国举行的女足世界杯，二是2008年北京奥运会。如果杨一民能肩负起振兴女足的重任，谢亚龙会少一个心病，杨一民本人也会为自己的仕途加个保险。

不过，杨一民分管女足可谓再次遭遇“滑铁卢”。2005年3月，女足征战阿尔加夫杯，最终踢出史上最差的第九名。主帅王海鸣下课后，前瑞典女足主教练多曼斯基上岗，她率队踢2007年女足世界杯，但未完成进前四的任务。

多曼斯基虽未完成任务，但外界对她还是很认可，可惜足协没有及时与她续约，多曼斯基离开了，前法国女足主帅伊丽莎白又被请来，没想到她来华不到五个月就与女足领队张健强闹得不可开交……

2008年2月，伊丽莎白带队到重庆永川参加东亚四强赛。

24日，中国女足0:3不敌日本队。赛后，女足内部矛盾爆发了。当时采访东亚四强赛的央视记者仿佛被张健强绑架了，他们用镜头把伊丽莎白无组织无纪律、随意迟到的镜头详尽展示给观众。“迟到门”事件成为热点，张健强等中方教练逼伊丽莎白道歉，女足内部矛盾彻底公开化。

随后，在张健强等人的唆使下，许多女足球员主动配合媒体采访，她们口径一致，那就是声讨伊丽莎白，并声称为备战奥运会，这个法国老太婆应该下课。

在前线督战的杨一民目睹了一切，但他并没有平息内乱。在接受记者采访时，他激动地评述女足与日本队的比赛，他认为这是女足三场比赛中最差劲的一场比赛，伊丽莎白的训练方式值得商榷……但杨一民也表示，失败不会影响伊帅的执教，他会继续支持伊丽莎白。

东亚四强赛结束，女足又开始以内讧的方式备战3月的阿尔加夫杯。3

月 3 日有消息传出，女足领队张健强率领中方助理教练王海鸣、守门员教练哈威以及两名翻译官，向足协提出了辞职。这意味着张健强与伊丽莎白之间的矛盾已不可调和。

张健强这一举动让谢亚龙有点措手不及。他先向杨一民了解情况，杨一民的回答含糊其辞，也没表达明确态度。谢亚龙很气愤，杨一民作为分管女足的领导，竟然说不清楚内乱的动因？同时也没有起到稳定队伍的作用，这说得过去吗？

谢亚龙随后向总局领导汇报，最后作出决定：暂不批准张健强辞职，但派杨一民驻队并出任领队，张健强变成执行领队。

足协这个决定并没平息女足内部的矛盾。女足在阿尔加夫杯上踢得一塌糊涂。全部比赛结束后，伊丽莎白明确向杨一民摊牌，如果张健强不彻底离开球队，她将不再回到中国。

足协把伊丽莎白的最后通牒汇报给总局，因为足协汇报时一直站在中方教练一边，伊丽莎白也就成了一个似乎处于更年期又有点变态的法国泼妇了。足协最后没有满足她的诉求，伊丽莎白与中国女足遂彻底分手。

因为伊丽莎白不是辞职，双方分手后，足协给她支付了大约 80 万元人民币的违约金。

女足的闹剧平息后，谢亚龙开始琢磨这件事的来龙去脉了。他越想越觉得气愤。张健强只是足协女子部主任，小小的中层干部竟然拉帮结伙集体辞职？表面上看是对伊丽莎白的忍无可忍，其本质是根本没有把谢亚龙放在眼里。

那么，张健强把谁当老大了？当时是杨一民，他是分管领导。

谢亚龙不得不分析杨一民在女足风波中充当的角色了。张健强想做任何一件事都不可能回避杨一民，那么在谢亚龙看来，张健强的行为不排除是杨一民默许或怂恿的。谢亚龙不得不相信，女足的乱象疑似杨一民有意拆自己的台！

谢亚龙本想让杨一民帮自己一把，顺便牵制一下南勇，没想到在奥运会即将到来时，却搬起杨一民这块石头砸了自己的脚。怎么办？只能拿杨一民开刀了。

2008 年 3 月下旬，谢亚龙宣布由南勇取代杨一民分管女足。杨一民不再掌管中国女足工作，而将继续负责女足部、技术部和青少部工作。直到一年之后，南勇接替谢亚龙，他只把张吉龙当成对手，挤走了张，而对杨一民，南勇显得很慷慨，让他分管联赛，这等于让杨一民重新回到了一线。

事实上，2008 年 3 月的南勇已经预感到谢亚龙面临的命运了。南勇对女足并不陌生，也曾出任过女足的领队，他很清楚，自从 1999 年中国女足夺得世界杯亚军后，就一直在堕落。即使自己点灯熬油地卖命去干，离奥运会不到三个月时间了，女足翻身难道会像猴子翻跟头一样容易吗？

当年的铿锵玫瑰，注定要成为飘摇的蒿草了。

如果俯瞰 2008 年春夏之交的中国足坛，我们不难发现，不论男足还是女足，它们像一堆被官僚们剁碎扔在厕所里的一堆腐肉，挑逗着一群绿豆苍蝇们振翅纷飞。

女足在奥运会前趋于腐烂，而男足也正在煎熬中散发着馊臭的味道。

2008 年 7 月，离奥运会开幕不到一个月，国奥队主帅杜伊被解除兵权。随后的奥运赛场上，中国男女足几乎成了“不男不女”足，他们奇迹般地返璞归真，主帅的教鞭分别回归到本土救火教练殷铁生和商瑞华手中。两位老帅悲怆上阵，他们摇曳的身影，像谢亚龙眼里的两根救命稻草。

第五章

"骗子"阎世铎
——不说找丑，说了找抽

阎世铎在公共场合总是戴着墨镜，即使吃饭时也不摘下来。吃饭选座位从不背对着餐厅大门，而是选择面向门口的位置，有点像谍战片儿里的地下党。阎世铎为什么要这样?

足协挨骂最多的为啥是阎世铎?

四年一届的世界杯，中国球迷的希望总是像肥皂泡一样放飞，然后破碎，再放飞，再破碎……除了 2002 年一飞惊天，剩下的都是周而复始的"噼噼啪啪"的声音，它成了中国球迷心中永远的痛。

2004 年 11 月 22 日，阿里·汉乘坐德国汉莎航空公司的 LH721 航班离开北京前往法兰克福。LH721 航班是北京时间中午 11 时 30 分起飞，当地时间下午 2 时 35 分到达。阿里·汉的助手德容则将晚两天才离开北京。

阿里·汉是 2002 年 12 月开始担任中国队主教练的。

2004年11月17日晚，2006世界杯亚洲区预选赛D组中国队与中国香港队的比赛，在广州天河体育中心结束。中国队7∶0大胜香港，而科威特在主场6∶1大胜马来西亚。这样中国队与科威特在相同积分、相同净胜球的情况下，科威特凭借进球数优势压倒中国队晋级，中国队屈居小组第二被淘汰。

中国男足2002年踢进了韩日世界杯，而备战2006年德国世界杯时，却在亚洲连小组都没出线，这种巨大的反差是偶然还是必然？

可以想象，如果国家队当年在广州出线，阎世铎可能不会在两个月后离职。他还会像当年期待米卢一样，希望阿里·汉为中国足球创造出第二个奇迹。这样的奇迹如果真的出现，阎世铎离开足协后就不会是出任训练局局长，而至少应该是升任国家体育总局副局长之类。

阎世铎2000年4月出任足管中心主任。此前，他先后在总局政策研究室、政策法规司、总局办公厅工作。他入主足协后曾雄心勃勃，提出了“人民足球”“快乐足球”的概念；对足坛的违法乱纪行为，也喊出“杀无赦、斩立决”的豪言；他见证了中国足球冲进世界杯的辉煌，但随着阿里·汉执教的国家队猝死，在国人震耳欲聋的辱骂声中，他只能在2005年2月17日怆然离去。

在足协的几任领导中，阎世铎可能是挨骂最多的人。他为什么受到如此待遇？分析起来大致有两方面因素：一是阎世铎在任期间，可谓站在一个高起点上，那就是中国男足冲进了世界杯。既然他吊起国人的胃口，国人注定以高标准要求他。因此，当阿里·汉率队屡尝败绩后，国人只能把他拎出来发泄。二是阎世铎是搞理论出身的，在任其间提出了一堆空泛的口号，但最后这些喊出的口号、设计的蓝图没一个实现的。尤其在2001年年底到2002年年初，杭州陈培德、宋卫平联手阎世铎反黑时，曾高喊“杀无赦、斩立决”的阎世铎“临阵脱逃”，这难免会让国人觉得他是个“骗子”。

在阎世铎下课前20多天，即2005年1月24日，《足球》报记者白国华特意深入阎世铎的老家大连进行调查采访。他在大连期间，阎世铎的恩师何彦吉很关心自己学生的处境，曾托他给阎世铎写了一封信，原文如下：

世铎：

看见这封信你一定会很惊异，尤其是在《足球》报上，这似乎不是老师一向的风格。

你知道的，我这个人甚少接触媒体，也基本不接受记者采访，这一次破例，完全是因为心急如焚的缘故——为何我的学生，现在居然有这么多人在骂你，有这么多我不能理解和接受的罪状加在你身上！

我是在1月18日接到《足球》报记者电话的，他说要采访我，了解你以前的一些情况。我当时正在给天津体育学院的一个学术报告做鉴定，而且出于一向对媒体的防范心理，很想推托，但是他的一句话让我改变了主意。

他说："现在阎世铎是个怎样的人我不清楚，但至少从您口中，我们可以了解青年阎世铎究竟是怎样一个人。这个忙您不愿意帮吗？"

我考虑再三以后决定接受他的采访，同时应他的要求写下这封信，也只是希望让更多的人可以了解你，了解你的难处、处境，对你有一个理性公正的评价。

在你2000年上任的时候，我想起过一则故事：宋代一书生赴京赶考，路遇大雨，全身湿透，入一庙中避雨。其时，有一农人正在庙中烤山芋，书生饥寒交迫，农人赠芋一个。书生吃完大加赞叹："此生从未吃过如此美味之物！"

上京后，书生高中。几年间吃尽人间美食，厌烦美味后突然想起当年赶考时吃的"美味山芋"，遂命手下人烤熟，只尝了一口，吐之，大骂曰："农夫骗我！当年给我吃的肯定不是山芋。两者味道相差何其远也。"

山芋还是山芋，但人已经不是那个人。关于这个故事的总结语是："时位之移人也！"

虽然，你是我的学生，但自你1984年调往北京以后，16年间我们见面甚少，所以我也不敢肯定，在体委工作了16年的你是否还是当年我那个学生？

但是，2001年6月份你的到来让我打消了疑虑。你来大连调研，只短短两天还抽出时间来请我和刘老师吃饭，聚会的过程更是把我最后的一丝疑虑打消——那种亲切的感觉证明你还是当年的阎世铎，时间和地位的改变并没有改变你！

此后，你每次到大连来，只要能抽出时间来，都会上门来问候一下我这个老头子。而且我听说，无论是当年的老师、同学还是学生，他们在北京只要上你家登门拜访，你没有不热情招待的，这更证实了我的判断没有错，你还是那个厚道的世铎。

当然，处在你的位置上，好人并不一定保证能做出好成绩，让球迷满意，让群众满意。这一点，我实事求是地说，你交出来的是一张并不合格的答卷。

但我觉得，即使如此，也不能把所有的责任都往你一个人身上推。你的位置、你的处境老师很清楚，有很多事情，哪是你说了就算的？我搞了一辈子体育理论研究，现在已经78岁，退休赋闲在家，有时间清清静静地去思考一些问题，譬如中国足球水平为何越来越差。让我感到痛心的是，中国到底还有多少足球人口！依我看，现在足球人口是越来越少了！以前，大连市人民体育场都是免费开放给群众踢球的，现在怎么样？以前那些小巷子里，孩子们放下书包就可以踢球，现在大连哪里还有这样的小巷子？大连尚且如此，中国其他地方又能好到哪里去？这些问题林林总总，又岂是你一个人所能改变的？

所以，我最近很少看体育方面的报道就是这个道理——张嘴就骂，许多基本的事实都不清楚，这样的报道除了误导群众以外没有任何价值。这也正是我接受这位记者采访的原因，他至少让我看到了他实事求是的态度。

不过，你既然在这个位置上，就得担得起这个责任，我估计你也早已经有了被骂的准备。对于责骂，你还是应该抱着“有则改之，无则加勉”的态度。但是，有一句话是老师此时此刻想对你说的：凡事只求问心无愧。俯仰无愧天地，褒贬自有春秋。你只须负你应该负的责任，足矣！

这几天，偶然留心了一下足球报道，看见你的公开道歉，你说：“从我上任起，就开始了我的下课倒计时。”又听说崔大林要上任了，我想你走了也好，也许对你是一种解脱。

去年国奥在武汉被马来西亚逼平的时候，看见你当众落泪，向球迷道歉，那个场面让老师忍不住叹息。当你老师这么多年，印象中这是你第二次落泪。第一次是你在北京体院上学的时候，因为那个领导粗暴地盖上“不同意”这三个字，结果让你失去了在运动生理学方面继续深造的机会，殊为可惜！

后来你来了一封信，信上满是泪渍，我能感受到你的伤心至极！但后来诸多不如意、困难你也挺过来了。但愿此次你也能认真总结经验，你才 53 岁，还有大好前程，我 74 岁还给学生讲课，你至少还有 21 年可以好好奋斗！

当初邀请你到大连大学体育学院给学生们讲授体育经济学，你面有难色，因为时间太忙。不知从足协退下以后，是否有充裕的时间给你的师弟师妹们开一下眼界？别的不说，光在足协这几年的经历对他们而言就是一笔财富了。那才是书本上学不到的东西，把这一切讲出来也是你对中国足球作的贡献。

上回你到沈阳的时候，托人给我打了个电话，说实在没有时间到大连来看我，我想你现在更加没有时间了。不要紧，最近听说你要离开足协这个岗位了，有时间过来大连吧。不管别人怎么说，怎么看你，老师对你的看法始终没变——你依然是我最好的学生。

你的老师 何彦吉
2005 年 1 月 22 日

恩师的信让阎世铎感到了温暖，但这温暖是片刻的，等待他的还是苍凉与凄冷。

他还是离开了。他努力让自己平静地离开。他在足协与各个部门的同事告别，脸上还是那副经典的微笑，但心里却翻江倒海。因为从那时起，他产生了一种冲动，那就是他要写一本书，他要把自己见证的中国足球的点点滴滴都写出来，书的名字已经想好了，叫《忠诚无悔》……

足协持续遭遇的两颗“诈弹”

谢亚龙被警方立案侦查后，2010年9月20日，李承鹏打电话给我：“看这形势，国家队的盖子也该揭开了。蔚少辉当了多少年国家队领队？他进去会带出国家队许多事。”李承鹏感慨一番后，开始骂人，“现在有些媒体怎么了？瞎TMD报道。看新闻没？许多媒体都说李大眼说了，谢亚龙进去后，下一个该抓阎世铎了……我什么时候说过这话？是有的记者从我博客里断章取义……”

那段时间，许多人不仅盯着阎世铎，还盯着崔大林……中国足球因为成绩不好，在人们眼里，足协就是“洪洞县里没好人”。在这种可怕的思维惯性里，谁都可能涉嫌贪污受贿，或操纵比赛。曾风光无限的阎世铎能逃出人们的“追捕”吗？

谢亚龙、蔚少辉等人出事不久，网络上流传着一个帖子，大意是，阎世铎在任时，在公共场合总是戴着墨镜，即使吃饭时也不摘下来。还有，阎世铎吃饭选座位也是有讲究的，他从不背对着餐厅大门，而总是选择面向门口的位置。这种对阎世铎的描述，有点像谍战片儿里的地下党。问题是，阎世铎为什么要这样？

原来，阎世铎曾经多次受到过人身威胁，他也向总局领导汇报过此事。后来，阎世铎这事被外界知道后，有人揣度他可能涉黑，他受到人身威胁是“黑吃黑”的后果。可了解阎世铎的人清楚，老阎绝不是那样的人。他身上有种正气，直率的言行也曾经触动过身边人的利益，这才是他受到恐吓的原因。

比如，国家队2004年11月17日兵败世界杯预选赛后，阎世铎在足协召开会议，与会的有郎效农、冯剑明等中层干部，几位副主席因各种因素都没有到场。阎世铎在会上表情凝重。他先是强调一下足协年底的工作要点，包括各个部门的工作总结与展望等。

随后，阎世铎语出惊人："中国足球的现状，是各方面力量作用的结果。我想提醒大家，我们作为管理者，一定要恪尽职守，廉洁奉公。但事实上呢？我明确地告诉大家，在我们足协内部，有的人涉嫌操纵联赛，直接影响比赛的结果！"

他继续说："我说这话，不是没有根据，我已掌握了一定的线索和证据，中国足协纪律委员会也掌握了一些。如果一旦查实，纪委会将会在适当的时候公布。"

阎世铎最后的话让人震惊。几位副主席和多名中层干部缺席，他为什么要讲这些话？会议之后，许多人也对此表达了不满，在他们看来，阎世铎在公开场合说足协内部有人操纵比赛，这是一种不负责任的行为。

现在回想起来，阎世铎当时的讲话绝不是冲动。当时，除了国家队死在世界杯亚洲区小组赛上，以大连实德、北京国安为首的7家俱乐部也正联手向足协"逼宫"。阎世铎周旋在各种利益的旋涡里，难免会通过各种渠道发现足协内部的"内鬼"。

2004年对阎世铎来说的确是多灾多难。国奥队丧失奥运会参赛资格；女足在雅典奥运会小组赛中被淘汰；接下来，阿里·汉率领的国家队在广州天河体育场折戟沉沙。国家之队全线沦落，不仅伤害了全国球迷，也让供养这几支球队的千万元人民币打了水漂。

他搞足球三四年了，他早已习惯挨骂，习惯被威胁。他甚至想到，如果有一天自己真的被暗杀了，也未免不是好事……因为这可以证明自己的忠诚与清白！

可是，阎世铎好像天生就是活受罪的命……

这一年的9月28日下午，足协办公楼外突然出现大批警察，还有几辆防暴车。警察有的在楼下布置警戒线，有的冲进足协的楼内，还有警察守住了足协的大门，并告之门卫，任何出入人员都要严格登记、注明事由……

原来，这天中午有人给警方打电话“举报”，说国家体育总局综合办公楼里被放置了三颗炸弹……体育总局综合办公楼就是足协的那栋办公楼。警方接到报警后，迅速派大批警察赶到现场。

阎世铎本人是这样描述当日的惊魂一幕的：

9月28日中午，我正在会议室开会。赵金福急匆匆地走进会议室，神色紧张地说：“咱们楼里来了很多警察，说是有紧急情况，楼下还停着几辆警车。”

我急忙走出会议室，迎面撞见龙潭派出所的政委，他把我拉进我的办公室，对我说：“刚才我们接到市局报警中心的电话，说有一男子用公用电话对警方称，他在龙潭湖丙三号国家体育总局综合办公楼里面放置了三枚炸弹，目标是中国足协。市局要求我们迅速封锁这一楼层，进行排查。”

搞了几年足球工作，挨的骂很多，被威胁的时候也有，安炸弹进来，却还是第一次。没想到只在电视里见过的事情，居然要活生生地在身边发生了。

十几名警察已经开始在楼道和办公室进行逐一排查。不多时，楼道大门口内又冲进一些全副武装的防暴警察。在狭窄而昏暗的楼道里，挤满了进进出出的公安干警，谁也不说话，都在紧张而有序地忙碌着。派出所政委问我是否将足协的工作人员全部撤离办公室，但是足协没有一个同志离开，我只好让赵全福再跟同志们说一下，就让大家到楼下休息十分钟，如果检查了没有什么事再回来。

一会儿，崇文区公安分局的局长和负责安保工作的副局长一同来到足协，我把他们请到二楼的会议室，大家交谈了起来。他们说：“真没想到，中国足协的工作这么复杂和艰难。”我笑了笑说：“这可能就是足球吧。”

大约半个小时过后，防暴警察来报告说：“整个楼层都检查过了，没有发现可疑情况。”几位公安局领导商量了一下，市局的一位负责同志对我说：“警戒可以解除了，我们将撤离足协办公楼，但是楼下要留一两辆警车，并要求崇文区龙潭派出所的同志要继续安排警力，在周围巡逻。”直到下午1点多钟，这次“炸弹事件”才宣告平息。原来并没有人安放炸弹，只是一个恶作剧而已。

阎世铎后来感慨，在中国搞足球是件挺悲哀的事儿。从“炸弹事件”就可看出足协在国人眼里是多么臭名昭著。但阎世铎没想到，“炸弹事件”刚过去四天，又一个更大的“炸弹”在中超赛场上引爆了。

沈阳。10月2日。沈阳金德在中超比赛中主场迎战北京国安队。比赛进行到第79分钟时，主裁周伟新把一个有争议的点球判给沈阳金德。这一判决激起了北京国安队员的强烈不满，在找周伟新理论未果后，为表示抗议，他们集体退场，上演了中国职业联赛的第一次罢赛事件。

阎世铎又在文章中描述了当天的情景：

10月2日，中超联赛第十四轮。晚上10点左右，我的手机响了！我一看屏幕上的号码，是老郎（效农）办公室的，我的心顿时揪了起来。根据我的经验，凡是老郎从办公室直接打电话给我，一般都是比较重大的问题。

我按了接听键，老郎第一句就说：“主席，出事儿了。国安罢赛了！”我忙问：“怎么回事儿？”他说：“北京国安与沈阳金德在沈阳五里河体育场，比赛进行到八十分钟时，国安队员因对裁判判罚不满，集体退出比赛，致使比赛中断。我与现场的国安俱乐部总经理杨祖武通了电话，要求国安俱乐部立即恢复比赛，一切问题可以在比赛结束后再说，并强调了罢赛的严重性质。但劝说无效，裁判员在规定计时超过五分钟后，鸣哨宣布比赛结束。”

我从老郎的声音中感到了他的气愤，我问老郎：“一民知道了吗？”老郎说：“我已经跟一民报告过了，他说让我向你报告。”我说：“第一，你让赛区进一步核实情况，把比赛场上的情况，尽快写一个书面报告，报到中国足协；第二，你请冬升立即组织裁委会的评议委员会开会，对比赛中裁判的执裁情况进行分析；第三，请纪律委员会依据纪律处罚规定，对这次比赛中出现的问题，进行研究，提出处理意见；第四，将有关方面的情况，向总局值班室报告。你明天辛苦一下继续到办公室值班，我也到足协。”

随后，我赶紧给负责联赛工作的杨一民和负责裁委会工作的薛立打了电话，他们都已经知道所发生的事情，大家和我一样，都为这个史无前例的罢赛事件感到震惊。我要求他们立即召集相关委员会开展工作，按规定对这一事件提出处理意见。一民告诉我，他已经请联赛纪律委员会的马成全将有关情况，通报给各位纪律委员会委员，并已经通知纪律委员会全体成员，5号到北京开会，专门研究这个问题。薛立也已让比赛监督将录像带火速送到北京，明天上午将召集裁委会评议委员会开会。

第二天上午，我到足协后，老郎来到我的办公室。他说：“现在，裁委会正在三楼看录像，薛立副主席和李冬升也在上面。”我说：“不要打扰他们，让他们分析研究吧。”老郎把近几个小时网上的一些反应材料，放到我面前。我对老郎说：“除薛立外，现在其他几位副主席都不在北京。这件事比较重大，又是节日期间，我们应该成立一个应急小组，及时了解并处置这次事件。”老郎提出：应急小组可由李冬升、马成全、董华等五个人组成。我表示同意。老郎便打电话通知这几个人到足协来。

临近中午的时候，薛立下来告诉我：“由于是节日，评议委员会的三人只来了两个，有一个人不在北京。裁委会评议委员会的专家反复看了录像，已有了初步意见，但有不同看法。”我说：“在这些问题上，最终要以裁委会评议委员会统一的意见为主。为了慎重起见，能否等那个专家回来，再多找一些国内权威的裁判，一并再研究一下，最后你们拿出一个意见。不管现在你们对这场比赛的裁判有什么看法，暂时都不要对外讲。在这个问题上，我只交代一个原则，就是要实事求是。”

足协最后的处理真的实事求是了吗？北京国安罢赛不久，足协作出处罚决定：判定国安队该场比赛 0 比 3 告负，并扣除球队 3 分的积分。

北京国安对足协的处罚表示强烈抗议，要求足协撤回处罚，并向全国球迷道歉。但这种抗议如同鸡蛋碰石头。足协我行我素，但他们没有想到，北京国安罢赛引发了中国足坛更大的一次“骚乱”。

随后，大连实德的徐明、深圳健力宝的张海、辽宁中誉的张曙光等迅速站出来声援北京国安。后来，上海中远、青岛颐中、四川冠城等俱乐部也加入这个行列，他们要求中国足协实现“政企分开、管办分离”，威胁要同足协对抗到底，甚至要单独组建联赛……这就是中国足坛臭名昭著的“G7 革命”。

“G7革命”是一场没有胜利者的暗战

中国足协的机构可谓最具中国特色。从体育总局的设置来看，足球管理中心与总局其他中心一样，是总局下属的行政部门。人员固定，但这帮人除了从事足管中心工作，还可以行使足球协会的权力，这就是常说的“一套人马，两块牌子”。

谁都不能否认，中国足球在外界的影响不是靠足管中心，而是中国足球协会！为什么呢？因为足协切实地经营着中国的联赛以及国家之队，两者的经营权和管理权都牢固地攥在自己手里。试想，在体育总局下面的各个中心里，哪个中心衍生的协会有如此权力？

可以说，G7 提出的“政企分开、管办分离”，这直接打到足协的七寸上了。足协既然高喊走职业化的道路，就应该与世界接轨，界定职责、下放权力，充分调动基层俱乐部的热情，让职业足球健康发展。

问题是，G7 提出“革足协命”的口号没有错，错就错在 G7 中许多俱乐部自身的肮脏不堪。他们破坏着联赛的公平，甚至操纵比赛结果，但却以正义的面孔站出来“造反”，这很容易让人联想到公厕里的蛆虫团结起来与苍蝇进行争斗。

中超元年，赛场上横行着两个派系，即实德系与健力宝系。前者徐明领军，后者张海挂帅。实德系包括沈阳金德、四川冠城等队；健力宝系则由深圳、辽宁中誉和上海国际等球队组成。

两个派系在中超赛场上涉嫌打了多少场假球？

从 2010 年开始，警方的触角已经伸进实德系和健力宝系。除了原四川冠城老总吕锋被警方收审，专案组也已经多次到大连实德查账，张曙光等人也先后来沈阳“协助调查”。

2004 年 10 月的阎世铎也知道中超赛场两个派系的危害，但他对此也无能为力。而当两个派系骨干组成 G7 联盟后，阎世铎感到了前所未有的压力。

为了向足协施加压力，并能给足协致命一击，10 月中旬，G7 同盟在上海、北京等地秘密集会七八次，为的是等待 10 月 26 日召开的中超俱乐部投资人会议。

26 日上午 9 时，由足协主持的中超投资人会议如期召开。

时任辽足俱乐部老总的张曙光率先发言。张曙光是一个很有激情和想象力的人，他站起来想先来个开场白。此时，阎世铎微笑着说：“张总，不用站着，你坐下讲……”张曙光闻言坐下了，可能是太激动的原因，他坐下没说几句又开始站起来讲。

张曙光早琢磨好了，要吓唬住足协，必须先寻找到理论武器。

他说：“耽误大家一点时间，我们先学习一下关于中国共产党第十六届中央委员会第四次会议的《关于加强党的执政能力建设的决定》。我认真学习了好多遍了，主要的章节我都可以背下来。”

张曙光开始念起《决定》中的有关章节。与此同时，大连实德俱乐部的工作人员给每位与会者发了一份材料。

材料袋里装的是几分提案：

①《关于中超联赛体制改革指导思想和原则》

②《中超联赛体制改革的基本目标》

③《中超联赛体制改革的基本内容》

④《中超联赛体制改革的组织安排》

⑤《中超联赛体制改革的时间安排》

⑥《关于2004赛季取消降级规定的申请》

⑦《关于终止本年度中超联赛剩余场次比赛的紧急申请》

⑧《关于在延迟本年度中超联赛比赛期间举行义赛的申请》

⑨《关于中国足协向各俱乐部公布历年职业足球联赛财务状况的提案》

⑩《中国足球协会中超俱乐部投资人会议的表决方法》

很显然，这些提案相当于新政权的“施政纲领”。如果都得到落实，那将意味着足协结构被彻底推翻，而坐在足协位置上、把持联赛经营权的就是张曙光这些人了。

通过其他渠道，阎世铎早就看过这些材料。实德俱乐部工作人员发给他后，他瞄了一眼，就把它们又放在桌上，开始倾听重庆足球俱乐部代表任建东的发言。

G7联盟的举动，最初蒙蔽了许多不明真相的人，以为G7是代表球迷利益向足协发难。可随着事态的发展，许多人认清了G7的真面目。即使在中超阵营里，G7在前面闹事，也仍有一些俱乐部在后面指着他们的脊梁，骂个不停。

重庆足球俱乐部就是如此。该俱乐部的代表任建东说：“联赛不纯洁了，许多假球、黑哨、明目张胆地搞关联关系，这是谁搞的？是足协让搞的吗？

我看不是，而是俱乐部搞的，是投资人自己搞出来的！我觉得，搞这些东西的人应该敢于自我承担责任。有的俱乐部不自律，不廉洁！在这些问题上，要是讲责任，60% 的责任在俱乐部，40% 的责任在中国足协。”

重庆代表这么一说，张曙光坐不住了，他立刻站出来反击。

“我还要再讲几句，”他说，“联赛中存在的问题谁都清楚，有的俱乐部连自己的球员都无法控制了，有的球员已和赌博集团或黑社会发生了关联，这些问题大家怎么看？我认为必须从大局高度解决这些问题，从足协的执政能力上解决问题！”

张曙光的讲话，把所谓的“关联”定位成球员与社会黑暗势力的关系，回避了实德与健力宝两个派系的瓜葛。他还巧妙地推脱了重庆代表提到的俱乐部自律的责任，而把责任都推脱给足协的“执政能力”。

阎世铎自走进这个会场就有点不愉快。按理说，这个会议是足协负责召开的，但看会议程序单，足协似乎已被排斥在外，连主持人、会议程序等都是 G7 同盟安排的。阎世铎看到张曙光口若悬河、滔滔不绝，不由拍了下桌子，很生气地插了话：“张总，你讲完没有？讲完就坐下！”

张曙光没料到阎世铎会发怒，他坐了下来。

阎世铎开腔了，他说：“请诸位弄清楚，这次会议是谁召开的？是中国足协！但你们看看刚才发的材料，这还是足协召开的会议吗？你们受党教育这么多年，为什么要喧宾夺主？你们还懂点规矩吗？”

阎世铎接着说：“大家搞足球不容易，尤其搞中国足球更不容易，但有问题我们可以坐下来心平气和地谈，要彼此尊重。你们做到了吗？今天，我要再次说明：中超联赛不是自由市场，不是谁想干什么就干什么，谁想怎么干就怎么干！”

最后，阎世铎扔下几句话：“请在座的每一位同志记住：中国足协的权威是不可挑战的，中国足协的地位也是不可动摇的，这是法律授权！”

阎世铎怒发冲冠，与会的几个地方体育局官员也站出来声援阎世铎。他们说，G7 搞的这一套有“文革”遗风，如果闹下去，那就会成为中国足球的罪人！这个责任谁敢承担？

大连实德老板徐明在阎世铎发言前一直默默地听着，老阎讲完了，各地体育局领导们也说过了，徐明感到酝酿已久的“G7 革命”可能就要死在这个会场上。阎世铎和地方体育局代表的是政府，胳膊能拧过大腿？俗话说，识时务者为俊杰，徐明觉得自己该说话了。

“我们是投资人，投资中国足球的确不是件容易的事。今天，我们也只是想把苦衷说一下，不是想推翻足协……”徐明说，“既然俱乐部和足协本是一家人，我们就不说两家话。时下的联赛，假球太猖獗了，如果不从制度上改变这种现象，大家都会成为中国足球的罪人。”

阎世铎立刻接住徐明的话：“你们扪心自问一下，你们和假球有没有关系？你徐明和张海都在，你们谁敢说没打过假球？”

深圳健力宝老板张海见自己被点名了，他也开了口：“如果足协有我们涉假的证据，你们可以严厉处罚，或把我们交司法机关处理，这一点足协没做到吧？你们的打击力度不够，只能是黑哨继续吹，老板继续亏了！”

沉闷半天的张曙光又开口了：“中超混乱，这不是一年两年造成的。足协几年前就应该彻底惩处假球、黑哨，我们做到了吗？‘渝沈之战’和‘甲B 五鼠’多么臭名昭著，足协当时要严加管理，该内部处理的内部处理，该移交司法机关的移交司法机关，今天还会这样乱吗？”

阎世铎说：“这一点，你们说得有道理。近几年来赛场内外违法乱纪现象很多，我在这里承认，我们处理时手软了，给人留情面了，我们也正总结教训。我想，用不了多久，违法乱纪现象不会都由足协来解决，我国还有司法机构嘛！司法的真正强势介入，我们不会等得太久！”

酝酿近两个月，起草数十份文件，本来是向足协逼宫的会议，最后成为双方异口同声地对假球、黑哨口诛笔伐的会议，“G7 革命”就这样以一种幽默的方式接近了尾声……

2004 年 12 月中旬，足协在香河集会。这次会议很像足协对 G7 同盟的正式受降仪式。

会议的议题是足协的体制改革，可实际内容又有点“跑题”。北京国安罢赛风波平息了，该俱乐部老板罗宁在这次会议上表态：“中国足球的改革必须在足协的领导下进行，必须是自上而下的……”与会的徐明也积极表态：“我同意罗宁的观点，我们要在足协的领导下进行改革。在改革方面，我们一定要有大局意识、政治意识，只要对改革有利，我们受点损失也无所谓，哪怕被足协打倒也无所谓。其实，今后，足协和俱乐部，不能两败俱伤，要努力达到双赢，甚至多赢多的结局！”

香河会议也抛出许多热门话题，比如，谁把持联赛的管理体制？谁掌管联赛的经营权？中超公司框架如何？“政企分开、管办分离”的想法如何落实？阎世铎对此表态说：“足协从来不会食言，‘政企分开、管办分离’，这是趋势，足协会认真考虑大家的想法，把具体方案落实到位！”

“G7 革命”的火炬燃烧了两个多月，最后还是熄灭了。

从表面上看，阎世铎胜利了，G7 失败了。但对他们任何一方来说，这场“战争”都不是正义的。G7 联盟不干不净，他们“革命”的目的是为一己之利；而赤膊上阵的阎世铎，他要维护的是足协既得利益，维护他们对足球资源的粗暴垄断，即使他明确表示要“政企分开、管办分离”。而且，香河会议的两个月后，他就离开了足协。

在这场闹剧里，哪有胜利者可言？

阎世铎承受着王俊生同样的尴尬

有段新俗语这样说：在中国，每个人注定都是集体的一员，无论温暖还是阴冷。最大的集体是祖国，最小的集体是家；最不团结的集体叫人民，最正常的集体叫精神病院；最性感的集体叫天上人间，最可怕的集体叫利益集团。

阎世铎执政足协四年，他没有去精神病院过过“集体生活”，也很难去天上人家体味“集体的性感”，但他激情澎湃地以家国情怀入主足协后，注定会感悟到“利益集团”像走夜路碰到鬼一样可怕。

中国职业足球到了阎世铎上任的2000年，已走完了6年的里程。阎世铎的前任王俊生，可谓中国职业足球的启蒙者。王俊生在任9年，中国足球从专业足球迈向了职业足球，这凝聚着几代人的心血。当王俊生黯然下课，阎世铎走到前台时，国人对阎世铎的期望可想而知了。

王俊生16岁时开始踢球。1973年被当时的国家队主教练年维泗选进国家队。他的国脚生涯很短，30出头就退役了。王俊生退役后进入北京体委，不到40岁就成为体工大队队长。

1991年，在时任中国足协主席的年维泗推荐下，王俊生入主中国足协，成为中国足协的掌门人。1993年，王俊生带着时任辽宁省体委副主任的崔大林等人到欧洲考察。在回国的飞机上，崔大林写了两万多字的感想，主要是思考了中国足球的现状，以及职业化发展方向……这些文字最后成为中国职业足球发展的纲领性文件。

1994年，中国足球职业联赛正式启动。可联赛的红火却没给王俊生带来好运。王俊生任职期间，1995年，中国国奥兵败吉隆坡、1997年国家队折戟“十强赛”、1999年国奥队痛失出线权、2000年奥运会女足未进前四强……王俊生逐渐失去了所有人的信任。

阎世铎是2000年4月26日上任的。他被任命时，王俊生同时被调任足管中心党委书记。尽管党领导一切，可王俊生的这个职务在足协如同虚职，王俊生一夜之间失去了所有权力。

2002年，王俊生彻底离开足协时，他也感到一丝欣慰。中国足球奋斗44年后终于冲进世界杯了，这难道不是足球职业化的果实？于是，他选择在世界杯年出版了《我知道的中国足球》一书。在这本书里，王俊生客观理性地梳理了自己与中国足球之间的记忆。对于他与阎世铎权力交接的那段日子，他这样回忆道：

1995年3月，一次车祸使我险些失去生命，造成双臂五处骨折，医生断定我将有可能生活不能自理。我与突然降临的不幸进行了顽强抗争，目前尽管双臂已经部分失去功能，但基本上能做到生活自理。

1996年9月，与我共同战斗整整四年的战友和知音，中国足协专职副主席许放突发心脏病，不幸与世长辞，享年只有四十九周岁。我在失去了战友和助手的同时，也失去了把中国足球改革搞得更好的机会。然而，在领导的支持和同志们的帮助下，我在极其复杂的环境中和命运进行了顽强的抗争。

接连两次不幸的命运，使我的身心遭受到极大伤害。我不分白天黑夜地努力工作，身体一天天地垮下去，工作却不见明显好转。而与此同时，我却身陷"信任危机"的旋涡之中。

2000年4月26日，国家体育总局负责人宣布总局党组的决定："免去王俊生同志国家体育总局足球管理中心主任的职务，任足协专职党委书记。"

为什么被免职？很多人表示疑惑。其实这也是我自己选择的。我当上了专职党委书记以后，许多好心人劝我离开足球界，到任何一个单位都比搞足球好。但是我顽强地留了下来。我一次次遭到批评、攻击、谩骂和耻笑，但我仍坚持着，因为我非常热爱足球，愿意为她贡献力量。我对足球只有一个愿望：中国男子足球队冲出亚洲走向世界。我要求自己："只要能为中国男子足球冲出亚洲出力，不管干什么，我都会全力以赴，在所不惜。"当我开始为那些已经过去的事情忧虑的时候，朋友说，你应记住这个古训："不要为打翻了牛奶而哭泣。"于是，我要求自己，不要坐在那里为过去而遗憾，而应想尽一切办法去弥补因工作而带来的创伤。

有人问我，你一生中感到最苦恼的事情是什么？我毫不犹豫地告诉他是"失去信任"。由于冲击世界杯、奥运会的接连失败，足球职业化进程中出现了种种事端，人们由不满转为对中国足球协会产生不信任感。"一切败因都是管理者造成的。"我的信任危机开始了。

国家体育总局的“红头文件”发出之前两周的一天下午，体育总局局长伍绍祖把我唤到他的办公室。我知道此次谈话的内容是关于我的工作调动问题。进入他的办公室，我已经做好了思想准备，也做好了回答问题的准备。

但出乎预料，伍绍祖并未跟我谈及此事，而是谈家庭、谈历史、谈计算机、谈互联网，两个小时四十分钟过去了才进入主题。

“党组准备调换你的工作。”伍绍祖说，“九年来，你的工作很努力，全身心投入，差点把命丢了，我们对你的工作是给予充分肯定的。根据中央组织部和国家体育总局干部管理规定，一般干部不能在一个单位工作超过八至十年，超过这个时间，就要准备进行干部的正常交流。”

他顿了顿又接着说：“在足球领域中，工作确实辛苦，万众瞩目，工作量也很大。许放就是累死的，你也成了残疾人，怎么样？胳膊还抬不起来？”我点了点头。

“因此，调换一下工作对你的身体也是有好处的。”他喝了口水，接了个电话，然后问我，“怎么样，党组准备这样做，你有什么意见吗？”

尽管这一天的到来早已在预料之中，尽管在进入局长办公室之前我已经做好了思想准备，但它真正变成现实时，我又感到有些茫然。我感到还有很多工作没有做完，比如，国家队还未完全组织好、国家女足还有奥运会的任务、还在准备停止升降级的调查、国家足球训练基地还未建设完……好像现在马上离开中国足球协会还不是时候。可是，党组已经决定让我离开，这些工作对于我来说已经不能再做了。

“我坚决服从党组的决定和安排。”我未多讲一句话。我知道党组对待足球非常支持，对我的工作转换是经过深思熟虑的，并且是从大局全面考虑与部署的。

“你有什么要求吗？”

看着伍绍祖真诚的目光，我说出了自己真实的想法：“自从1995年车祸后，我还没有去医院好好地治疗，能否给我一段时间，让我看看病，休息休息。”

“这没有问题。”他点头并肯定地回答。

“能否在这之后，有一段时间学习外语。”在九年的足协工作中，我深切感受到，由于不懂英语，耽误了不少工作。

“这一条我们需要研究，英语不是那么容易学会的。你已经五十多岁了。”看来这一条要求我提得过高。不过，我想没有关系，以后抓紧时间自学吧。

“今天的谈话仅仅是征求意见，最后的决定还需党组的通知。”伍绍祖最后强调了这一点。

两周过去了。一天下午，袁伟民（作者注：2000 年 4 月 18 日袁伟民正式被任命为国家体育总局局长、党组副书记，同时仍兼任中国足协主席，并于同年开始担任第五任中国奥委会主席）的秘书刘军打来电话：“主任让你过来谈一谈。”

这两周，我边工作边开始交代工作，准备迎接新主任的到来。我知道袁伟民找我的目的是传达党组对我工作的安排决定。

我已记不清楚我进过这个办公室有多少次了，如今进来我却感到不好意思。袁伟民对我那么信任，那么支持，每到危急关头总是出来承担责任，鼓励和要求我们不怕困难，坚定信心，继续前进。可是，我的工作做得确实不如他要求的那样出色，也给他添了不少麻烦，带来不少困难。“怎么样？最近的工作还顺利吗？报纸把你炒得很厉害呀！”袁伟民微笑地对我说。

“工作按计划进行。”我简要地向他汇报了近期的工作情况。

“绍祖同志两周前找你谈话了？”

“是。”

“你有什么想法？”

我又把回答伍绍祖的话重复了一遍。

“今天我找你谈的内容与绍祖同志与你谈的有些变化，还想听听你的意见。”

我抬头望了望袁伟民，他继续说：“我考虑足球这个项目是群众喜欢、舆论关注、容易变成热点的项目，而我国足球水平又不高，与群众和领导的期望值有较大的差距。因此党组经过再三考虑，决定还是把你继续留在足协工作。但是，你的工作和职务有所变动。”

我曾在1998年中国足协工作最困难的时候，向袁伟民提出过我可以担任党委书记一职，协助年轻人把足协的工作做好。莫非袁伟民真的采纳了这一意见？

“准备调阎世铎同志去足协工作，他的职务是管理中心主任。你的中心主任需免掉，改为担任党委书记的工作。”他看了看我，问道，“怎么样？有什么意见吗？”

我没有立即回答，脑子里飞快地转动着：对阎世铎的为人和习惯以及工作作风我几乎不了解，只是从1993年开始和他有过为数不多的接触，都属于正常的工作接触。我同意担任书记，他会同意吗？即使他没有意见，我们能志同道合地一起工作又不发生争执吗？再有，党委书记是专职的，在中国足球协会怎么开展工作？这一系列的问题在我脑子里同时转动着，最后转到最根本的问题：党组为什么要这么安排？

“党组已经决定了？”我问。

“听听你的意见后再决定。”

“我明天回答您行吗？”

“可以。”

我想听听我的老师、老领导的意见后再回答。

当晚我便找到了几位老领导，向他们汇报并征求意见。我汇集起他们的意见，共三个方面。其一，当前足球界以稳定压倒一切为前提的决策十分正确，应该全力支持并坚决贯彻执行；其二，为了深化足球改革和提高技战术水平，在足协领导班子中配备各类人员是正确的选择；其三，也许对个人而言，会面临新的困难，要解决处理的问题会增多，而你的权力又有限，并且决不能与阎世铎同志出现不团结的现象，否则此种安排的结局将是失败的。因此，对你的要求比以前更高，标准也更高。你是共产党员，更是中国足球界的一员，不论从哪方面讲，你都应该接受党组的决定。

我按时来到袁伟民的办公室，当他听完我的想法后，显得很高兴："我们一起谈一谈。"他把阎世铎叫来，我们俩紧紧地握了握手。"该讲的我都分别跟你们俩讲了。你们俩都是共产党员，又是司局级的干部，你们很清楚肩上的担子，不要辜负党组的期望。"他看了看我们俩，又语重心长地说，"我看最关键的一条是，你们必须搞好团结，如果有意见闹矛盾，一起到我这里来解决。"

我牢牢记住了袁伟民的要求，但是，我和阎世铎从没有因为闹矛盾而找过袁伟民。

从袁伟民的办公室出来，我走进了阎世铎的房间。"老兄，咱们俩如果干不好，不但对不起党组、对不起袁主任，同时也对不起自己。"阎世铎显得有些激动，对我说。

我没有马上回应他。两人落座后，我平静地说："你的话正是我心里的话。搞足球工作不容易，困难多、压力大，尤其现在的形势十分严峻。党组把你我同时放在这里就说明了这点。如果我们俩干不好，再闹矛盾，那干脆现在就辞职。"看得出，他很满意我的表态。为了使他坚定信心，我接着说："你把我们俩的姓排列起来，是什么字？""阎王。""对，是阎王。阎王来了还有什么事情不能成功？"语毕，两双大手紧紧地握在一起，两颗跳动的心同时预感到成功的道路已经打开。

王俊生离开足协让人感到世事的苍凉。他和阎世铎的交接还是很顺利的。阎世铎对王俊生保持着足够的谦和与尊重，但他没意识到王俊生"扔给"自己的一个包袱让他履新伊始就要负重前行。

阎世铎上任前，中国足坛发生了著名的"渝沈之战"。在涉及升降组的关键比赛中，沈阳海狮与重庆隆鑫在众目睽睽之下踢了假球，据传涉嫌黑金几百万，这让当时的王俊生有点不知所措。当时，南勇正跟随霍顿的国奥队打奥运会预选赛，对“渝沈之战”的调查则由另一位专职副主席、纪律委员会主任张吉龙负责。

足协对“渝沈之战”的处罚结果是2000年3月17日公布的。处罚如下：

> ①给予沈阳华晨金客足球俱乐部和前卫寰岛足球俱乐部严重警告，并各罚款人民币40万元的处罚。
>
> ②中国足协纪律委员会根据调查情况，认为两个队的主教练未能履行其职责，负有不可推卸的责任，决定给予两个队主教练各罚款人民币5万元的处罚。
>
> ③在该场比赛中，重庆隆鑫队的部分运动员，上下半场表现反差较大，未能充分表现出积极进取、顽强拼搏的精神，为此纪律委员会责成俱乐部对其进行教育和处罚，并将处罚结果在2000年3月25日前报中国足协。
>
> ④担任该场比赛的比赛监督王有民未能做好必要的准备工作，负有督导不力的责任，为此建议中国足协给予相应的处罚。
>
> ⑤中国足协特别工作组认为，无论从技术动作、战术打法及场上球员的表现来看，判定渝沈之战为消极比赛，证据尚不够充分。工作组在对沈阳华晨金客俱乐部财务情况的检查中，发现了两张未注明用途的大额现金借款单，俱乐部就此提供了有关说明材料。工作组囿于权限未能进一步核实，建议将此情况提交有关部门处理。

客观上说，王俊生处理“渝沈之战”的方式也是无奈的。当时的中国体坛处于伍绍祖与袁伟民权力交接的敏感时期。可以想象，伍绍祖离开体育总局前，他需要鲜花和掌声送行，而不是有几个臭鸡蛋砸在自己头上。如果此时足坛发生一件惊动司法机关的大事儿，这显然是“不合时宜”的。怎么办？“渝沈之战”以当时足协的行规（《中国足球纪律处罚条例》）解决，这符合官场的游戏规则。

如果“渝沈之战”司法及时介入，2000年注定会有一些人因涉嫌犯罪被捕获，阎世铎可能不会遭遇“甲B五鼠”等丑恶现象，中国足协也可能避免10年后因扫黑反赌带来的灭顶之灾！

此后，在足球这个舞台上，不论阎世铎如何表演，党委书记王俊生都只是个看客了。

2001年秋至2002年春，阎世铎迎来出任足协掌门人以来最严峻的考验。先是“中甲”赛场闹出“甲B五鼠”案，接着时任浙江省体育局局长的陈培德、浙江绿城老板宋卫平等人联手反赌……阎世铎被一系列猝不及防的事件搞得有点发蒙。

2001年9月29日，“中甲”联赛第21轮比赛中，成都五牛与四川绵阳两兄弟对阵，最后的比赛结果是11∶2，创造了中国足球次级联赛比分和进球数纪录。为了维持比赛的公正性，足协决定甲B联赛最后一轮比赛在10月6日下午3时整同时开始。对阵的阵势为：江苏舜天VS成都五牛、浙江绿城VS长春亚泰、天津立飞VS上海中远、广州吉利VS武汉红金龙、四川绵阳VS厦门红狮、广东宏远VS河南建业。

在9月29日“中甲”第21轮中，上海中远有争议地以3∶2战胜了广州吉利后，积43分提前晋级甲A联赛。成都五牛和长春亚泰已经同积39分，江苏舜天积38分，这样，除上海中远之外的另一个晋升名额将在这三个队中产生。中国足协也特邀韩国和中国香港裁判执法这两场比赛。

“中甲”最后一轮比赛中，因浙江绿城部分延边籍球员放水，长春亚泰6∶0大胜浙江绿城。这意味着长春亚泰以积42分、进39球失15球、净胜24球超过成都五牛，依照规则将获得升级资格，成为继上海中远之后最后一个晋升甲A的球队。

可以看出，从当初成都五牛11∶2大胜四川绵阳开始，围绕冲击中超名额的暗战已经开始了，尤以最后一轮惊心动魄。而参与这些龌龊的交易的球队——浙江绿城、成都五牛、长春亚泰、江苏舜天、四川绵阳，被人称为“甲B五鼠”。

其实，“甲B五鼠”案经典战役——浙江绿城VS长春亚泰的比赛，它做假的技巧完全抄袭了“渝沈之战”。尽管“中甲”最后一轮同时开赛，但浙江绿城与长春亚泰的比赛中，绿城中的“内鬼”以裁判判罚不公为借口，制造了一次“罢赛”事件。因为“罢赛”，使杭州赛区比南京赛区晚开球6分钟。恰恰是这6分钟，使长春亚泰在绿城“内鬼”的配合下疯狂进球，最终净胜球数超了成都五牛一粒，如愿冲超。

而发生在甲A赛场上的“渝沈之战”，沈阳海狮也正是利用晚出场创造出的6分钟，攻进致胜的进球，使净胜球数超过另一个赛场上的对手，完成了保级的任务。

不到一年的时间里，足坛发生了两次经典的假球案，它们跨越了中国足坛的两个时代——王俊生时代和阎世铎时代，但它们以同样的淫威蔑视着中国足球的正义与尊严，趾高气扬地向法律宣战。不论王俊生还是阎世铎，他们在邪恶的的势力下都微如草芥。

“甲B五鼠”案后，时任浙江体育局局长的陈培德、浙江绿城老板宋卫平和广州吉利老板李书福等人，打着净化足坛的大旗，在杭州掀起声势浩大的足坛反赌热潮。后来，随着新华社资深记者杨明的介入，陈培德等人发起的反赌行动取得了突破性进展。

2002年1月2日，一直在杭州追踪反赌事件的新华社记者杨明拿到了裁判涉嫌受贿的证据。杨明后来回忆说：“给我证据的是绿城队负责给裁判送钱的中间人，他叫方信忠，是个看起来很憨厚老实的人。”

杨明拿到的“证据”，只是一张盖着绿城俱乐部公章的打印纸，写着8名裁判的名字，以及方信忠给他们送钱的日期、金额和场次。此前，杨明已经得到了吉利提供的名单，涉及4名裁判。因为两家俱乐部提供的涉嫌受贿裁判有“交集”，所以两份名单一共涉及的裁判只有9人。

杭州方面的“证据”惊动了足协。2002年1月5日，阎世铎专程飞到杭州。陈培德在体育局小会议室里热情接待了他。寒暄过后，陈培德把知道的情况简单地跟阎世铎说了一下，然后他拿出一张写着裁判名字的纸，还有相关人员的证言证词，一并交给了阎世铎。

阎世铎看到这些东西，不禁脸色铁青。"甲B五鼠"案发后，他遭到媒体的谴责、球迷的围攻，这让阎世铎觉得心里堵得慌。看到这些证据，他有一种抓到救命稻草的感觉。痛痛快快地做一件"杀无赦、斩立决"的事儿，也等于给自己"恢复名誉"。

阎世铎握着陈培德的手说："对你们的行动，不仅足协支持，体育总局也绝对支持。老陈你放心，我回北京就会向相关部门汇报，然后尽早启动司法程序！"

陈培德没想到，阎世铎回北京后就如泥牛入海。此间，浙江体育局曾专程派人去联系他，但阎世铎已迅速变脸，对杭州来人态度冷漠……

2002年1月23日，足协召开了一次裁判特别会议。

会上，南勇对与会的裁判说："眼下是啥形势，你们比我清楚。目前，杭州和广州等地已掌握你们在座的许多人涉嫌受贿的证据，怎么办？还有出路，收钱的只要主动认错、退钱并深刻检查，足协将不予曝光，今年的联赛中也将被继续使用……我奉劝各位认清形势，今年是世界杯年，中国足球第一次冲进世界杯，我们需要一个和谐安定的环境，违法乱纪的不要有侥幸心理，也不要给国家添乱。"

2002年3月15日，北京籍裁判龚建平因涉嫌商业受贿被警方带走，进行"协助调查"。4月17日，北京市宣武区检察院依法以涉嫌"企业人员受贿罪"正式批捕龚建平。2003年1月29日，宣武区人民法院一审以受贿罪判处被告人龚建平有期徒刑10年。2004年7月11日，龚建平因白血病在北京304医院去世。

龚建平被宣判后，陈培德一直认为，龚建平不冤，但他不该是第一个，更不该是唯一一个受到法律制裁的裁判！

陈培德最初对阎世铎有很大成见，但随着时间的推移，他逐渐理解了阎世铎。

2009年10月，已赋闲在家的原国家体育总局局长袁伟民出版了《袁伟民与体坛风云》一书。陈培德谈起此书时满腔怒火。他说，袁伟民一直是足协主席，他洋洋洒洒地为自己歌功颂德，为什么偏偏不提足球？不讲讲当年我们反赌时他在干什么？

陈培德说，我现在理解阎世铎了，他有委屈，也被误解了。当年，他打假的决心是很大的，几乎拍胸脯了。为什么一回北京就变卦了？显然是受到了压力。他是身不由己，也是孤掌难鸣。

仔细揣摩一下，2002年春天，处于反赌旋涡中的阎世铎的确是孤独的。

他从杭州回北京后，立刻改变了反赌的立场，这显然是缘自高层的压力。高层是谁，在陈培德看来，这个人应该就是时任体育总局局长的袁伟民；从高层得不到支持，身边的人呢？南勇当时忙着国家队备战世界杯诸多事宜。如果当时的南勇就已涉嫌犯罪，他怎么会去鼎力支持阎世铎？至于蔚少辉、李冬生等人，出于各种原因，他们也绝对不会站在阎世铎一边……

至于足管中心党委书记王俊生，他当年对“渝沈之战”都慈悲为怀，甚至陆俊与《羊城体育》打官司时，他也立场坚定地支持了陆俊，时下陆俊也在杭州方面提供的名单里，王俊生怎么会对阎世铎拔刀相助？

韩日世界杯结束两天后，国人开始重新思考中国足球的未来了。当然，人们也在反思阎世铎上任以来豪赌世界杯的恶果。中国足坛再次躁动不安时，2002年7月2日，时任国家体育总局人事司司长的王钧和副司长楚波专程前往中国足协，宣布王俊生调任中体公司党委书记，同时免去其足管中心党委书记一职。

王俊生彻底离开足协后，他与阎世铎再次亲密接触已是两年后了。

2005年1月18日，足协在香河基地召开的足协执委会上，因为王俊生也是执委，他出席了这次会议。当时，阎世铎要与执委重点探讨《关于以治理联赛、着眼08奥运和尽快提高我国足球水平为中心的改革意见》。为治理联赛，阎世铎对升降组问题提出了“四年不降”的想法，没想到这个想法遭到了王俊生的坚决反对。

关于“四年不降”这一方案，王俊生认为，四年不降将会让足球职业化成果彻底沦丧。听闻此言，阎世铎拿出了总局“着眼于08奥运进行改革”的尚方宝剑，认为不降级才是对“保持稳定”的最好解释。但王俊生反驳说：“总局的意思是，改革是为了能够为08培养出更多的好苗子，但这些球员需要在高水平联赛中得到锻炼。如果未来四年都不降级，那么中超就将变成青年中超，没有高水平球员的传帮带，08之星不可能在联赛中得到好的锻炼，想出人才也就成了空话。”

之后不到一个月，阎世铎就下课了。

阎世铎满腔热血，怀揣赤胆忠心，但他真的“忠诚不悔”吗?

他的忠诚在于，他有惩治足坛腐败的决心，但他又不得不屈服于坚硬的体制；他在四面楚歌的境遇里没有预感到下课的危机，而依旧以极大的热情憧憬着未来。他要治理联赛，为北京奥运积攒力量。自己站在悬崖边上，心里还想着扶大厦之将倾，这的确是一种忠诚。但在诡秘无常的官场中，这种忠诚更像是虚无缥缈的后悔药，它永远也无法慰藉人心灵受到的创伤。

第六章

好人王俊生
——大是大非，亦功亦过

王俊生从一上任起就埋下了悲剧的种子——让足协和足管中心并立在职业联赛面前，同时迅速树起福特宝公司的大旗，让这个公司成为中国足球界臭名昭著的“洗钱公司”。

韦迪吐出了邵文忠这根鱼刺

早在2010年元旦，我在沈阳见到崔大林时，谈到中国足球未来的建设问题，他说出三大计划：一是要在全国范围内搞次选拔，选出百余名好苗子到国外俱乐部磨炼；二是对中超“中甲”俱乐部实行严格的准入制度；三是聘请国际最有名的金融审计机构，每年对各个俱乐部的财务进行严格审计。

选派足球少年留学，李铁、李金羽那拨健力宝少年已有先例。可在崔大林看来，健力宝模式是企业行为，而足协要选派的则是“国家行为”。在责权利弄清的前提下，企业可以介入，基本宗旨是谁拿钱，谁受益；至于俱乐部准入制度，崔大林说："反赌打黑这段时间我们就看出问题了，一些俱乐部老板都是什么人？有老板搞足球就是投机心理，以为自己有钱就能搞足球，这是绝对不行的。以后要对他们的身份进行严格的甄别审查。"崔大林也提到基层俱乐部的管理问题，"假合同、假账现象很普遍，财务管理如此混乱，这绝不是职业俱乐部所应呈现的状态。"

可见，尽管崔大林已正式退职，并决意不再有出任足协主席的想法，但他的一些思路正被韦迪有条不紊地实践着。韦迪明白，提升国家队成绩很重要，但打好中国足球的根基同样不可忽视。尤其是选派百名青少年到欧洲留学一事，在韦迪看来不能再拖了。

2010 年 9 月 8 日，韦迪一行四人从北京直飞巴黎。9 日，他们抵达里昂，参观了里昂俱乐部，并会见了该俱乐部国际交流与合作部主任。双方就青少年球员培养、青少年教练员讲师及教练员的培养进行了友好交流，就合作的空间和具体形式展开了探讨。

法国足球的青训体系在世界足坛享有盛誉，而里昂俱乐部的青训营则是法国最优秀的青训营之一。里昂是法国唯一一家各年龄级别队伍均获得过全国冠军的俱乐部，各级梯队共获得过 2 2 个法国冠军头衔，前后 8 次获得法国足协授予的"最佳青训建设俱乐部"称号。里昂俱乐部还和三所中学建立了长期合作关系，保证小球员在接受训练的同时不耽误学业。

韦迪在里昂兴致很高，他希望里昂每年能接收一定数量的中国青少年球员来法学习。同时，也希望里昂每年派青训专家到中国去培训教练员讲师和青少年教练员。

里昂俱乐部方面表示，一个伟大的国家应该有一个伟大的球队。里昂方面充分肯定了中国足协的外送球员计划，认为这是一个非常重要的项目，对改变中国足球的现状意义深远。里昂俱乐部表示，在具体合作的费用上不会着眼于赚钱，只要能收回成本即可。

双方还就选送球员的时间、人数、年龄、选送办法、训练的方式方法以及小球员出国的签证、生活环境、学习环境、日常管理和医疗保险等方面进行了讨论，达成一致意向并表示，将尽快启动此项合作，以法国学校开学时间为倒计时，全面启动此计划。

10 日，韦迪一行还考察了法国勒芒俱乐部，全面了解该俱乐部的运营模式，参观了其训练场地、运动员体能训练室、损伤恢复室、体能恢复室，观摩了一系列科学训练的方法、手段和仪器，以及该俱乐部已经投入使用的未成年运动员生活区和即将投入使用的全智能化足球比赛场。

韦迪在法国期间，几乎每天都和国内通一次电话。

9 月 12 日下午，韦迪获悉谢亚龙、蔚少辉、李冬生三人被立案侦查。他在与足管中心副主任林晓华通话时强调两点：一是中心一切工作不能乱，要按部就班地进行；二是足协要坚决配合警方任何方式的侦查工作。在电话里，韦迪询问了本月 19 日要召开的中国之队指定赞助商新闻发布会的准备情况，特意嘱咐林晓华要和福特宝老总邵文忠落实好这个发布会。

9 月 18 日，韦迪从欧洲返回北京。第二天，他赶赴北京万豪酒店参加新飞电器中国之队指定赞助商新闻发布会。在会场，各路神仙粉墨登场。丰隆亚洲总裁、新飞电器董事长张冬贵，足球运动管理中心副主任于洪臣、林晓华，新飞电器有限公司营运副总裁王建华，中国男足主教练高洪波，中国女足主教练李霄鹏、队长毕妍……

韦迪面带微笑和各方人士打着招呼，可他知道，这个新闻发布会缺少一个重要人物，那就是福特宝老总邵文忠。

韦迪已经知道，在他回国前一天，邵文忠第二次被辽宁警方带走了。

早在 8 月 9 日，邵文忠已被请到沈阳"协助调查"。媒体炒作此事时，韦迪当时还站出来为他讲话，他说："老邵只是协助调查，他不久就会返回工作岗位，福特宝公司的正常工作不会受到影响。"

韦迪说这话是有背景的。邵文忠月初被警方带走"协助调查"时，韦迪和专案组有一次正式的沟通。他向专案组表示，国家队近期将面临一系列热身赛事，而这些赛事都是由福特宝老总邵文忠负责联系、落实的。韦迪的意思是，老邵如果没事那好办，如果有事，可否请对方晚些日子再“采取行动”。据悉，专案组也算通情达理，他们私下与韦迪达成一种默契，邵文忠此次“协助调查”后，如果真有事，也可先让他回来忙工作的事……

邵文忠于是才有了他的“二进宫”。

韦迪知道邵文忠不是一个简单的人物。1993 年，经国务院经贸委批准，中国福特宝足球产业发展公司成立了，该公司属于中国足球协会直属国有企业。邵文忠出任老总。该公司在职业联赛初期，全面负责中国足协下属的联赛与中国之队的商务开发。从 2004 年起，负责除了中超联赛之外的“中甲”、中乙、女足的联赛商务开发。2009 年，盈方公司终止与中国足协的合作之后，福特宝重新全面接管中国之队的商务开发工作。

邵文忠也算是实干家。他经历了王俊生、阎世铎、谢亚龙、南勇以及韦迪一共 5 任足协掌门人。韦迪上任后，摒弃过去一直秉承的“联赛为本”，全力去抓国家队建设，目的只有一个，那就是在自己任期内，要让国家队出成绩。如何出成绩？除了搞好国家队队伍建设，围绕国家队的经营开发工作也是重中之重。谈到国家队以及国家之队的经营开发工作，他不得不仰仗福特宝公司。

这是一个什么样的公司？韦迪心里清楚，福特宝的水很深，也很浑。福特宝老总邵文忠这个人在历届足协领导中都有人气，这也在一定程度上佐证了他的业务能力。韦迪上任后，曾和邵文忠有几次长谈，邵文忠对国家之队的经营思路很清晰，韦迪也承认邵文忠是个内行。但福特宝公司经营上的不透明以及在社会上的口碑，也让韦迪不能不考虑重组福特宝的问题。

邵文忠再度“失踪”，韦迪改组福特宝水到渠成了。

9 月 30 日，中国足协召开了例行的新闻通气会，宣布了福特宝公司新任副总经理的任职通告：中超公司副总经理刘卫东兼任福特宝公司副总经理；中国足协原外事部工作人员董铮担任福特宝公司副总经理。作为韦迪在水上中心的老部下，副总刘卫东暂时掌管福特宝全部业务，相当于邵文忠此前在福特宝公司的地位。

此次任命前，警方还没有公布邵文忠的“案情”。但有一点可以肯定，邵文忠即使再次恢复自由，他也很难回到福特宝了。刘卫东目前虽然是副总经理，但韦迪已明确表示他暂时接管主管工作。一旦邵文忠回不来，刘卫东将正式成为福特宝公司的总经理。

43岁的刘卫东曾经是韦迪在水上中心工作时期的得力干将。他2008年前担任运动一部大帆船项目负责人，因为大帆船不属于奥运项目，因此刘卫东在这个位置上出彩的地方不多；此外他还兼任国家体育总局水上中心秘书长和中国帆船帆板协会副秘书长，在行政工作中有着不错的口碑。2008年，刘卫东入主水上中心的商务开发公司，通过加强管理和优化组合，在一年半的经营中让公司赢利颇丰。

福特宝公司另一个新面孔是董铮。韦迪在欧洲考察时，董铮一直为他担任翻译，当时其身份还是足协外事部工作人员。他到福特宝公司，主要任务就是帮助各级别国字号球队联络热身赛。

董铮今年31岁，四年前曾参加足协的中层干部竞聘，最后没有成功。二十七八岁就敢竞聘足协中层干部，从这个举动来说，董铮是一个很有进取心的年轻人。

董铮毕业于北京外国语学院英语系，2001年进入足协外事部。2002年韩日世界杯后随南勇到欧洲选帅。2003年1月阿里·汉走马上任，董铮也成为国家队翻译。2005年朱广沪上任后的第一次出国拉练，打西班牙、爱尔兰的赛事，都是董铮通过自己的关系联系的国外经纪公司。那次，中国队不仅得到了与两支强队交手的机会，而且没有花费一分钱。就连朱广沪当时都说：“这样的比赛太值了！”

国家队的热身赛暗藏许多猫腻

早在国家队9月7日在南京迎战巴拉圭队之前，福特宝老总邵文忠致电沈阳方面，要把国家队最后一场与乌拉圭队的比赛放在沈阳，报价是700万元人民币。沈阳方面权衡一下，觉得压力很大，想放弃，但还未与邵文忠沟通，北京方面又来电话，表示最后一场比赛拟放在武汉，不来沈阳了。

后来大家才了解到，武汉出的价格是一方面因素，另一个原因是，邵文忠当时难免觉得沈阳不是一个吉利的地方。足坛反赌的大本营在沈阳，此时高洪波要率队来沈阳比赛，高洪波自己都会觉得有点黑色幽默，邵文忠更不会觉得自在。

2010 年 10 月 12 日，国家队如期在武汉迎战乌拉圭。

这天武汉下着小雨。国家队自第 70 分钟起 15 分钟内连丢 4 球，最终 0∶4 完败于世界杯殿军南美劲旅乌拉圭队。国家队 16 个月来虽输了许多球，但一场比赛被对手灌了 4 个，这是第一次。同时，中乌之战也是高洪波执教国家队以来的最惨痛失利。

高洪波自出任国家队主帅以来，他的压力一直很大。这场比赛，为了迎合武汉球迷，他派曾诚、荣昊、邓卓翔和蒿俊闵四个武汉籍球员首发。乌拉圭队方面，首发阵容中有多达 9 名球员参加了世界杯三、四名决赛，其中弗兰和苏亚雷斯在锋线上领衔先发。

中乌之战的成绩让人失望，但谁知道为了这场热身赛，尤其涉及巴拉圭来华阵容问题，邵文忠曾多次与巴拉圭方面沟通确认。老邵知道，自己是足坛地震中的敏感人物，类似处于“取保候审”阶段，工作上一旦再出现问题，无异于引火烧身。

诸如弗兰和苏亚雷斯这样参加世界杯的大牌球星若不来，武汉球市就要受到严重影响。武汉不能做亏本生意，如果乌拉圭来一个“旅游团”，球迷能答应吗？因此，早在 8 月初，韦迪还特意找邵文忠，过问几场热身赛的质量问题。邵文忠对每场比赛都拍了胸脯，提到最后一场对巴拉圭的比赛时，他特意让领导放心，因为这场比赛乌拉圭方的经纪公司为弗兰的哥哥，世界杯主力阵容来华万无一失。

10 月 8 日，乌拉圭在印尼与印尼国家队进行了一场热身赛，乌拉圭头号球星弗兰没有参加这场比赛，而是待在马德里休息。弗兰不参加这场比赛的公开原因是，“因为家有急事无法脱身”。

但消息灵通人士透露，事情并非如此。弗兰的哥哥开了一家著名的经纪公司，以前乌拉圭的大部分国际比赛都是由这家经纪公司代理。没想到要确定与印尼这场比赛时，另外一家公司抢走了这单生意。正是出于“报复”心理，虽然是国际比赛日的比赛，但弗兰还是拒绝参加这场友谊赛。

弗兰对来中国还是充满了热情。为了帮哥哥的公司挣面子，弗兰在马德里接受中国媒体采访时，还亲自展开一面中国国旗让记者拍照。他最感兴趣的是，比赛为什么安排在武汉进行。在得知是考虑到球市因素后，弗兰显得相当高兴，“一个武汉的人口都和我们乌拉圭差不多，我相信中国足球今后肯定会涌现出很多的球星”。

10月9日，弗兰便从马德里起程，他原本想先飞到香港见一见在香港的朋友。不过，弗兰在德国法兰克福转机时遇到了麻烦，他的护照上没有到中国的签证，机场只允许他飞到香港，而他的联程机票却是马德里到香港再到武汉。

遇到麻烦后，弗兰临时想起通过德国足协确定自己的身份，从而能顺利到武汉。不过，德国足协这次也没有帮上忙，这样弗兰被迫改变自己的行程，先到香港。抵达香港后，经过与乌拉圭足协的联系，弗兰为了准时赶到武汉参加比赛，不得不再次“折腾”。他从香港飞到北京，在完成入境签证后，从北京转机到武汉。这样一路下来，弗兰赶到武汉已经是11日下午3时了，比他预计抵达的时间差不多晚了一天。

弗兰的这个小插曲，并不意味着国家队热身赛对手都货真价实。多年来，人们诟病福特宝公司，其中一个重要原因就是他们在选择国家队热身对手上的猫腻。选择热身赛对手以及对手的阵容都是有讲究的，因为这涉及出场费等诸多经济问题。因为在这些问题上处理不当，福特宝公司六年前还差点吃了官司。

2004年3月，出资承办广西四国赛的广西五牛公司起诉福特宝公司，理由是后者邀请的三个对手不符合合同要求。

当年，关于这个赛事的文件如下：

体足字（2003）651号

关于在柳州、桂林举办U23国家队四国赛的通知

广西壮族自治区足球协会：

为中国男子U23国家队备战奥运会预选赛，中国足球协会决定于2004年1月28日至2月1日在柳州、桂林举办四国足球比赛，具体安排如下：

（1）2004年1月28日（星期三） 广西柳州市体育中心

16点30分 中国U23国家队vs俄罗斯U23国家队

19点00分 摩洛哥U23国家队vs罗马尼亚U23国家队

（2）2004年1月30日（星期五） 广西桂林市体育场

14点15分 俄罗斯U23国家队vs罗马尼亚U23国家队

16点30分 中国U23国家队vs摩洛哥U23国家队

（3）2004年2月1日（星期日） 广西桂林市体育场

14点15分 俄罗斯U23国家队vs摩洛哥U23国家队

16点30分 中国U23国家队vs罗马尼亚U23国家队

比赛由中国足球协会主办，广西壮族自治区足球协会承办。

现请贵协会积极与中国足协U23国家队热身赛工作组、中国福特宝足球产业发展公司及当地政府、公安、体育场、工商、外事、机场等部门配合，认真做好比赛的相关工作。

特此通知。

二〇〇三年十二月三十日

四国赛结束后，赛事暴露出一系列后遗症。2004年1月28日，足协官员曾民与赛事组委会沟通，让他们给国奥队预订2月2日从桂林飞上海的机票。据广西四国赛的总协调高天雄回忆，根据当时与福特宝签订的合同，中国国奥队的往返机票应由福特宝公司负责。“我们当时完全是出于好心，这也不是很复杂的事情，足协既然提出了这样的要求，我们就帮助他们办理一下。”高天雄说。

在同意足协请求的同时，组委会请足协方面提供一份名单。没过多久，曾民将一份名单给了广西方面，后者根据曾民所提供的名单，订好了2月2日上午10时20分从桂林到上海的航班。一切都非常顺利。

机票交到曾民手上后，纠纷出现了。广西方面一共为他们订了30张球员机票，其中包括了要到海南报到的冯潇霆，没有参加本次国奥集训的宗垒、路姜等。发现问题后，曾民马上要求广西方面退掉5张机票，并要求广西方面来承担由此造成的损失，即大约1000元的退票费。高天雄说：“我们是按照曾民提供的名单订的机票，结果订错了，还要我们来承担损失，这在道理上好像有点说不通。”周五晚上，在与曾民的通话中，高天雄对曾民说：“这个事让我明天再跟财务商量一下。”

2004年1月31日上午，在桂林帝苑酒店三楼的组委会房间里，曾民再次提出要由广西方面承担大约1000元的退票费，双方各执一词，房间里的火药味越来越浓。最后，曾民差点与组委会的工作人员动起手来……

因为区区1000多元产生的这次足协官员与四国赛组委会的纠纷，让人体味到当年足协的“霸气”。

订票费纠纷只是一面镜子，更大的丑闻随后也因五牛公司一纸诉状曝光了。

根据协议，福特宝公司应保证参赛的球队为各国U23国家队。但很快就有媒体和球迷指出，来广西的这些球队是“水货”。赛事组委会方面表示，他们已有证据证明：俄罗斯和罗马尼亚的国奥队在奥运预选小组赛中早被淘汰并解散，因此年初到达广西的两队是临时拼凑的 20 岁以下青年队。而摩洛哥“国奥”队也是一群 19 岁以下的“娃娃兵”。

高天雄介绍，当初为承办此赛，出资方投入了 600 多万元人民币，没想到迎来的是“豆腐渣工程”。他认为：“由于福特宝工作不到位，使国奥队被与水货队热身的胜利冲昏了头脑，没有达到锻炼队伍的目的。福特宝的行为也相当于给球迷提供了假冒伪劣产品。”

足协自有说法。他们认为，五牛公司这样做情有可原，但所谓违约的说法并不成立。五牛公司的人不知道国际惯例，欧洲并没有 U23 队伍。另外他们不了解足球的规律，U23 球队与 U20 球队比赛，差距并不大，好多欧洲球队的主力球员都是这个年龄段的，而且关键是热身效果达到了，所以福特宝公司没有做错。

当年的足协，工作人员狐假虎威，官员也常常信口雌黄。他们以自己所了解的“足球规律”到处招摇撞骗，像广西这样的基层足协会上当受骗也就可想而知了。

作为足协捞钱机器的福特宝公司，他们利用国家队热身赛赚钱已是公开的秘密。比如 2009 年 9 月，中国队主场与塞内加尔队热身，中国足协答应付给塞内加尔足协 25 万美元的出场费，而且还要负责球队往返机票以及食宿费。而知情者透露，这 25 万美元有多少水分？只有落实比赛的福特宝公司最清楚。若价格属实，这样一支排名与中国队不相上下的对手实在是敢要价！

不可否认，各级国字号球队的海外拉练和出访也会成为某些人敛财的手段。“一些低级别的友谊赛，往往是国外邀请方‘免费承担’参赛经费，但足协的相关人士，还是会向上打报告申请相关‘活动资金’，而批复者多数时候也是睁一只眼，闭一只眼……”知情者透露说。

福特宝和中超公司是邪恶的孪生兄弟

1994 年 4 月 17 日，第一届职业甲 A 联赛揭幕战在成都举行。四川全兴主场迎战辽宁队。这场比赛之所以成为经典，不仅因为它是中国职业足球的处女作，还因为在这场比赛中被中国足协重点栽培的两个裁判，即主裁判陆俊及边裁龚建平，他们多年后在足坛打假扫黑风暴中双双沦为阶下囚。

1994 年甲 A 联赛，除各队第一次以俱乐部名义参赛之外，中央电视台首次 45 万元购买了联赛转播权；联赛首次与国际管理集团签订协议，被冠名为“万宝路联赛”；各支球队还第一次获得 70 万元的出场费，而球市也出人意料地火热兴旺，观众上座率第一次突破 200 万人次。因此，94 甲 A 联赛被冠以中国第一联赛之美称。

运作甲 A 联赛的正是刚刚成立一年多的福特宝公司。

1993 年 3 月福特宝公司成立后，这家中国足球协会直属的国有企业享有中国足球协会商务活动及俱乐部商务开发的全权代理权，并肩负着开拓中国足球市场的重任。当年的福特宝公司经营理念是“优质、标准化、稳定合作”，其宗旨是“推动中国足球事业健康有序发展”。但这个公司在足球职业化的惯性下，堕落的速度越来越快。

我们不妨看看该公司的机构设置。

福特宝公司下设机构：北京福特宝广告公司；标志产品部；授权部；运动营销部；足球经纪人；行政办公室；人力资源部；信息资料室。

福特宝公司经营范围：独家代理中国甲 A 联赛、足协杯赛总冠名权及场地广告；市场战略分析与研究；指定产品征集；标志产品开发及特许转让；代理发行足球彩票；组织足球比赛；足球专业技术培训；国内外足球人才和文化交流；球员转会；足球技术咨询服务；中国足球联赛标志、联赛吉祥物、俱乐部标志、吉祥物、俱乐部队员肖像使用权等标志产品的开发与经营。

该公司垄断开发的项目：中国足球协会甲级联赛、中国足球协会乙级联赛、全国足球业余联赛、全国足球五人制联赛和足协杯赛、全国女足联赛、全国女足超级联赛、全国女足锦标赛、女足超霸赛、中国女子足球南北明星对抗赛、各级别男女足青少年联赛等。

中国足球的牛市是从甲 A 赛场上率先升腾的。当年，甲 A 许多赛场球市火爆，许多企业以支持赞助足球为时尚。商家赞助少则几百万，多则上千万，如此阵势让福特宝公司在足球职业化过程中尝到不少甜头。

有资料显示，1996年至2002年，福特宝公司年营业额从四五百万增长到一千余万，其中主要增长源于对足球卡等产品的开发，以及为中国足协从IMG集团代收的8%授权费。中超联赛开始后，在游戏规则未明之际，足协“钦定”福特宝公司负责联赛商务的经营开发。获得中超经营权后，福特宝公司营业额剧增，2003年至2005年，福特宝公司年营业额分别约为3420万、6120万、6453万。

随着足球职业化的发展，福特宝与俱乐部的利益冲突越来越严重。譬如，中超招商中，福特宝曾公布了19种“统一招商产品”，涉及服装、啤酒、汽车、家电、移动电话等。各家俱乐部则因此不得在冠名、球衣的胸前和背后广告中洽谈这些赞助商。但令人不解的是，从注册成立至今，福特宝的净利润却低得惊人。一位内部人士道出其中奥妙：“公司净利润那么低，一方面是足协从中提成，并以授权费方式纳入了成本；另一方面就是某些官员假公济私。”

福特宝公司的屁股越坐越大，职业联赛被压得奄奄一息。怎么办？

2000年4月26日，原国家体育总局政法司司长、总局办公厅主任阎世铎正式担任中国足球运动管理中心主任、中国足协专职副主席。阎世铎履新后，他开始思考中国职业联赛的经营管理问题。这种思考，也来自于他通过各种渠道获得的人们对福特宝公司的非议。

阎世铎上任不久，他就提交了“关于俱乐部参加中国足球协会超级联赛的申请、审核办法”，同时也提出改组足协属下的福特宝公司，结束其官商面目，让中超联赛更符合市场规律，更能体现各足球俱乐部的利益。遗憾的是，这个美好设想一直没有兑现。福特宝一直把持着对联赛的经营开发权。

2003年秋天，阎世铎在中超俱乐部总经理峰会的一次内部会议上，曾对福特宝公司的地位和功能有非常形象的评价：“过渡政府”和“看守内阁”。福特宝的阶段性性质和历史局限性也不言自明。在随后足协下发的内部文件中，也把这两个称谓正式纳入其中。更能说明问题的是，当时，由于对公司经营业绩的不满，足协方面正在酝酿对福特宝公司进行一次全面的财务审查，这项工作由分管领导南勇牵头，由足协财务部主管竭宝芝具体执行。

2004 年新赛季，甲 A 联赛易帜中超联赛。是年 2 月，中超委员会成立，阎世铎承诺中超委员会对“中超联赛的商务开发拥有一定发言权”。

在重大的商务开发面前，发言权实际也就相当于掌控权。中超委员会拥有这个权力两个月后，福特宝公司负责“中甲”经营的副总经理被调离，部分中下层职员相继辞职，面临人事震荡的福特宝公司有点苟延残喘的味道。

2005 年 1 月，中国足协将过去由福特宝公司负责开发的中超联赛市场，转而授权中超委员会负责开发管理。同时阎世铎还宣布，2005 年为中超商务开发和组建中超公司的过渡期，在过渡期内，中超委员会将成立商务开发小组。这个小组的职责，一是与福特宝合作开发 2005 年中超商务资源，二是积极筹备组建中超公司。该公司 2006 年开始独立运作。

可以说，在足球领域为中超公司奋斗“一生”的阎世铎，没有看到中超公司诞生，就于 2005 年 2 月下课了。2005 年 10 月 24 日，国家体育总局批准成立“中超联赛股份公司”。这也标志着中超公司的组建计划正式启动。

2005 年 12 月 28 日，中超公司成立。接替阎世铎出任足协掌门人的谢亚龙宣布：南勇任董事长，福特宝副总瞿郁明任总经理。

这天上午 8 时 30 分，16 家俱乐部老总陆续走进香河训练基地二楼会议厅。

9 时会议正式开始。一天的会议结束后，“中超联赛股份公司”这个机构产生了。足协是中超公司最大的股东，所以董事长必将由足协选派人担任，南勇因此成为董事长，总经理由福特宝公司副总瞿郁明担任。7 名董事分别为南勇、郎效农、大连实德的元万中、北京国安的张路、山东鲁能的康梦君、上海申花的吴冀南和武汉黄鹤楼的陈旭东。另外两位董事将在下次的董事会上选出，这两个人必须是独立的“社会人”，与中超公司无关。而 3 名监事会成员，分别是上海国际的王国林、辽宁中誉的张曙光和来自中国足协的沈睿。

另外两名监事会成员将从中超公司内部职工中选出优秀的代表担任。

谢亚龙是27日赶到香河基地的。会议结束之后，谢亚龙又对媒体表达了对一些报道的不满。他说，许多人对中超公司持怀疑态度，这是不负责任的。我们足协的班子是团结的，中超俱乐部老总也是齐心协力的。原本两天的会议一天就结束了，说明了我们的效率很高。

谢亚龙特意强调："从现在开始中超公司就要开始工作了，足协也正式把经营权交给了中超公司，把中超联赛的资源放在中超公司，由他们来按照资本结构进行运作，实现利益的最大化。"

在解释为何中超公司注册资金是200万元人民币时，谢亚龙说，足球运作并不需要太大的投资，因为更多的是要依靠广告、电视版权等这些无形资产的投入，所以过多的注册资金，只会造成浪费。良好的运作不是仅仅靠资金就可以解决的。

他说："有人觉得中超公司注册资金至少要几千万，有必要吗？中超公司和其他生产一些有形产品的公司不一样，比如说你生产电冰箱，你就需要厂房，需要机器，需要大量的原材料，还需要设施等，所以它的成本很高，所以它的注册资本必须要达到一定数额。而足球是一种无形资产，我们就是要用低成本追求高利润。"

低成本可以追求高利润，这本身没有错。但问题关键是，追求高利润的究竟应该是足协，还是中超各家俱乐部？

中超公司成立章程草案当中写明，中超公司成立的资本总额为200万元人民币。而其中中国足协出资72万元占有36%的股份。包括厦门蓝狮和长春亚泰在内的16家中超俱乐部分别出资8万元各占有4%的股份。

足协是大股东，中超公司董事长和总经理等都是足协委派官员，这样的中超公司实际上不是代表中超各俱乐部的利益。中超公司也只相当于披着羊皮的狼，只是足协的一个部门而已，谢亚龙说把"经营权交给中超公司"，这显然是一种颠倒黑白的说法。

可以说，从1994年启动职业联赛到2005年启动中超公司，从业务层面上说，中国足球管理者们依旧在用腐朽的理念来经营着中国的职业联赛。

让我们来看一下其他的联赛。例如，英超是如何经营的？英超联赛的主体是由各俱乐部组成的英超联盟，它本身就是一个营利性质的有限公司，目前每个赛季成绩最差的球队也能从中分到4000万欧元的电视转播费。英超联盟从成立之初就拥有独立于英足总的商业开发权，并有权单独进行电视转播和赞助合同的洽谈。英超联盟的所有权属于20家英超俱乐部，其最高管理机构为“英超委员会”，作为股东的俱乐部每个季度举行一次联席会议，任何一家俱乐部都可以在会上提出动议，所有的规则改变和重要的商业合同都要得到三分之二的俱乐部的同意才能生效。

英足总也是英超联赛的一个特别股东，它在一些重要问题上拥有一票否决权，比如英超委员会主席和首席执行官的任免等，但在其他事务上没有发言权。由此可见，在英足总即使有的官员想贪污受贿，可在完善的体制之下他也没有那样的机会。

可见，不论阎世铎还是谢亚龙，他们当时清醒地意识到福特宝公司在中国足坛不光彩的角色，他们也试图改变这一现象，但中超公司的成立表面上削弱了福特宝的权力，抢了福特宝的蛋糕，但实际上，他们等于是足协的两个“私生子”，他们撅着屁股拼命干活，不论谁赚了钱，赚了多少，最后都属于他们老爹足协的！

这两个公司并存，不是足协的经营观念进步了，而是足协高层在权力争斗中逐渐成熟了起来，懂得了权力的牵制、人事的制衡，以及利益的分配……对捞钱的足协来说，这只相当于把过去一个口袋里的钱，现在则放在了自己的两个口袋里。

谢亚龙权力魔术变出来的经济效益

2005年的中国足球进入了谢亚龙时代。而足协两大经营部门，福特宝公司与中超公司分别由邵文忠和南勇把持。两个公司的高层变动很有玄机。邵文忠官职未变。足协副主席南勇被任命为中超公司董事长，福特宝公司副总瞿郁明任中超公司总经理……这种人事变动实际上属于官场中正常的牵制与制衡，本质上则透露了南勇在足协的权力有逐渐被剥夺的迹象。

南勇有很强的业务精神，做事也很踏实。阎世铎在任时，两个人工作上配合得很默契。这得益于两个人在体育总局时建立起的关系。当年，两个人都在总局工作，搞政研出身的阎世铎当时时刻关注着体育界各方动态，然后及时为领导提供理论支持。

1992 年 6 月 23 日至 27 日，中国足协在北京西郊红山口召开工作会议，会议以改革为主题，决定把足球作为体育改革的突破口，确立了中国足球要走职业化道路的改革方向。这在中国足球史上具有划时代的意义。

实际上，足球要走职业化之路，这在当年的中国体坛也是具有开创意义的。阎世铎关注了这一事件。1993 年，阎世铎开始四处找资料，研究足球。当时，在总局做人事工作的南勇在局里组织了一支足球队，经常搞些比赛。阎世铎便常常与南勇探讨一下足球话题。那时的阎世铎平易近人，而南勇也很随和，有人缘，两个人对彼此印象都不错。

2000 年 4 月，阎世铎入主足协，此时，南勇已从体育总局来足协工作三年了。

在足协各项具体业务中，联赛和国字号是两项最重要的工作，都有广泛的影响力和社会关注度，也牵扯到巨额资金投入的问题。阎世铎上任后，这两项工作都交给了南勇，尤其在聘请米卢以及备战“十强赛”工作上，南勇的处理让阎世铎感到相当满意。

只是到了 2002 韩日世界杯后，南勇风头不减，人气不断上升，以致许多人都以为南勇实际上已把持了足协大权，而阎世铎不过只是个傀儡而已。

俗话说，狡兔死，走狗烹；高鸟尽，良弓藏。经历了中国足球冲进世界杯的辉煌后，怀揣理想与抱负的老阎是不可能容忍南勇的屁股越坐越大的。从 2002 年年底开始，他逐渐让杨一民往台前冲，借以削弱南勇手中的权力。南勇开始失意，冷眼观望着足坛的一切，静静地等待着自己的机会。

谢亚龙接替阎世铎上任后，南勇依旧没被重用，但他有耐心，又熬了一年多，直到杨一民失宠后，他的境遇才逐渐发生了变化。

尽管南勇是足协党委书记，和谢亚龙在行政级别上相同，但谢亚龙是中心正职，担负着北京奥运使命；也正是以此为理由，他把国字号资源都握在了自己手里，然后让杨一民替自己分担一下女足。尽管如此，关于国字号的大事小情谢亚龙都要过问，这意味着南勇继续被边缘化。

据知情人透露，在某次足协内部的党组织生活会上，党支部书记南勇对谢亚龙工作的方式方法和作风提出了严厉的批评，认为他在工作中过于随意等。南勇以为过组织生活，啥话都可以拍着良心说，可这样一来谢亚龙的面子没有了，毕竟他是足协一把手，南勇的“坦诚”在他看来相当于犯上作乱。

谢亚龙来足协属于两眼一抹黑，而南勇当时已成了搞足球的行家。南勇对谢亚龙的成见如果只限于组织生活上，事情还不复杂。但他如果因业务问题不断与谢亚龙发生矛盾，后果也就可想而知。

有人见证了南勇和谢亚龙交恶的一幕。

2007 年 7 月 17 日，谢亚龙和南勇都在吉隆坡督战国家队征战亚洲杯。对朱广沪准备的打乌兹别克阵容，南勇表示反对，但他派人和朱广沪交涉未果。18 日下午的准备会上，南勇又表示对首发阵容不满，但他刚谈了一半，就被谢亚龙粗暴打断。那次比赛中国队最终 0∶3 惨败出局。当年 8 月 25 日，足协全体大会对亚洲杯进行了总结，南勇在会上发言时矛头直指谢亚龙。他说队委会之所以没有发挥作用，朱广沪没有及时得到阻止，就是因为谢亚龙当时打断了他。从此，两个人的矛盾公开化。

可见，谢亚龙后来把南勇发配到中超公司是一种必然。2006 年，南勇遭遇了爱福克斯事件。有人称，双方要签约时，谢亚龙拒绝在合同上签字，最终只能由南勇单独完成签约过程。

福特宝与中超公司的人事结构体现了足协内部的权力争斗，而两个公司在经营上的漏洞更是为人诟病。过去人们只骂福特宝，中超公司横空出世后，邵文忠可能会窃喜，因为后者可以为他分担一点压力了。

南勇出事后，有人开始清算这两家公司。有报道这样说：

签阴阳合同 10年赚4800万

无论是福特宝公司还是中超公司，在中国之队或者联赛的招商引资过程中都为自己提供了巨大的捞钱空间。凡是赞助商，签一份合同一般几年不等，而提供的赞助费则达几百万、上千万甚至上亿元。1999 年，中国之队主赞助商 ISL 公司破产，福特宝在 2001 年接手中国之队。据广为流传的说法，福特宝与后来成立的中超公司都通过签取“阴阳合同”的方法从中获利（一份伪合同对外公开，再签订一份金额低于伪合同的实际合同，而这两份合同的差价在 20% 左右，差价则进了某些人、公司的口袋）。

2003 年年初，西门子和“中国之队”商务推广机构中国福特宝足球产业发展公司在广州正式签约，西门子移动成为了“中国之队”7 支球队的主赞助商。据业内人士分析，西门子两年的赞助费大约接近 1 亿元人民币。以此估算，两年里，福特宝公司又拿下了大约 2000 万元人民币。

2004 年，阿迪达斯成为“中国之队”主赞助商，并签下了 6 年 6000 万美元（约 5 亿人民币）的天价合同。每年包括 200 万到 300 万美元的现金，以及价值 400 万美元左右的各种装备。以此估算，福特宝在这项合作中将得到约 2500 万人民币。

中超公司4年捞2340万

2005 年 12 月，孕育了 5 年之久的中超公司在得到了国家体育总局批复后正式宣告成立。在足协给各俱乐部下发的中超公司章程草案当中写明，中超公司的资本总额为 200 万元人民币。而其中中国足协出资 72 万元占有 36%的股份。16 家中超俱乐部分别出资 8 万元各占有 4%的股份。年末的分红也将根据股份权益来进行具体计算。不过，在 2008 年，金威啤酒也竟然变成了分红被分发到了各俱乐部。

在2005年中超联赛开打不到一个月，中国足球遭受“灭顶之灾”——西门子退出2005年中超联赛赞助，只继续赞助中国之队。2005赛季因无冠名而全年“裸奔”，中超联赛苦不堪言。在2006年中超联赛开始前1天，中超公司终于揭开了2006年中超联赛冠名赞助商的神秘面纱：来自英国的爱福克斯国际集团旗下的爱福克斯（Iphox）公司宣布冠名两年的中超联赛。但是爱福克斯约定的6000万冠名费没有如约汇入中超公司，随着2008年年底中超公司把爱福克斯告上了法庭，爱福克斯宣布破产，中超公司除了只拿到两年的代理费的600万，剩下的5400万泡汤。中超公司从中的获利也大打折扣，仅有120万左右。

2007年，中超公司与金威啤酒签订的是“1+1”合同，也就是说，在2007年合同结束之后，双方如果对合作表示满意可以继续合作，金威方面拥有同样价格下的优先签约资格。在3800万元冠名2007年中超联赛后，金威思虑再三，又以4000万元冠名了2008年的中超联赛。但是到2008年年终，金威啤酒方面以武汉光谷退出影响广告和促销为由，只支付合同款一半冠名费。两年里，中超公司拿下了大约1100万元人民币。

还有人给福特宝公司算了笔细账。比如，2001年飞利浦电子中国集团与中国足协签订了为期4年的赞助合同，但后来参与方之一的ISL的退出，在一定程度上影响了飞利浦的合作态度，于是这份本该是4年期的合同提前夭折。按照协议，飞利浦赞助中国之队期间，每年都要投入上百万美元的赞助金额。两年里，福特宝公司从中受益大约40万美元，按照当时美元与人民币的汇率，合人民币约300万元人民币。

此间，有业内人士也发现了中超公司存在重大财务漏洞。

比如，2007年，中超公司一开始声称当年赢利约8000万元，随后其财务报表显示赢利为5000万元左右，扣除15家俱乐部分成共4500万元后，应该还有盈余。但蹊跷的是，2008年4月北京崇文国税局对中超公司2007年的账目进行检查后发现，实际当年中超公司账面亏损近1100万元，且仅上缴了1万余元工资税额。

对此，中超公司的解释是主赞助商金威啤酒2007年的实际冠名费远远低于外界所传的数字，且有部分赞助款没有按时付清；其次在2006年，中超公司制作最新式的拉板广告牌就花费了近2000万元！

在经营方面，瞿郁明也有点江郎才尽，各家俱乐部也只能跟着过穷日子。2006年秋后算账，每家俱乐部只分得200万元的分红。2007年，15家俱乐部各获得了300万元的收益。2008年，每家俱乐部获得150万元的分红。业内盛传，2008年8月，中超公司给各中超俱乐部发通知说，各俱乐部将很快收到750箱金威啤酒和一台佳能新款打印机作为分红。

2006年年底，走投无路的瞿郁明辞职，南勇随后委任原辽足副总经理吕锋出任中超总经理。2009年1月南勇成为足球运动管理中心主任、足协专职副主席后，杨一民接任中超公司董事长、法人代表……这一系列让人眼花缭乱的人事变动并没增加足协官场的“安全系数”，甚至等于打开了潘多拉魔盒，并加速了足协班子的“死亡速度”。

第七章 外人张吉龙
——为什么受伤的总是我

张吉龙多年来因为搞外事工作，再加上他性格内敛，这决定他在足协的内战中显得可有可无。阎世铎入主足协后曾排挤过张吉龙，甚至限制他参加一些外事工作。南勇也一直把张吉龙当成假想敌……

南勇上课引发权力的“蝴蝶效应”

2009 年 1 月，中国足坛再次出现诡秘的权力格局。因为该月国家体育总局一系列人事任命，史无前例地牵扯到中国足球职业化以来的四届掌门人，即王俊生、阎世铎、谢亚龙、南勇，以及张吉龙。

1 月 19 日，南勇被正式任命为足管中心主任。总局同时宣布，原足协副主席张吉龙另有任用，拟出任国际体育交流中心主任，这意味着张吉龙也因南勇的“扶正”而离去。此时，另一项引人关注的人事变化是：去国家行政学院“学习”不到四个月的谢亚龙被任命为中体产业董事长，而原董事长王俊生因年龄因素退居二线。

如何牵扯到阎世铎了？原来，阎世铎离开足协出任总局训练局局长后，忙完北京奥运会，他感到有点身心疲惫。此时，他也知道中体产业董事长王俊生已到了退休年龄，因此他有意去中体产业。后来听说谢亚龙也可能去，两人暗中掰了几个月手腕，最后阎世铎败下阵来，谢亚龙得到了总局的正式任命。

南勇扶正，在人们当时看来应该是众望所归。而张吉龙离去，许多人也感到了惋惜和遗憾，但一山难容二虎，这是官场的游戏规则。只是，一度在人们视线中消失的谢亚龙出任中体产业董事长，这个决定引起了轩然大波。

奥运会后，国家队的主要任务是备战亚洲杯预选赛。中国男足新的希望在哪里？2009年1月14日，国足首战叙利亚以2∶3败北，国内舆论对国足忧虑之余，追根溯源，又想起来了谢亚龙——偏偏此时，谢亚龙被任命为中体产业董事长，并且年薪“达到150万”之巨，这还了得？谢亚龙一时间又成了人们口诛笔伐的靶子。

李承鹏的抨击声音最响亮，他在博客中写道：“网民们应该帮我一个小忙，算算在谢主席任期内输过多少场国际A级比赛，平均每输一场球兑换成多少万年薪。如果靠输球都能年薪158万，158万年薪啊，连我都怀疑原来谢亚龙是为了这份年薪才故意作出那些弱智决定的。”

谢亚龙的年薪是怎么算出来的？

中体产业是一家上市公司，管理层的收入是很透明的。有人披露，2008年，中体产业董事长王俊生的年薪为1557，200元，这是通过股东大会审议通过的董事长年薪标准。此外，他每年还有大约30,000元的津贴，享受交通、住宿费用全部报销的待遇。

而谢亚龙在足协的年收入大致是多少钱呢？有人估算，谢亚龙作为足管中心主任，他在足协的工资、奖金等加一起，最多也就三四十万。

联想到谢亚龙在足协期间，中国足球四大皆空。他拍拍屁股走了，原来是去发财了？人们的愤懑也就可想而知了。

事实上，国人审视谢亚龙的目光过于苛刻。当时的谢亚龙，从官场上说只是一个没有业绩的官员，而不是一个法律意义上的犯罪嫌疑人。在中国的官场上，对待没业绩的官员有许多种使用方法，绝不仅限于降职或免职。以谢亚龙为例，他的前面有阎世铎，阎的前面有王俊生，而阎、王两人对足球来说也是败军之将，他们离职后在其他岗位上得到任用，谢亚龙出任中体产业董事长也合乎逻辑。

更何况，谢亚龙到中体产业后，他的日子并不像人们想象的那样滋润。

中体产业脱胎于中体公司，该公司成立于1998年3月，是由国家体育总局体育基金管理中心、国家体育总局体育彩票管理中心、国家体育总局体育器材装备中心、中华全国体育基金会和沈阳市房产实业公司共同发起组建的中国体育产业规模最大的股份制企业。

2003年年底，公司改组成中体产业集团股份有限公司。根据2008年10月的数据，作为国家体育总局控股的唯一一家上市公司，中体产业集团股份有限公司总资产达到30亿元，主营业务收入接近两个亿。

2010年9月13日，警方正式公布谢亚龙已被立案侦查。谢亚龙失踪的消息是9月6日传出来的，而9月7日，中体产业的股票即下跌2.76%；到9月9日再跌5.96%，市值也在几天内缩水将近6亿。9月13日，中体产业以通讯方式召开董事会，宣布谢亚龙正式离职，他的工作由原副董事长刘军暂代理。

9月14日，停牌一天的中体产业复牌后，一扫停牌前的阴霾，步步走高，报收9.87元，上涨1.33%，涨幅超过当日大盘。而上涨的理由，券商分析师均将谢亚龙的“落马”视为中体产业的“利好”。

在谢亚龙上任后的2009年，半年报亦不乐观。在后奥运时代和金融危机双重困境之下，2009年上半年中体产业营业收入2.2亿元，比去年同期下降34.42%；营业利润仅为0.38亿元，比去年同期下降86.51%；实现净利润0.23亿元，比去年同期下降85.52%。

而在谢亚龙出任董事长一年后披露的2009年年报中，集团业绩首次出现3年以来的负增长。在2009年房地产市场一片火热的形势下，中体产业当年的主营业务收入仅达到9.66亿元，这是三年来首次主营业务收入下破10亿；而当年实现净利润为5097.69万元，与2008年的19746.78万元相比，下降了74.18%。

同时，中体产业的对外担保数额则大幅提高至1.6亿元，相当于净利润的3倍有余。此外，2009年坏账准备合计约2500万元，比2008年增加了25%以上。此外，相比2008年的公益性捐赠支出为358.54万元，2009年这一数字则急速缩水至象征性的1000元，这再次印证了中体产业的业绩困境。

客观上说，谢亚龙上任后，他也雄心勃勃地要把中体产业做强做大。但受大的经济环境影响，以及因为某些决策的偏差，谢亚龙的雄心和业绩并没有成正比。

谢亚龙被立案侦查后，有媒体记者深入调查了中体产业，尤其对谢亚龙上任后的“三把火”给予了质疑。

第一把火：2009年6月，总投资50亿元的“三亚奥林匹克湾项目”有了实质性进展，作为“三亚奥林匹克湾项目”的运作主体，中体产业、万通地产联手组建的三亚中体万通奥林匹克置业有限公司在北京正式成立。

第二把火：2009年7月，中体产业出资2.24亿元收购大连乐百年置业有限公司不少于90%股权，用于建设大连奥林匹克花园项目。这也是继三亚奥林匹克项目之后，谢亚龙布局大连的第二个奥林匹克花园项目。

第三把火：2009年11月3日，中体产业发布《非公开发行股票预案》，拟向自然人刘益谦和嘉兴市中辰建设管理有限公司非公开发行股票1.6亿股，计划募集资金1.35亿元。

在谢亚龙的计划里，第三把火，即非公开发行股票募集资金，用于收购并控股开发大连乐百年项目、盐城奥林匹克花园项目、中体健身俱乐部连锁拓展项目以及补充流动资金。分析家认为，这是中体产业在烧完前两把火后，“干柴”不足的表现。

谢亚龙在中体产业遭遇的尴尬，或许只有他被警方立案侦查后，人们才记得翻起这个“账本”，为他的仕途画下最后的句号。人们关于谢亚龙的记忆，永远不会是中体产业的股票、地产，而是让他痛心疾首的足球。不论是憎恶他的人、追捧他的人，还是同情他的人，对此都能真实地表达自己的情感，这也许是对他最好的追念了。

2010 年 9 月 22 日，也就是警方正式宣布谢亚龙被立案侦查不到 10 天，国内最有影响的《体坛周报》一改南勇、杨一民进去后对他们猛泼脏水的做法，含情脉脉地抛出一年前谢亚龙写的一篇万言《辞职书》。客观上说，这份《辞职书》如同谢亚龙家人公开回击社会不实传言一样，对甄别谢亚龙在特定时期的行为有着“史料价值”，在一定程度上也有“拨乱反正”的作用。可除此之外，人们也能看出，谢亚龙的这份《辞职书》横空出世也是一些拥谢派精心策划的结果。

谢亚龙万言《辞职书》内容如下：

党组：

奥运会没有打好，没有完成党组交给我的任务，作为一把手，我诚恳地向组织上承担领导责任。为了大局的稳定和足球的长远发展，也是按照奥运任务书的奖罚要求，我不宜在这个岗位上工作了，请党组下决心对足球中心班子进行组织手术。

在我受组织委派到足球中心工作的时候，正值 2004 年“G7 事件”所形成的一浪高过一浪的“倒阎运动”。我认为：“G7 事件”的本质，是中国的职业足球全盘市场化和坚持国家宏观控制权的斗争。（此处省去 41 字）在半数的职业俱乐部联手公开站出来反对中国足协的情况下，在媒体狂轰滥炸的声讨声中，在球迷的怒骂声中，中国足协的领导地位和行业管理威信岌岌可危，中国足球的组织体系和外部关系已濒临崩溃。当时的情势和现在此起彼伏震耳欲聋的“谢亚龙下课”的情况有惊人的相似。更换一把手，我们并没有回答这个实质性问题。职业化改革以来足球换了几任领导，也没有解决足球水平长期上不去和足球职业化出现的乱局。党组委派的干部，在社会的起哄和责骂声中“下课”，是市场力量向执政者逼宫的结果。

在理论上、思想上、组织上搞乱了的情况下，根据足球积弊年深的实际，上任之初我对做足球工作有几个基本工作理念：

1. 近几年足球要以08备战为重中之重。要力争足球在奥运会有所表现，这既是国家的利益，也是足球的核心利益，必须心无旁骛、毫不动摇地高举这面大旗。由此，媒体给我戴了“谢奥运”的帽子。

2. 要充分肯定和毫不动摇地坚持职业足球改革的大方向。我国的职业足球改革严重脱离国情，最大的两个失误就是公益性缺失和政府缺位。公益性缺失是指足球已经不再是为国家、为广大群众、为青少年成长服务的运动项目，而成为市场牟利的工具。政府缺位是指体育总局、地方体育局和各级足协宏观管理失控，足球市场“假赌黑”横行，足球发展信马由缰。这些年的足球，已经远远背离了中国特色社会主义体育的本质。但是不是要退回到原来的举国体制？我认为不可。当今世界足球项目的职业化程度很高，其市场属性和资本运营特征十分显著，经国际足联的反复整合，其市场的全球一体化格局已然形成。中国足球要谋求长远发展，必须和世界接轨，走职业足球的道路，这符合中国足球的长远利益。走回头路，是没有出路的！

3. 要加大足球宏观调控的力度。在当时“全盘西化”和“退回举国体制”的两种议论之间，我选择了在肯定职业足球改革大方向的前提下，坚决进行调整治理的思路，必须高举对职业足球治理整顿的大旗，必须毫不手软地打击足球腐败。

4. 足球稳定是备战的前提。为了最大限度地整合足球资源，凝聚各种力量投入08备战，必须使足球现有体制和格局基本稳定，因为任何体制性和结构性的变化，都会带来利益的调整并引发震荡。这就是投鼠忌器，为了保全备战奥运的大局。如果足球乱将起来，像以往每次大乱一样，空间上波及全国、时间上延绵数月，必然要给总局备战大局添乱，必然拖08备战的后腿。中国足球积弊甚重，改革不可能一蹴而就，不要奢望有什么灵丹妙药能妙手回春。

5.足球问题已经不再是一个单纯的体育问题了，已经成为中国一个复杂的社会问题、经济问题、政治问题，积弊甚深，错综复杂，必须选择适当的战机，进行系统的、整体的、全面的改革调整。我判断：无论08奥运会打好打坏，都是足球改革调整的大好时机。打好了，作为足球中心获得了时间、空间和威信；打不好，大环境必然要求改革，也促使各方面加大改革力度。所以，08之前的这几年，足球市场处于低谷，足球环境恶化，足球中心要更加隐忍一些，要卧薪尝胆，要在足球工作的底部全面积累积极的因素，在全力以赴抓备战的同时，还要全面开展各项工作，要探索下一步改革的道路，要抓青少年足球改革，要全面开发足球市场，要调理和俱乐部、地方足协、媒体、球迷等方方面面的关系，总之，要居中斡旋，全面推进，不可偏废。

基于以上思路，我一手抓备战，一手抓稳定；一手抓深化改革，一手抓治理平乱；一手抓备战队伍，一手抓全面工作。在错综复杂的局面中把握着足球的方向，求取平稳和协调，还要积极进取，力争备战任务的完成，殊为艰辛。

在抓稳定、改革和治理方面，在刘鹏局长的支持下，我们和公安部一起制定了联赛治理的文件，并得到国务院办公厅的批转；加大了对违纪违规俱乐部的处罚力度，果断地取消了恶性资产运营的陕西国力俱乐部中超联赛注册资格，解散了具有关联关系的四川冠城俱乐部，注销了集体弃赛和管理混乱的西藏惠通陆华俱乐部的“中甲”联赛资格，暂停了严重拖欠工资的湖南湘军俱乐部的参赛资格；作为对“G7事件”的交代，成立了中超公司，调整了中超联赛中中国足协和各参赛俱乐部的经济关系，剥离了联赛的经营权和管理权，改变了足协从联赛中获取经济利益的不当行为；恢复了升降级制度，使各俱乐部的工作开始走向正轨，球员的利益得到保护；加大了联赛中运动员、教练员、工作人员违纪违规的处罚力度和裁判员的管理力度。04年"G7事件"对足球中心备战工作产生了直接影响，使市场大幅度滑坡，收入减少近一半（十几年来足球中心95%左右的支出，要靠市场收入），我在整合资源加大开发力度上也下了很大的工夫，使市场收入回升到历史最高水平，从而保证了备战工作之需。

在备战方面，工作就显得更加困难。虽然在抓国家队作风、抓纪律、抓爱国主义教育上，在协调联赛时间、让国家队获得更多的集训时间上，在构建海外练兵平台上，在增加备战工作的技术含量、组建科研技术人员团队上，在加大备战的投入和增加教练员、运动员收入上，在建设队委会制度等方面做了大量工作，但收效甚微。总的感觉是：市场中的足球资源，无论如何也很难整合到为国争光的备战平台。这就是很多职业联赛的国家，干脆放弃奥运会的原因，私人资本怎么能生产公共产品呢？实际上，最难整合是人心，"身在曹营，心在汉"！我国近几年在很多领域进行了公用事业民营化改革，成绩斐然。可惜的是，我们在构建职业足球体制之初，没有这方面的思路，没有坚持国家的主导地位，没有构建职业足球齐心协力共同托举中国足球"冲出亚洲、走向世界"的平台。这和举国体制所构建的"国内练兵、一致对外"的体制截然不同。

根据我不是搞足球专业出身的情况，我把备战工作分工给其他专业出身的中心领导负责，自己抓宏观方面。一开始，由杨一民负责抓全部国家队，一年后为了加强备战，改由南勇分管男足，杨一民分管女足。在07年男足亚洲杯失利以后，我感到队伍的问题很多，才开始全过程跟队。2008年4月女足在多次出现问题后，我调整了杨一民的工作，改由南勇分管女足，我盯住国奥队。即使这样，也还是按当初南勇分管男足和国奥队不变的情况下，由我们共同工作。

队伍备战过程是一波三折，充满动荡和不安。刚到足球中心的时候，总局已经批准了足球备战计划，男足当时实行“一队两组”方案，由朱广沪任主教练，后来发现“一队两组”实际没有得到很好的执行，在总局支持下又把国奥队独立出来，这时候备战时间已经浪费过半了。国奥队成立后，聘请杜伊做主教练，一开始走得很好，队伍快速多变的打法风格有了轮廓，然则后来却没有将这一点进一步细化、深化。08年正值奥运年，足球又遭遇世界杯外围赛“死亡之组”，社会也高度关注。我们为了回避国家队和国奥队人员交叉的矛盾，采用了一个总教练统辖两个队的做法。由于世界杯外围赛没有打好，社会发生了对杜伊的质疑，国家队部分队员把这种情绪带到国奥队，加上杜伊错误地总结世界杯外围赛的教训，使他和队员的矛盾加深直到不可收拾的地步，我们被迫作出了任命殷铁生做执行教练的决定。

女足和主教练的问题更加明显，在备战过程中更换了5任主教练，其中裴恩才、多曼是因个人原因离开的，马良行、伊丽莎白则是因和足球中心干部工作方面的矛盾而离开的。这些在外界都炒作为是因为和足协乃至和我个人的矛盾，这不符合事实。当然，作为一把手，工作没有做好，我应该向组织承担起全部的责任。

足球之乱，乱在三点；足球之难，难在三个方面：

第一，体制问题。体制的严重弊病，除了前面说的“两个缺失”以外，还有“两个不尊重”，即：既不尊重市场经济规律，也不尊重足球规律。我国职业足球体制严重脱离了国情，脱离了国家的宏观控制，背离了人民群众对足球的期望，长期信马由缰，恶性运行，成了少数人和利益集团牟利的工具。体制不改，中国足球永无出头之日。

第二，人的问题。一般人认为，足球问题是体制问题。其实，人的问题是一个比体制更加严峻的问题，是中国足球长期上不去的更深层次的原因。足球圈的从业者，从足球中心到地方足协，从职业俱乐部到基层足校，由于足球长期失治，次序混乱，正气不张，业务水平低下，很多人不走正路，也是足球长期混乱、水平上不去的重要原因。

第三，大环境问题。足球的大环境不好，可以这样形容：食之者众，生之者寡；盘剥者多，给予者少。媒体是中国足球的最大获利者，运动成绩如此低下、良性新闻资源如此贫乏的足球项目，竟养活了偌大几个媒体集团和数千名专职足球记者（最高时达八千人，竟和整个体育记者人数相当），没有“靓点”就卖“污点”，假新闻满天飞，使足球界黑白不分，是非莫辨，搞乱了人心，污染了社会。

球迷是足球最大的消费群体，但大多数是非理性消费，多是抱定去发泄情绪的，贾平凹称足球场是城市“公共痰盂”不无道理。我国的球迷群体是一个特别值得研究的社会群体。这是一个可以骂、可以叫、可以任意发泄情绪的地方，是一个经常发生极端行为乃至暴力和“球迷骚乱”的地方，是一个产生“足球流氓”的地方。

足球赌博是中国足球最大的毒瘤。因为世界五大联赛都是公开赌球的，纳入国家的管理范畴，而我国法律是禁止赌博的。这种不接轨，造成了境外赌博公司和境内地下黑庄的巨大利润。实际上，中国足球的赌市十分猖獗，中超联赛的每一局比赛、国家队的每一场球，境外的网上都在开盘，巨大的经济利益驱使庄家把黑手伸向球场，左右胜负。我们对付这个问题更是软弱无力，而实际上这是导致中国足球长期上不去的最重要、最强大的力量，它不仅在左右职业足球教练员、球员、裁判员、官员的行为，同时还左右着球迷的行为，甚至还在左右高层对中国足协官员的更迭。我们对它的危害还懵懵懂懂，对于它的了解、把握、控制，还相当无知和无力。

在足球大环境中，不得不涉及国际足联和亚足联，他们是职业足球的控制者和获利者，他们和国际资本集团合作，千方百计地整合各国的足球资源并攫为己有，千方百计榨取各国足球的利益。我们在形式上走了职业化道路，但在实质上没有加入这个大的利益集团，尤其是运作方式上和这个国际一体化的大市场格格不入，这就导致我们在很多方面要吃亏。当我们世界杯外围赛没有出线的时候，有媒体报道，中国足协是因为没有和亚足联开发公司合作而获罪于亚足联，这个说法有失偏颇，但不无道理。

我时常想：中国特色社会主义需要这样一个乱哄哄的职业足球吗？中国特色社会主义的职业足球应该是什么样的模式？

关于今后的足球工作，我向党组建议：

1. 长远打算，埋头苦干。奥运会没有打好，今后还会掉得更低。我对足球的基本判断：十年内中国足球水平上不去。我国足球长期急功近利，总想用成绩说话，总是毕其功于一役，被社会舆论牵着鼻子走，忽视了大量的基础性工作，特别是忽视了青少年的培养。现在国奥队的队员是足球举国体制的末期和职业化的初期所培养出来的，那时候还有青少年业余训练，后来青少年足球完全走了市场化道路，基本没有培养出人才。竞技体育的竞争，关键是人才的竞争，目前核心的问题是后继无人，这是我国足球未来十年内将更差的根本原因。再加上体制问题、人的问题和大环境问题，这些问题的解决绝非一朝一夕之功，必须经历一个长期的艰苦的过程。

2. 抓紧进行班子调整，向社会打出新形象。班子一任一任地换，这次还换不换？我的想法是换。奥运会毕竟是举国瞩目的一场大仗，足球没有完成任务，应该奖罚分明。虽然我工作得很苦，虽然这样的结果不是我一个人的原因，但党组既然用了我，我就该给组织上分忧，我就该站出来承担责任。如果由一个人的下课，而换取全局的主动，这个决心应该下！

3. 抓紧打出青少年足球改革的牌。在我的主持下，5 月份完成了全运会赛制改革的报告并报了总局，至今没有批准。我希望党组抓紧研究批准，打出这张抓青少年足球的牌，这是足球体制改革调整的重要步骤，是“还我半壁河山”的重要举措，也是以此打出总局对足球的主张、着手进行足球体制改革调整的重要信号。

4. 建议党组责成足球中心组织各方面力量，总结反思足球的改革发展，应该在全国足球界达成一些共识。

5. 加大对足球的领导力度，获得国务院的支持。按我的设想，足球的现有体制要做许多大手术，为此必须获得国务院和相关部委的支持。比如，职业俱乐部应该回到中国特色社会主义的管理构建中去，实行“属地管理”原则，地方体育局应该对本地俱乐部有辖制权，应该对职业俱乐部的决策和行为实施依法管理；对职业联赛的控制，对职业联赛中存在的“假赌黑”的治理，也需要公安部和地方政府的力量。这些工作都需要高层领导的力度，才能协调全国，统一行动。

6. 要搞好足球，首先要把足球中心搞好。足球中心在足球长期失治的混乱中，在足球的各种利益群体的分化中，组织体系和人员素养存在很大问题，对足球中心的人员和工作应该进行全面的清理整顿。

7. 按照中国足协的章程和社团法的要求，足协今年12月必须完成换届任务。鉴于足球的社会影响力和惯例，如果要“热处理”，建议由总局主要领导任足协主席，主管足球工作的副局长担任执行主席，以加大足球行政领导的力度。如果“冷处理”，主管足球工作的副局长担任足协主席即可。由于时间紧的关系，本次换届不再搞大部头的文件，而是以足球界反思为主线，力争09年完成足球改革调整的方案并下发执行。

8. 足球中心换一把手，应该任用熟悉足球工作的人。足球的问题非常复杂，如果再换一个新人，很难短期内搞清楚足球的问题，我向党组举荐南勇同志任足球中心一把手，他的能力是够格的。

9.（此处省去96字）

10. 关于申办男足世界杯。今后的足球是“冷处理”还是“热处理”？为了解决当前足球积重难返的问题，精力集中在治理整顿和基础重构上，可以考虑“冷处理”。为了托住即将面临的足球滑坡，可以考虑“热处理”。“热处理”最好的办法是申办男足世界杯，给市场极大的利好信息，重树社会信心，凝聚社会资源。国际足联实际上非常看好中国的经济社会条件，布拉特多次和我探讨中国的申办问题。他们的想法是2014年世界杯到巴西，2018年回欧洲，2022年到亚洲，亚洲他们最看好中国。从操作上，他们想把2018年和2022年绑在一起申办，以协调欧亚两大洲的利益。我国申办，可能性比较大。

最后，我要感谢党组，能把我派去搞足球，就是对我莫大的信任。为了报答党多年的培养和信任，我也是竭尽全力地去工作了。三年半时间，我干得很苦，忍辱负重，忍人所不能忍者。但是，我没有完成任务，我诚恳地请求党组批评我、教育我、处分我。

谢亚龙

2008.8.27

谢亚龙的《辞职书》曝光后，有人说它不像辞职书，而是“请功表”。尤其它在谢亚龙被立案侦查这一敏感时期被抛出来，也是变相地给司法机关“施加压力”。但不管《辞职书》面世的动机如何，如果它的确是谢亚龙本人作品，通过它我们还是能从另一个侧面了解谢亚龙，看到他也是一个立体的人，而不是单一的魔鬼。

我们看到，对职业足球的发展方向，他主张不能倒退，必须坚定地走职业足球的发展道路；而对国际足联以及亚足联这个利益集团的看法，他的见解也不失精辟。至于中国足球在世界足坛的地位、职业俱乐部的经营模式，甚至如何理解球迷这个特殊的群体，谢亚龙的思考也颇为深刻……

只是，他毕竟还是失败了。从这些文字来看，谢亚龙从一个足球外行已磨炼成一个理论内行，但他不是孤立的个体，当他有了自己摸索出的足球经营理论时，他失去了时间。尤其是，作为一个涉嫌犯罪的疑犯，他的万言《辞职书》更显得一文不值了。

张吉龙如何实现了战略突围?

中国足坛有个重量级人物，他时隐时现，举重若轻。他是中国足球甩不开的一个影子，但又没有几个人能摸准他仕途的脉搏……尤其在足坛打假扫黑后，他不仅稳如泰山，甚至在国际足坛的地位又被不断加强，他就是被人称为“龙哥”的张吉龙。

2001年9月底，我在沈阳金城宾馆和他有一次长谈。当时，米卢率国家队正在沈阳备战。谈到国家队一些情况，张吉龙还是很乐观的。他对米卢也很认可，当时他说：“实际上，中国足球和日韩差距不像人们想象的那样大，我们和他们的差距，说穿了是心理问题。”又说，“米卢就发现了这个问题，所以他努力营造快乐足球的概念，备战以给球员减压为主，这就等于在心理上治疗国家队。想想看，没有心理负担的话，赛场上正常发挥，我们能见谁怕谁吗？”

当时，社会上有一种普遍的说法，自从张吉龙为“十强赛”抽了上上签，中国队就等于一只脚迈进韩日世界杯门槛了。所以，大家都说，与其说中国足球是踢进世界杯，还不如说是“龙哥”把我们抽进了世界杯。

“这是一种极端说法。”张吉龙解释说，“抽签的程序都是公开的，我们在游戏规则内谋划一切，这符合惯例。如果说我们抽了上上签，那应该感谢日本、韩国，他们是东道主，自动进入决赛。‘十强赛’对手缺少他们，对任何一个国家来说都该是上上签……”

当时的张吉龙，他的主要工作还是一些外事工作，比如过问一下对客队的接待工作、安排中国队在境外的比赛事宜之类。国家队的训练、热身，这都是南勇的事。南勇是中国足球代表团团长，除了督促训练，他在沈阳还要参加各种与“十强赛”有关的社会活动，整天忙得如旋转的陀螺。

2001年10月7日，国家队出线了。当天晚上，沈阳沸腾了。五里河体育场上空礼花绽放，五里河附近所有酒店里的啤酒告罄。来自全国各地的球迷汇入人流里，高喊着口号，挥舞着旗帜，跟着游行队伍奔向市政府广场。

中阿之战终场哨声响起后，在五里河体育场主席台上的阎世铎、南勇、张吉龙和王俊生观望了一下沸腾的赛场，随后稍事休息，便一起来到国家队休息室，看望球员们。

足坛几大巨头聚首，这是难得的场面。尤其王俊生，他是中国职业足球的启蒙者，亲自筹划并启动了职业联赛。阎世铎入主足协后，王俊生出任足管中心党委书记这一“闲职”，他自知身份所限，所以已很少在足坛露面。

在球员休息室，南勇作了简要的开场白，然后请阎世铎讲话。老阎激情四溢：“今天，你们是英雄，是真正改写中国足球历史的英雄！你们应该铭记这个美丽的夜晚，这是历史！中国球迷感谢你们！希望你们以后再接再厉，打好后两场比赛！”

“下面，请俊生讲话……”抒发完自己的情感，阎世铎把王俊生往前推了一下，“这个夜晚，我们最不该忘记的是俊生。中国足球冲进世界杯，这是职业足球发展的必然结果。”

王俊生扫了大家一眼，他显得有点激动：“这一天，我们等了44年，这一天注定载入史册。我们终于冲出亚洲了，我谢谢大家！”

最后讲话的张吉龙。他是低调的人。他说：“中国男足冲进世界杯，这是所有中国足球人努力的结果，也离不开各界人士的大力支持。我还想说的是，今天我们出线了，但这次出线不是靠运气，而是靠中国队自己的实力！我希望在明年世界杯赛场上，你们再给国人一个惊喜！”

2001年的阎世铎和南勇，他们迎来了自己事业的巅峰期。而张吉龙呢？他的仕途如同他的性格，一直稳稳当当地把持着中国足球外事工作龙头老大的位置。即使人们执意认为是他把中国队抽进世界杯，他在公开场合也总是努力回避这个话题。多年的外事工作，多年官场的摸爬滚打，他已养成了宠辱不惊的生活态度。

张吉龙，1952年2月出生在烟台，1975年毕业于北京第二外国语学院。毕业后，他到山东烟台航运公司工作，随后又参军进了济南军区通讯团。1972年，张吉龙转业到国家体委从事外事工作。

张吉龙是1978年进入足协从事外事工作的。此前，他随中国体育教练援外组在尼日利亚工作了三年。2008年，他出任北京奥组委体育部部长，此前亦担任过国际足联2006世界杯组委会委员。

在北京奥组委工作期间，他的工作业绩得到了总局领导的认可。2008年9月，时任足管中心主任的谢亚龙被安排到国家行政学院学习，这等于宣布了谢亚龙下课。而两个月后，即当年11月，张吉龙因在奥组委期间工作出色，被总局任命为足管中心副主任，由原来的副司级变成正司级。

谢亚龙去学习后，总局已经开始考虑接替他的人选，张吉龙也是重要的人选之一。

张吉龙是清醒的。当相关领导因此找他谈话时，他很委婉地拒绝了领导的想法。张吉龙的官方理由也很充分，他强调中国足协外事工作的重要性。他说："明年（2009年）的第28届亚奥理事会很重要。魏继中到年龄了，我们能不能担任亚奥理事会新一届体育运动委员会主席？能不能晋升亚奥理事会执委？这需要做大量工作……"

他又说，中国足球要发展，就应该在国际体坛保持话语权。"我从事外事工作30多年了，结交了许多人，也积累了许多经验，让我放弃这个阵地会是很大的损失。"

张吉龙说的是实情。仅从中国足球来说，张吉龙在亚足联乃至国际足联的地位是无人替代的。可其实张吉龙还有更深层的难言之隐，他不能摆到桌面上和领导说出来——那就是他对中国足坛，尤其国内联赛的失控状态望而生畏。王俊生时代，职业化之初球市火爆，可足球需要的是成绩，王俊生为此下课了；阎世铎和谢亚龙又怎样？张吉龙看得一清二楚。他觉得自己没有能力把持足协内部复杂的关系，更没有扶中国足球大厦之将倾的把握。与其身陷泥潭去拼争，还如守好外事工作这块沃土。

因为足协掌门人几次易主张吉龙都没走到前台，张吉龙受排挤说一直在坊间盛行。不可否认在足协内部，因工作内容和方式的不同，或因其他业务上的分歧，他和另外几位副主席有摩擦，但这不是张吉龙游离于权力核心的根本原因。因为张吉龙自己在主观上没想过去触动这个权力核心。

北京奥运会是举国大事，随着2008年的临近，奥组委不断地充实自己的骨干力量。足协谁去奥组委？最初，南勇是抽调的对象，但后来却变成了张吉龙。颇耐人寻味的是，这种变化跨越阎世铎和谢亚龙两个时代。

2004年雅典奥运会后，足协内部人事变化的传闻一直不断。是年9月下旬，当时最权威的说法是，足协副主席南勇接到调令，要求他前往2008奥运会组委会任职，主要负责足球比赛的组织工作。与他同时离开足协的还有两名中层工作人员，分别是福特宝公司的林卫国和女子部的付玉培……

同时，另一种说法是，早被传言将调到奥组委工作的副主席张吉龙因为在亚足联和国际足联中的特殊地位，他很可能会在足协继续留守……

让人奇怪的是，据说有人已看到了奥组委的这份调令，但随后这个调令就人间蒸发了。翌年，阎世铎下课，谢亚龙上台，奥组委那份调令经过一年多的发酵，忽然变了味道。没人再提南勇去奥组委的事儿了，此时张吉龙浮出水面，他要去奥组委报道的消息闹得满城风雨。

2006年2月17日，张吉龙正式接到北京奥组委的调令。当天晚上，谢亚龙以足协的名义宴请张吉龙，为他送行。南勇、杨一民、薛立等作陪。在饭桌上，谢亚龙对张吉龙的能力给予充分肯定，并欢迎他能常回足协看看。张吉龙显得很从容，他说："我虽暂时离开了，可还是足球人，我忘不了你们，也希望大家别忘记我……"

去奥组委的人选为什么从南勇变成了张吉龙？这必然有从工作经历与经验角度的考虑，但也不排除是因为南勇对足协权力的留恋，以及他为此频繁活动的结果。他知道雅典奥运会后，阎世铎的压力不断加大，走人是早晚的事，如果自己稳坐副主席职位，不排除有"接班"的可能。而一旦离开足协，自己在足坛的一切积淀可能都会化为乌有。

当然，我们也可以想象一下，如果南勇涉嫌犯罪的行为都是在2006年后发生的，他当年不去奥组委的行为，现在看起来无异于"提前自杀"了！

韦、张要携手走过足球外交的沼泽地

南勇、杨一民被警方控制后，韦迪随后上课，他开始为中国足球打扫战场。此时，社会上各种传闻不绝于耳。比如，有人说，谢亚龙、阎世铎也被边控了，甚至传出王俊生、张吉龙在这次反赌扫黑风暴中都不可能幸免于难。

2010 年 1 月 26 日，全国体育局长会议在北京奥体中心召开，国家体育总局局长刘鹏第一次公开谈反赌事件。他说，国务院高度重视反赌，总局在打击足坛丑恶势力方面，绝不手软，要彻底清除毒瘤。

这次会议的新闻人物不是刘鹏，而是新上任的足管中心主任韦迪。韦迪上任后曾公开接受媒体采访。可来到这个会场，还是有许多记者对他围追堵截。韦迪不时向身边记者露出微笑，偶尔也应答两句。直到他坐到席位上，才终于摆脱了记者，享受到一点清净。

另两位受人关注的人物是阎世铎和张吉龙。阎世铎仍在总局训练局局长位置上，而张吉龙从奥组委回到足协后，工作了一段时间，随着南勇一年前出任足管中心主任，张吉龙被调到国际交流中心当主任（正司级）。同时，他还是亚足联第一专职副主席，承担着广州亚运会的外联工作。

韦迪上任后，从工作实情出发，他抽调了一批业务骨干充实到足协的领导班子。足协的中层干部几乎全被撤换。在系列人事变动中，韦迪对张吉龙一直很尊重，并跟他多次接触，了解情况。随着时间的推移，韦迪也确实感到张吉龙是中国足球不可或缺的人物。

中国足球要谋求更大的发展空间，韦迪意识到要携手张吉龙搞好足球外交。

中国足球没有任何与世界足坛抗争的筹码，是名副其实的“弱国无外交”。

张吉龙是中国足球外交界一个标志性的人物，但韩日世界杯后，张吉龙在足协里一直处于被排挤状态。作为足协掌门人，阎世铎和谢亚龙都不重用他。阎、谢时代，杨一民和南勇都介入了足协外事工作；而南勇坐上足协头把交椅后，干脆把张吉龙彻底驱逐出足协，自己披挂上阵，担任亚足联职业联赛特别委员会主席和亚洲展望局主席，俨然成了中国足坛的“外交新星”。

中国足球要生存发展，自身实力是基础，但足球外交工作同样是不能忽视的。

比如在1982年，中国队在主教练苏永舜的率领下冲击西班牙世界杯。由于当时的沙特队故意放水，致使中国与新西兰积分与净胜球均相同，排名科威特之后，并列第二名。为此，中国与新西兰在新加坡加赛一场，胜者进军西班牙。

当时的国际足联主席阿维兰热与国际奥林匹克委员会委员何振梁关系很好。据知情者透露，当时阿维兰热给何振梁打电话，他表达了希望中国晋级西班牙世界杯的意愿，并希望中国以西班牙世界杯为契机，进而提出申办2002年世界杯……

阿维兰热为增加中国队进军西班牙世界杯的安全系数，他暗示何振梁，中国队与新西兰队的加赛，国际足联将委派巴西籍裁判执法。

巴西人阿维兰热是1974年接替英国人劳斯成为国际足联新任主席的。阿维兰热对中国有深厚的感情，而且对中国非常友好。自1975年开始，他对中国进行了多次友好访问，并与当时国家体委球类司的领导李凤楼、赵希武，就恢复中国在国际足联的合法席位问题，进行了多次会谈。

1979年10月3日，国际足联执委会经过表决，恢复中国在国际足联的合法席位。

从大背景上看，1982年1月10日中国队与新西兰队的附加赛，不仅决定着能否踏进世界杯门槛的问题，而且，如果中国队战胜新西兰，也等于为中国在国际足联的合法席位献上了一束鲜花。

让人遗憾的是，在新加坡国家体育场，中国队最后以1∶2再负新西兰，痛失冲出亚洲的良机；而新西兰则成了幸运者，有史以来首次打入世界杯决赛圈。

毫不讳言，这场比赛的巴西籍裁判很关照中国队。比赛前20分钟里，他就甩给新西兰队两张黄牌，对他们凶悍粗野的动作示以警告。只是，中国队没有把握好机会，技不如人，那场失败把中国足球踏进世界杯决赛圈的时间整整推迟了 20 年。

尽管中国与西班牙世界杯无缘，但阿维兰热还是支持中国提出申办 2002 年世界杯。但中国方面考虑到具体国情以及正拟全力申办奥运会，申办世界杯的计划被迫搁浅。

正因为北京奥运会的成功，以及亲身领略了南非世界杯的激情，2010 年 8 月上旬，韦迪公开提出中国要申办 2026 年世界杯。他的这个想法，不但受到国人的嘲讽，也让韩国、日本很不满意。这两个国家提出了申办 2022 年世界杯，但如果中国申办 2026 年世界杯会，这会大大降低他们成功申办 2022 年世界杯的可能性，因为按国际惯例，一个大洲不可能连续承办两届世界杯。

韦迪要申办世界杯的想法绝不是一种冲动，而是从战略眼光来思考中国足球的未来。韦迪入主足协，犹如身陷重围的斗士。他有几种突围方式？除了向国家之队要成绩以及建立踏实的青少年培养机制，再者就是强化中国在国际足坛的地位——以申办为由头，如果申办成功必定会减轻国内足球带给自己的压力，促进其健康良性发展；后来，韦迪也逐渐意识到，即使申办不成功，中国足球人竞选国际足联执委要是成功的话，也是一种收获。

他和张吉龙聊天时了解到，日本足球之所以成为亚洲最强势力，成绩是一方面，但还有一点不容忽视，那就是切实的“外事活动”。比如，日本在财力上大力支持亚足联的各项赛事，也谋到应有的位置，从亚足联竞赛部到职业联赛委员会、以及到国际足联执委，全有日本人的影子。

2010 年 9 月底，国际足联向中国足协发函，确认将由韦迪正式担任 FIFA（国际足联）发展计划委员会委员。对此，韦迪坦言：“这个身份会帮助中国足协更好地跟国际足联沟通，更好地维护中国足球的利益。”

同时，足协副主席薛立取代南勇也成为“亚足联竞赛委员会”委员，另一位副主席于洪臣成为“亚足联特设职业联赛委员会”委员，中国足协综合部的沈睿（女）也成为亚足联纪律委员会委员。

2010 年年底，韦迪越来越重视“国际足联执委”了，推荐谁？他觉得只能是张吉龙。

韦迪决定推荐张吉龙竞选国际足联执委，这着实是一个有胆识的决定。南勇担任足管中心主任期间，挤走张吉龙后，于2009年4月，他把时任总局外联司副司长的林晓华调到足管中心任分管外事工作的副主任，让林成了张吉龙的接班人。

南勇时代的班子结构是这样的：南勇总掌全局，并监管男足国家队和国奥队；薛立主管学校足球、青少部以及综合部、外事部和福特宝公司等；杨一民在主管女足基础上重掌联赛部、技术部和裁判委员会等。林晓华上任之后，将主要分管他长袖善舞的外事工作，为中国足球在国际足坛地缘政治斗争中谋求利益。

林晓华祖籍湖北，生于20世纪60年代。他在体育总局曾经担任过外联司国际交流处处长、中国奥委会秘书处主任，参与过多次国际大赛的申办工作，具有非常丰富的外事工作经验和能力，英语水平也很高。

韦迪知道，林晓华虽具备做好外事工作的潜质，但他从经验与人脉上与张吉龙相比还有很大差距。只有张吉龙出手，中国才有胜算的可能。

10月16日，亚足联主席哈曼利用观看亚青赛决赛间隙会晤了韦迪，他也明确暗示韦迪，中国足协能够派张吉龙参选是最好的选择。

目前，国际足联执委会有24名委员，其中亚足联占4席，分别是国际足联副主席郑梦准、泰国足协主席沃拉维·马库迪、亚足联主席哈曼和日本足协主席小仓纯二。

国际足联执委的任期都是一届，其中郑梦准和哈曼的位置都非常稳固。此外，泰国人马库迪1997年当选国际足联执委，按常理应是去年改选，但由于无人和他竞争，他自动连任，执委身份也将延续到2013年。因此，张吉龙此次竞选，最大的希望就是取代小仓纯二。

小仓纯二已经72岁高龄，这已经违背了亚足联所规定的成员不得超过70岁的年龄规定，明年竞选将不会再连任。日本足协正在着力培养接任者——现任日本足协副主席、52岁的田岛幸三。张吉龙若想成功竞选国际足联执委，就必须要公关日本足协，即让日本足协转而竞选“亚足联副主席（东亚区）”，作为交换，张吉龙则让出“亚足联副主席”的职务。

韦迪在这次“外事活动”中，自称学了不少东西。

早在2010年年初，有消息就传出，东亚区国际足联执委小仓纯二要退休了。当时，这消息并没有引起足协的重视，甚至足协里的某些“新人”尚不知国际足联执委是干什么的。对这个问题的误判，足协主管外事工作的林晓华的“幼稚”便暴露出来，他也没有联想到小仓纯二退休将会给中国足球带来什么。

10月，东亚足联召开会议，当时日本足协主席就小仓纯二退休一事试探中国足协的态度，韦迪还是没有意识到该事的重要性。直到后来亚足联主席哈曼亲自询问韦迪，韦迪才意识到这事的重要性，紧锣密鼓地活动起来。

12月初，韦迪就张吉龙竞选国际足联执委一事正式表态。

他说：“张吉龙从事足球工作30多年，为亚洲足球服务了20多年，是亚足联第一副主席，从资历上来说，他比日本这次推选的田岛具有很大优势，因此中国足协这次做了不少工作，全力以赴支持张吉龙竞选。当然了，日本足协由于对亚洲足球有巨大贡献，因此田岛也有他的优势。”

韦迪对张吉龙竞选持乐观态度。2011年1月的竞选，46个协会参加国际足联执委改选投票，超过半数者就能获胜。韦迪说：“我相信张吉龙的实力，他在亚洲足坛有着深厚的人脉，他会给中国足球带来好运！我在这里也感谢包括亚足联在内的所有关心、支持中国足球的人！”

第八章

沉默韦迪
——救世主还是下一个炮灰？

韦迪入主足协，犹如身陷重围的斗士。他有几种突围方式？除了向国家之队要成绩以及建立踏实的青少年培养机制，再者就是强化中国在国际足坛的地位——申办世界杯。

崔大林再次对韦迪临危授命

确切地说，崔大林是在北京奥运会后不断遭人“暗算”的。奥运会结束了，中国足球颜面扫地，上至中央高层领导，下至普通球迷，统统不满意。当然，国家体育总局局长刘鹏也很闹心。他在奥运会后曾和崔大林就足球问题有一次长谈，表示必须把足球搞上去。怎么搞呢？刘鹏很明确地指令崔大林多抓抓足球。

总局在 2009 年年初要任命南勇出任足管中心主任时，崔大林是赞同的。从对足球业务的熟悉程度以及敬业精神上看，南勇和张吉龙当时是接替谢亚龙的两个合适人选。

但张吉龙已借调奥组委工作，当时奥组委尚未解散，张吉龙也明确表示自己不想出任足管中心主任。而且，从阎世铎到谢亚龙，两人都是从其他中心空降来的干部，两人都失败了，这次总局更倾向于足协新掌门从足协内部产生，于是南勇成了众望所归。

南勇出事后，有人开始把“重用南勇”的责任推到崔大林身上。随后，韦迪接替南勇，巧的是，两人都毕业于沈阳体院。接着，韦迪又让同样毕业于沈阳体院的于洪臣接替杨一民的职务。足坛这一系列让人眼花缭乱的人事变化，很容易让敏感的人想到“帮派”问题，而崔大林也很自然地成为了“靶子”。

韦迪又是“外行”。但韦迪会重蹈阎世铎、谢亚龙的覆辙吗?

2010 年 5 月 25 日中午，我在龙潭湖旁的大宝饭店打通韦迪的电话，确认他在办公室后，便和沈阳球迷协会会长孙长龙、原沈阳东进足球俱乐部老总荐国梁一起去见他。

23 日，我在北京西单图书大厦签售《球事儿 2》，除了忙签售，我也一直在联系韦迪。想见他有两个目的：首先，他上任以来，足坛围绕这个新掌门人喧嚣不断，作为沈阳老乡，我想拜访他并与他交流一下对足球的看法。其次，与我一起去的荐国梁刚刚从沈阳东进足球俱乐部卸任。他闲下来，很闹心。老荐对“中甲”经营有许多想法，我领他见韦迪，也期待老荐一番慷慨陈词后，韦迪能给他一个施展才华的舞台。

韦迪的办公室很宽敞。他的办公桌靠窗，靠后是一排书橱。他给每个人沏了杯茶，然后把自己的大茶杯倒满水，坐在沙发上和我们聊起来。

2010 年 1 月 22 日，国家体育总局召开媒体通气会，正式宣布原水上中心主任韦迪接替南勇，成为足管中心主任与党委书记。

起用韦迪，这的确是崔大林的主意。崔大林与韦迪在沈阳时就很熟悉，他对韦迪务实果敢的工作作风一直很欣赏。韦迪在沈阳体育学院当了 7 年院长，1997 年 3 月调到国家体委任拳击中心主任，两年后，崔大林才出任辽宁省体育局局长。至于崔大林进京出任国家体育总局局长助理，则是 2003 年

11月的事了。

崔大林是为北京奥运会被调入北京的，而不是为拯救中国足球。

足坛出事后，许多人习惯把责任推到崔大林身上。事实上，崔大林真正管足球是北京奥运会后。此前，他的所有精力都放在奥运会那些“使劲项目”上。

所谓“使劲项目”，是指包括举重、柔道、摔跤在内的重竞技项目与水上项目，这两大块儿的产金率，在中国军团每届奥运会的夺金榜上都不少于三分之一。崔大林在辽宁时，辽宁省体育技术运动学院就被称为“金牌工厂”，总局将牵一发而动全身的两大王牌项目交给崔大林，可谓找准了人。

最初，总局想把备受国人关注的排球项目也交给崔大林，理由是，辽宁省在国家排球队有5名球员（张越红、杨昊、刘亚男、王一梅、楚金玲），包括国家队的陪练都来自辽宁。但经慎重考虑，崔大林选择了放弃，他说：“我最后推了，总局就把排球给别人了。”

从辽宁到北京，崔大林都被戏称为“业务局长”。刘鹏局长以前没搞过体育，每逢重大比赛、涉及纯专业的业务问题，必找崔大林。甚至在国际奥委会来京检查的重大外事活动中，崔大林也每每被推上前台。

北京奥运会开幕前，国际奥委会委派要员来京检查奥运场馆的前期准备工作，这种检查十分严格，一点纰漏都不能出，而且必须由国家体育总局指派相应级别的官员面对面汇报。派谁？怎么说？刘鹏点名让崔大林上。当时，崔大林的对外职务仅是“国家体育总局局长助理”，总局工作人员习惯称他为“崔助理”。

面对国际奥委会官员，崔大林先从国外著名的体育场馆讲起，阿根廷首都布宜诺斯艾利斯的体育场多大？意大利首都罗马的体育场、朝鲜首都平壤的体育场占地面积有多少？鸟巢在世界各大体育场馆中排第几？鸟巢的座位、采光、通风、消防及其他附属设备能达到什么水准？

崔大林口才一直很好，这次他完全脱稿陈述，表达流利严谨，富于逻辑性，很多他掌握的资料连国际奥委会的信息库都没有。“你们居然有这样的人才！”国际奥委会官员发出感慨，鸟巢验收也顺利过关。

不久，崔大林由国家体育总局局长助理升任为国家体育总局副局长。

崔大林每逢大赛总是把可能面临的困难讲足讲透，而且反复讲，有时能把别人都听得压抑，甚至失去信心。北京奥运会前，崔大林一开会就满嘴的“困难”，尤其总拿出一系列数据表明中国体育与美国、俄罗斯存在巨大差距，中国虽然是东道主，但能进前三就已经殊为不易了……结果，北京奥运会中国体育健儿勇夺 51 金。

在中国体育界，从综合业务素质来说，恐怕没人能取代崔大林。

从辽宁来到北京工作后，崔大林与韦迪接触多了起来。作为水上中心主任，韦迪在任期间，中国水上项目取得了历史性的突破：在 2004 年雅典奥运会上，皮划艇选手孟关良、杨文军首次为中国水上军团夺得金牌，殷剑也在雅典获得了一枚银牌，中国水上运动取得了 1 金 1 银的好成绩。在 2008 年北京奥运会上，水上项目一共夺得 3 金 1 银 1 铜。其中，唐宾、金紫薇、奚爱华和张杨杨勇夺女子四人双桨金牌，殷剑获得女子帆板冠军，雅典奥运会冠军孟关良和杨文军也在男子 500 米双人划艇项目中成功卫冕。

实际上，韦迪入主足协，一年前就有先兆。2008 年 9 月，谢亚龙以去国家行政学院学习的名义，暂离开足协。12 月初，鉴于中国足球在奥运会上的窘境，总局领导开始酝酿给足协配备新干部，当时韦迪就是重点考虑的对象。当时总局也找韦迪谈话了，但遭到韦迪的委婉拒绝。一个月后，南勇被任命为足球管理中心主任。

山不转水转。韦迪没想到一年后，他还是转到了足协。

韦迪上任前，崔大林和他有一次深入谈话。韦迪来足协顾虑重重。首先他对足球不熟悉，其次在足坛打假扫黑热潮中，足协几乎被连窝端了。将来的工作怎么做？自己究竟能不能做好？当然，韦迪的顾虑还在于，自己在水上中心披金挂银，但要在足球上取得成绩谈何容易？况且，一旦搞砸了，自己的一世英名也要毁在足球上。

崔大林给韦迪吃定心丸。崔大林的观点是，大乱才能大治。他说："从目前看，足协工作的确是烂摊子，但随着警方侦查的深入，足协注定要脱胎换骨，这等于是一次难得的机会。崔大林当时也承诺，自己从总局副局长职位上退下来后，争取被选上足协主席。韦迪知道崔大林对足球很熟悉，当他听到崔大林要来管足球，终于摆脱了重重顾虑。

韦迪踌躇满志地履新了。他说，刚到足协上任那些日子，自己每天平均只睡三四个小时，大多数时间都在抓紧补课，了解和足球相关的各方面情况。当然，他还认真看了我的《球事儿》和李承鹏等人写的《中国足球内幕》。"不看不知道，一看真的吓了一大跳……"韦迪笑着和我们谈当初的感受。

2010 年 1 月下旬，中国足坛有两股潮流汹涌澎湃。一是随着南勇、杨一民等人被警方拘捕，许多媒体又开始对足坛打假扫黑进入臆想阶段，各种猜测、杜撰、创作的"扫黑文学"铺天盖地；二是随着韦迪空降足协，各路神仙施展拳脚，一起围攻韦迪。

1 月 23 日，我写了篇文章声援韦迪。

韦迪上任另有玄机　先别急着乱棍打死

可以说，中国警方令人振奋地完成了足坛反赌打假这一战役。我的意思是，反赌到现在，上限抓到足协领导这一层面，这已是巨大突破。南勇以及杨一民被警方协助调查，也不排除还有曾经的副主席协助调查……足够了，我们也不能太贪婪。再有比副主席还高的官被协助调查，那是我们偏得。更何况，随着南、杨、贾的协助调查，注定还会有国家（际）级裁判、知名教练、俱乐部老总们纷纷被协助调查——打扫战场的任务是烦琐和艰巨的，我们相信警察，就把这任务交给他们吧！

眼下，中国足球要两手抓，警察这只手抓了也硬了，剩下就看足协这只手了！

足协怎么办？日前，韦迪空降足协，人们在思维的惯性里去质疑他，这很正常！毕竟事实已经证明，足协主席一茬茬地割，一茬茬地长，最后长出的不是庄稼，而是稗草。韦迪不被质疑那就怪了！但我觉得，在打假扫黑大背景下看韦迪上任，如果我们能发现其中的玄机，就能理解总局这一任命行为也是正常的。

有人说这么快任命韦迪是个错误，恰恰相反，我倒觉得这决策在程序上说是正确的。韦迪火速上任，至少说明总局意识到南杨二人问题严重性，如南杨二人覆水难收，在足代会是为选出新任主席的前提下，总局不肯让足管中心群龙无首（这成语用在这儿，有点侮辱龙了），韦迪在体制和程序上不能不出现！

再有，韦迪究竟是内行还是外行？至少现在讨论这个问题为时尚早，况且，搞中国足球，绝不是简单内行和外行来决定成败的。阎谢是外行，没搞好；南勇是内行，又能怎样？内行和外行不重要，重要的是这个领导是否尊重职业足球规律，身边是否有真懂足球的内行辅佐他。刘亚楼对飞机一点不了解，他却成了空军司令；肖劲光可能连军舰都没做过，也当上海军司令……中国就是这样，对一个成功的领导来说，业务不是最重要的！

更何况，韦迪所司职务的性质和南勇、谢亚龙、阎世铎乃至王俊生有很大不同。韦迪的前几任都是足协专职副主席，也就是说他们职位之上有个不管事儿的“足协主席”。而新任足协班子是否还设立专职副主席，这是一个悬念。但可以肯定的是，即使足代会上韦迪出任专职副主席，他也不会像前几任一样全面抓足协工作，因为足代会产生的新主席绝不会再是空壳，最有希望出任足协主席的崔大林，他才应该是中国足球真正的掌门人。

我在为《球事儿》调查采访时了解到一个细节，1992 年春，王俊生和崔大林等人去欧洲考察。在回国的飞机上，崔大林起草了两万多字的“关于中国足球实行职业发展的方案”。后来，这个方案成为当年红山口会议启动职业足球的蓝本。从专业足球到职业足球，崔大林是难得的见证人，也是筹划者。从这一点上说，假如他真出任足协主席，他是绝对的内行。但话又说回来，即使是内行，但崔大林要想成功，即使有天时地利，他仍任重道远！

崔大林假如出任足协主席，他最应该感谢的是中国警察。这个道理很简单，警方打假扫黑硕果累累，这在客观上为新任足协掌门人整肃了足坛不堪入目的大环境。剩下的，就要看崔大林自己怎么做了？怎么做？我赞同黄健翔的观点，崔大林最应该解决好人的问题，尤其足协内部人的问题。足协里都是什么人？这个问题每个人都能准确抢答……如何重组足协内部的干部结构，如何寻找到优秀人才经营国家之队？我想崔大林应该最挠头！

解决了人的问题，经营和管理体制问题更是无法回避。可以肯定，中国足球走职业化之路没有错，错就错在我们的职业足球不是以市场为杠杆，科学合理地去经营管理，而是挂着职业化的羊头，贩卖着专业足球管理的狗肉。比如，想靠足球赚钱，就打着足协的招牌去招摇撞骗；想控制人权财权，就拿起足球管理中心的招牌发布行政命令……这一点，有个经典的例子可以诠释中国足球“两块牌子”的玄机。2004年，张海、徐明、张曙光、罗宁等人扯起G7大旗向足协夺权造反，阎世铎走投无路时，顿时不把自己当成足协主席了，而是戴上足管中心的面具向领导求救。这个中心隶属国家体育总局，总局不可能坐视火烧眉毛，他们以行政手段责令G7造反派们所在省市体育局长“擒贼救驾”，最后成功招安、瓦解了G7。

足协怎么办？李承鹏说得好，中国足球乱象不是人的腐败，是制度腐败。足协要让人看到希望，在考虑到国情的前提下，足协应该下放中超的经营权和管理权。中超公司的职责和使命可考虑重新界定。联赛的电视转播权、赞助商赞助费用以及门票、场地广告等市场开发项目，最大受益者应该是俱乐部，而中超公司应该成为中超各家俱乐部利益的代表者，而不是足协下属的一个部门。

再有，在唯利是图的经营模式下，青少年足球培养工作也是重中之重。足协每年把主抓青少年足球挂在嘴边，却未见任何实际行动。由于联赛的污浊不堪，加之基层教练为维持生计只能随波逐流贪污腐败，让大多数有天赋的孩子不得不放弃自己的梦想。沈阳、大连、青岛这样的人才输出城市，早些年，每个城市平均拥有形成规模的足球学校不下20余家，如今尚不足六七家。况且，青少年足球腐败也不容忽视，要想踢球必须层层送钱。据了解，一个有能力的孩子，从最初培养到踢上中超主力，保守估计也需花上60万～80万元的人情费。踢球成了奢侈的职业、富人的游戏时，中国足球的前途在哪里？

可见，在警方强有力打击足坛假丑恶的同时，足协新的领导班子同样面临着巨大考验。他们现在或即将说些什么，这不重要，重要的是他们会做些什么？受历史经验教训的警示，我们可以质疑他们、怀疑他们、责难他们……这都是可以理解的，但如果在他们一把火还没有烧时就别有用心地把崔大林、韦迪等乱棍打死，这显然会犯经验主义错误！

我不否认这篇文章有一定的感情因素，但至少我是努力用辩证法来看问题。

多年来，足协的名声越来越臭，人们已习惯用怀疑甚至否定的目光来看待一切。南勇和杨一民两位副主席被批捕后，韦迪横空出世，他自然会成为愤怒的人群在惯性中信手捕捉的猎物。他享用那些明枪暗箭也就在所难免了。

我和韦迪这次闲聊中，最后提到足协到底放不放权问题。

“权力一定要下放，中超公司要彻底改造……”韦迪说，“不但中超，也包括中甲。荐（国梁）总刚才也说了运作中甲的一些思路，想法是很超前的。我今天可以当你们面表个态，荐总你把自己的想法形成文字，如果论证可行，中甲经营公司我就外包给你，足协以后不能把什么都搂在自己怀里了。中甲可以外包，时机成熟的话，中超同样可以……”

"校园足球是不是也可以外包？"我笑着问。因为和韦迪谈话时，他提到校园足球。他说，校园足球这块儿，一年投了4000多万，一点动静没有，等于用钱打水漂了。韦迪听我问起校园足球，他说："谁有能力承包校园足球，足协指定大力支持，给钱给政策。"说到这他叹口气，"只是，社会上还有多少能为足球干点实事的人？对我来手，现在缺的就是人才啊！"

蔚少辉没抓住韦迪给他的救赎机会

韦迪接过来的摊子究竟有多乱？他1月23日上任，而中超联赛计划3月20日开幕。问题的关键是，许多足坛人士纷纷落网，中超涉赌球队还有多少？今年的中超到底是16支球队参赛还是14支？甚至更少？

再有，东亚四强赛2月6日将在日本东京举行。这是韦迪上任后中国足球遇到的第一个大赛，中国男女国家队都要参加这项比赛，比赛会是啥结果？韦迪也不敢预测。

除了相关赛事，韦迪面临的最大问题是整肃足协这支队伍。

尽管2月14日，高洪波率领的国家队以3战2胜1平积7分的不败战绩夺取了本届东亚四强赛的冠军，但韦迪还是笑不出来。南勇、杨一民、张健强等人进去了，足坛协助调查的人数还在不断增多。足协内部，许多人也被列入警方调查对象。其中，蔚少辉、李冬生等人多次被传"失踪"。怎么办？韦迪感到很挠头。

2月底，崔大林与公安部相关部门碰面了解到一些情况，足协内部许多中层干部是"危险的"，许多人随时可能被警方带走。崔大林随后向刘鹏局长作了汇报，本着惩前毖后、治病救人的想法，总局决定在全局范围内召开一次反腐倡廉大会，然后针对足协具体情况，派驻工作组到足协。

3月1日上午，国家体育总局领导小组下设办公室成员组成的总局工作组进驻足管中心，对中国足协全体工作人员进行教育整顿。

工作组由14人组成，其中包括办公室主任崔大林和副主任吴齐，总局党委领导和纪检、检察、人事司领导，以及足管中心的4名主任韦迪、于洪臣、林晓华、薛立。

整顿工作从2月26日到3月底分三个阶段进行，即动员部署阶段、教育整顿阶段、阶段性小结阶段。教育整顿首先是总局工作组与足管中心工作人员进行面对面的沟通交流，然后组织大家按照教、查、揭、批、纠5个步骤进行工作。

许多人认为整顿工作是走形式，可谁又知道其中善良的玄机？

在不干涉正常案件的前提下，体育总局和警方已达成一种默契，那就是在这次整顿的过程中，主动交代问题的人员可以获得从轻处理。所谓“从轻处理”，包含两层含义：一是涉及某个案件的人员如果主动交代问题，可获得诸如保释等从轻处罚；二是指非某专案涉及的嫌疑人，如在整顿中主动交代问题，情节不是特别严重的，可依照足协纪律处罚条例处理，免于刑事处罚。

显然，许多人低估了这次整顿的良苦用心。

3月1日上午，工作组在足协大楼内开始行动了。足协的七、八两层楼设立会谈室，工作组化整为零，分兵把守，逐一接待谈话者。

“请放心，组织上会为你保密，也会为你负责。”

这是足协每个工作人员接受谈话前听到的第一句话。可是，组织苦口婆心，却没人相信组织，几十号人过完筛子，没人举报别人的问题。有人交代点鸡毛蒜皮的事，比如收过几条烟，或过年收到多大红包之类，实质的一点没有。

工作组谈话只用了两三天时间，剩下的日子是足协内部自省自查。工作照常，但每个人有问题可随时找工作组。这样的日子又持续20多天，工作组一无所获。

韦迪决定主动出击了。他首先找蔚少辉谈话。

蔚少辉是颇有传奇色彩的人物。他父亲蔚继统曾任吉林省体委主任、国家体育总局训练局局长等职。20世纪80年代和90年代，中国体育多次出征奥运会、亚运会的代表团，蔚继统都是代表团副团长。20世纪80年代初他也担任过国足领队，震惊足坛的“5·19”事件发生时，那届国家队的领队也是蔚继统。

蔚少辉生于1959年8月6日。他生性豪爽，为人放荡不羁。因为很有感召力，人送绰号“蔚司令”，也有人喜欢叫他蔚四，圈里人叫他四哥。

2006年年底，已被边缘化的蔚少辉被谢亚龙重新起用，由副处级升为正处级，在足协的轮岗竞聘中也被谢亚龙提拔为国家队领队。在不到两年的时间内，蔚少辉经历了国家队从朱广沪到福拉多再到杜伊的过渡。而这也是国家队最为混乱的时期。

蔚少辉是性情中人，许多人都很喜欢他那种敢爱敢恨的性格。

2008年6月，国家队客场征战世界杯预选赛期间，蔚少辉在休息室带领国足全体队员高喊：“杜伊——”“SB！”而站在一旁的中国足协领导谢亚龙对此没有任何反应。

从朱广沪时代开始，蔚少辉因为“光头”而出名，但他的工作作风备受外界争议。在公开场合，他曾经主动“爆料”，评价国家队主力后卫李玮峰“智商低”：“我说他在球场上智商低，你可以说这就是我蔚少辉说的。”

蔚少辉虽然敢做敢当，可他在工作组进驻足协后，还是没拍着胸脯站出来。

韦迪两次找蔚少辉谈话。第一次是在东亚四强赛之前。当时，韦迪名义上是了解一下国家队的备战情况，但也委婉地谈到足坛反赌打黑的一些情况。当时蔚少辉只表示为南勇和杨一民被拘捕感到遗憾，至于自身问题，蔚少辉只字未提。

2010年3月底，韦迪和蔚少辉第二次谈话。蔚少辉之后，他又找了李冬生。

3月中旬，陆俊和黄俊杰已被辽宁警方带走。韦迪开诚布公地跟两个人说：“靠侥幸是过不了关的。警方行动没有停止，而是在不断深入……”韦迪说，“你们敢说自己没有问题吗？有了问题，现在就主动找组织交代，这是你们最好的出路，抓不住这个机会，等于放弃自我救赎，后果是什么？

你们应该最清楚……”

蔚少辉还继续挺着，李冬生也抱着侥幸心理，最终他们失去了机会。

足协重组后引出的一个未遂骗局

2010年4月6日，足协召开全体会议，韦迪正式通报了内部组织架构调整方案，足协原有的联赛部、青少部、综合部、技术部、女子部、外事部、国家男足办公室、国奥办公室、校园足球9个部门，被整合为7个部门。其中，综合部、外事部、技术部3个专职部门被保留，其他6个部门拆分合并为4个部门，分别为职业足球发展和监管部、竞赛部、国家队管理部、青少年和社会足球发展部。

调整后的7大部门将由现任的4名足管中心主任分管，目前已有初步意向。韦迪将亲自主抓国管部，重点提高国字号足球水平；于洪臣主管职业足球发展和监管部、技术部；薛立、林晓华将分管青少部及外事部等。

7日，根据总局对足协提出的“用新人、走新路、树新风、开新篇”的指示精神，韦迪公布了足协的6名中层干部，即马成全（联赛部主任）、李冬生（技术部主任）、蔚少辉（国家男足领队）、朱和元（青少部主任）、冯剑明（学校足球办公室副主任）、郭辉（女子部副主任）暂停工作，去党校“充电”3个月。

面对外界的各种猜测，韦迪有自己的看法。

他说：“我们这么做，一为保护干部；二是分清权责、理清架构；三是解决管办不分、政企不分的问题。无论是足协中层去党校学习，还是结构调整，都是反腐教育整顿工作的一部分。足协进行反腐倡廉教育整治工作，5个步骤分别为教、查、揭、批、纠，前几个阶段都搞得不错。最后一个‘纠’就包括进行必要的人员调整。这应该说是在保护干部，因为在一些敏感、责权较大的岗位上担任职务时间过长，也容易出现问题。这种调整在其他领域已被证明行之有效。”

4月19日上午，足协又发生重大人事变动。在足协全体大会上，韦迪宣布了总局对足协中层的任命：杨新利任技术部主任，戚军任竞赛部主任，曹景伟任国家队管理部主任，郭涛任综合部主任，孙哲东任青少年和社会足球发展部主任。另外，原足协中层王彬任外事部主任，刘殿秋任职业足球发展和监管部主任。

随后，韦迪再次宣布：不仅6名离岗去党校学习的中层干部被解聘，在职的其他足协中层干部也被提前解约。被解聘的中层干部将仍然享有原来的待遇，足协将在一年内针对中层岗位启动竞聘，包括6名去党校学习的中层在内，所有足协官员都可以参加竞聘。

足协内部调整尘埃落定，一个未遂的骗局悄悄拉开了帷幕。

6月初的一天上午，沈阳市足协秘书长范广会接到了一通电话。“你好啊！我是中国足协综合办公室的郭涛。”

郭涛是刚刚被任命的足协综合部主任，他原是北体大竞技体育学院副院长。

范广会虽然是老足球圈里人，但对刚履新的郭涛并不熟悉。范广会很客气地接着电话，原来郭涛是想烦请范秘书长联系沈阳东进足球队老板王进基。范广会深知王进基老板平时公务烦琐，便温和婉拒。可他放下电话不久，郭涛再次致电，说是领导有事相当急切，还望行个方便。范广会也是通情达理之人，听说足协领导有急事，他便建议郭涛联系东进俱乐部刚刚上任的常务副总经理孙长龙。

“那好吧，你把我电话给他，让他给我打过来。”郭涛一口官腔。

范广会联系到孙长龙后，孙长龙怎敢怠慢，他马上给郭涛回电。电话里，郭涛并未开门见山地索要王进基的联系方式，而是关心起俱乐部来：“今年‘中甲’开幕式是你们搞的，反响很不错啊！沈阳东进成绩可好？经营情况如何？工作中有没有困难啊？”

孙长龙出任东进俱乐部常务副总经理时间不久，这可是头一回向中国足协的领导汇报工作啊！孙长龙赶紧清清喉咙，字正腔圆地回应领导的提问，他有点受宠若惊。

寒暄一阵，郭涛说出了自己的真正用意，他说中国足球管理中心副主任于洪臣希望联系上王进基，要孙长龙记下于洪臣的座机电话，让王老板得空给于洪臣回个电话。

于洪臣毕业于沈阳体院，毕业后即到国家体育总局群体司负责业余训练和青少年工作。2003年，于洪臣所在的部门业务被并入竞体司，他也从群体司调入竞体司，后担任竞体司二处处长。随着南勇、杨一民在打假扫黑风暴中落网，在韦迪的推荐下，国家体育总局最终敲定于洪臣担任足球运动管理中心副主任。2010年2月26日，于洪臣出任中超公司董事长。

郭涛最后在电话里漫不经心地问孙长龙："王老板跟于副主任以前认识吗？"孙长龙说："不熟，好像只见过一次面……"

当日中午，沈阳东进俱乐部老板王进基拨通了于洪臣的电话。

王进基放下电话后有些愤怒。电话里，于洪臣明目张胆地以幼稚的借口向王进基索要30万元人民币。王进基愤怒了一会儿，又觉得不对劲儿，现在不在打假扫黑吗？于洪臣是足协新领导，他怎么敢在此时如此放肆地勒索基层俱乐部？

王进基给孙长龙打电话，让他确认一下于洪臣的身份。

孙长龙找相熟的记者要来于洪臣的手机，拨了过去。"我没找过王董事长啊？有什么事吗？"于洪臣在电话那头问。孙长龙把事情的来龙去脉说了一遍，于洪臣气愤地说："这是骗子！指定是骗子。这事儿不是第一回了，上次在武汉有发生过类似事件……"

这个插曲颇令人寻味。骗子为什么此时设局？原因不外乎两个方面：一是足协内部大动荡给了骗子机会，遍地新人，满眼是新面孔，在一些不法之徒看来，浑水摸鱼，能骗则骗。那些基层俱乐部，哪个老板敬畏权势，真甩出个几十万，这岂不是偏得？

再有，这也不排除是原足协内部既得利益者干的，这样做的目的不是出于骗钱，而是通过糟蹋足协新领导班子的名声来发泄自己的愤懑……毕竟，韦迪颠覆了自王俊生时代以来足协相对稳定的班子，中层权力被革命性地重新分配了，这注定要损害许多人的既得利益。这意味着韦迪面临的困难除了千疮百孔的足坛现状，还要与多年来足协内部形成的各个利益集团暗战。

世界杯后抛出的强硬施政纲领

南非世界杯什么味道？喧嚣。寂寥。残酷。

许多人注定要在这个夏天和南非世界杯发生关系。中国球迷面向南非，贪婪享受着足球盛宴；韦迪和崔大林也起程去南非观摩赛事；而在沈阳，据知情者透露，羁押中的南勇、杨一民等人在规定时间内，也看到了世界杯某些场地的赛事。

颇耐人寻味的是，南非世界杯还吸引了另一位特殊的人物，那就是即将被执行死刑的原重庆司法局局长文强。他也是个球迷，2008 年 2 月中旬，东亚四强赛在重庆举行，时任重庆市公安局常务副局长的文强曾多次到现场指挥安保工作。2 月 17 日，中国对韩国的比赛，文强还兴致勃勃地坐在主席台上，而离他不远的地方坐的是谢亚龙、南勇、杨一民等人。

时间是残酷的。到了 2010 年 7 月，南勇和杨一民被关押在沈阳；谢亚龙虽端坐在中体产业董事长的龙椅上，也难免为自己的命运惴惴不安；而文强呢？到了 2010 年 7 月 5 日，他的生命已经开始用小时计算了。

7 月 4 日 9 时 10 分起，文强和民警就前一晚德国与阿根廷的世界杯四强争夺赛进行了半小时的交流，他对德国大比分战胜阿根廷这样的传统足球强队感到不可思议，认为有赌球之嫌。5 日，文强还提出观看央视《豪门盛宴》的要求，并与民警交流了对比赛的看法。

7 月 6 日 15 时 45 分，重庆市公安局局长王立军来到监室与文强会面，16 时 35 分离去。之后文强情绪较好。晚饭吃了 3 个蒸蛋，餐后吃梨。晚上，文强希望民警把频道调至中央电视台体育频道，继续看世界杯。7 日凌晨，是荷兰与乌拉圭的半决赛……

7月7日9时05分，押解文强的车队抵达重庆市歌乐山上的某刑场，该刑场位于接近山巅的一个小山头。不到10分钟，文强的死刑即执行完毕。

世界杯还在继续。

在关注世界杯的国人里，韦迪的精神压力可能是最大的。他第一次去南非是6月6日，在那里参加了亚足联大会以及国际足联大会，观看了世界杯开幕式、揭幕战以及6场小组赛。6月16日回国。7月3日，韦迪再度奔赴南非，观看淘汰赛一直到决赛。

韦迪是中国体坛叱咤风云的人物，但这却是他人生中第一次现场观看世界杯。

世界杯赛给韦迪的冲击很大。世界顶尖球队云集南非，全世界球迷享受着足球的快乐，而中国足球却正处于水深火热之中，怎么办？韦迪上任伊始，喊出"5年内重返亚洲一流，争取打进2014年巴西世界杯决赛圈"的口号。这是韦迪在上任之初为中国足球提出的目标。

从南非回来后，韦迪觉得自己当初的口号并不是"大跃进"。他承认，以中国足球现状来看，打进2014年世界杯决赛圈的把握不大。可人做事需要有个目标，在他看来，奔这个目标去，即使没有达到，到时也会为中国足球打下一个良好的基础。

在本届世界杯赛开幕之前，国际足联给亚足联下发通知，表示原本定于今年10月开打的巴西世界杯亚洲区预选赛时间延后至明年10月。这意味着中国足协多出了一年的准备时间，要想获得前往巴西的参赛资格，这300多天的重要性是可想而知的！

7月17日，足协在秦皇岛足球学校召开了中国足球运动管理中心工作会议。韦迪梳理好自己的思路后，在这次会议上提出了自己明晰的施政纲领。

新华社高级记者杨明多年来一直关注中国足球。2001年年初，由陈培德和宋卫平掀起的反赌风暴中，杨明也一直冲在最前线。韦迪上任后，给予了他很大的信任，秦皇岛的这次会议，韦迪特意邀请他参加。

杨明回忆起这次会议时说，韦迪的发言底气很足。这也是他上任以来，最强势的一次，全面阐述了自己对中国足球的理解。中国足球如何发展？韦迪在职业联赛、国字号队伍建设和青少年人才培养三方面，抛出了一系列“革命性”的新主张。

会议的前一天，即16日晚7时，秦皇岛足校的会议室里坐满了足管中心人员，包括去党校学习的“六君子”。全体人员面容严峻，手机关闭，不准吸烟。新改组的7个部门中层领导要进行工作汇报。每人只给15分钟发言，还剩两分钟时，韦迪会考官般地给予提醒。

经历了反腐打假的洗礼，谁都不敢怠慢和疏忽，但是，韦迪依然不满意。他的开场白很强硬：“大家的工作汇报水平参差不齐，有的罗列了几十条，没有重点；有的表述不清，归纳能力不强。下面，我讲讲足管中心的工作思路和下一步工作重点。我希望大家有不同观点当面提，不要背后嘀咕。”

接下来，他用了90分钟阐述了上任以来最全面的一次施政宣言。提到当前的形势和任务时，韦迪说：“难得的历史机遇为中国足球创造了快速发展的历史可能。去年10月开始的中国足球反腐风暴，使长期以来假、赌、黑严重的中国足坛发展环境得到优化，重塑中国足球形象成为当前足球发展的主旋律。这是提高中国足球水平难得的特殊历史机遇，是谁也无法阻挡的历史选择。和则共进，拒则必离！

“我希望大家统一认识。足球事业发展需解决的问题很多，足球整体水平提高尚需时日，不和谐的声音在中心依然存在，观望彷徨者依然存在，我们必须要同心同德，允许工作中有失误，但不允许不努力工作。”

在谈到近期主要工作时，韦迪明确指出：首先要彻底摈弃“以联赛为本”的工作思路，坚定树立“推进足球职业化进程，推进青少年足球发展，提高国字号队伍水平这三者协调发展”的工作思路。

韦迪发言中最令人振奋的话是有关中国足协管办不分的旧机制终于行将作古。他说：“我们要抓紧组建职业足球联赛管理公司，落实现代企业制度，实现‘政企分开、管办分离’。现在，我们正在积极推进这件事，已经请了一些法律专家对此进行风险评估。这个设想今年联赛结束后就要启动，明年开始实施。总局已经下了决心。”

会后，韦迪又就此点补充说：“目前，公司的具体名字还没有确定。今后，职业联赛要公司化运作，成立中超委员会，董事长要面对全社会选聘，不能内部指定。以后，足管中心和足协的官员不能兼任这个公司的董事长，即使这个人真从足协产生，也要和足协断绝一切关系。要按照公司法，聘用职业经理人，赛事运作团队和商务推广团队都外聘，按照现代企业制度运营，靠制度和政策管理。中国足协当然也不能撒手不管，比如，选派裁判的工作就不能放。最近，有些媒体报道职业联赛管理公司会整体外包，这是不可能的。”

在谈到足管中心近期联赛工作重点时，他提出了三方面：

第一，抓紧《准入标准》和《监管办法》的制定。目前，已经修改了15稿了，最终文件要尽快出台。

第二，组建职业足球联赛管理公司，落实现代企业制度，实现管办分离、政企分开。

第三，引导规范俱乐部建设，努力解决三缺失问题，即：严格管理的缺失；科学训练的缺失；思想道德教育的缺失。

韦迪表示，足管中心对职业足球的工作任务有三个：

1. 搭建联赛竞赛平台；
2. 完善规则规范；
3. 实施日常监管。

韦迪说：“这三条每一项都不容易，最后一个最难。所以，必须要做到坚持职业化发展道路不动摇；足球职业化管理方式从传统的行政管理模式向宏观化政策管理过渡；足球职业化管理要尊重市场规律和足球项目发展规律。”

韦迪关于摈弃“以联赛为本”的提议引起会议室内一阵骚动，这是韦迪“7月变法”的核心主张。“我知道有不少人对此想不通，但我坚持我的观点。足管中心和足协的许多工作搞不好，都和一切工作围绕联赛转有关。”他说。

他认为国字号队伍的整体滑坡主要出于以下10点原因：

1. 以“联赛为本”的认识使中心主体工作发生偏移；
2. 原本拥有的体制优势却弃置不用；
3. 中心管理层对足球项目规律的认识与把握存在明显差距；
4. 在人员组织上明显不足，少数人管多数人看，完全没有团队支撑；
5. 国字号队伍训练粗放，质量低下；
6. 国家队教练遴选使用问题较多；
7. 技术支持基本空白；
8. 国家队技术发展路线摇摆不定；
9. 国家队每年集中时间极为有限；
10. 国家队赛事安排太少且不合理。

韦迪指出，由于以往过于强调联赛的重要性，造成足管中心大多数人的工作都被烦琐的联赛事务牵扯住，天天忙得焦头烂额，而国家队建设和青少年培养的工作几乎没有人抓，每支队伍只有3个人参与管理，致使国家队的训练、科研、后勤保障等方面出现严重问题。他举例说：“德国队在南非世界杯的配备科研团队多达30人，中国男足目前只有1人。国足连台治疗用的超声波仪器都没有，比其他体育项目的配备落后了20年。我们的科研技术支持还是空白，技术部连我们对手的录像都没有，还要找中央电视台借，这怎么行！”

在经过大量调研后，他提出了加强国家队建设的10条建议：

1. 迅速组建复合型国家队工作团队；

2. 迅速建立国家队保障支持系统（信息、科研、医疗、康复、评价）；

3. 启动国家队建设5年计划、10年规划的设计工作；

4. 适时确立国家队技术路线风格、注意抓好各级国家队的训练衔接；

5. 抓好国家队教练员的培训提高，不断提高执教水平；

6. 适时启动外教的遴选工作；

7. 加强与各省市体育部门的合作，求得各地的支持，尤其是女足发展方面；

8. 加强各级梯队的建设与衔接，做到可持续提高；

9. 积极研发训练评价手段与方法，提高训练质量；

10. 注重队风建设，树立国家队新形象。

关于青少年培养，韦迪说，青少年足球发展的关键在于撬动出口，他准备于今年内启动青少年足球的留学计划。

韦迪把青少年足球分为三大块：

1. 校园足球（草根足球、中学、大学）；

2. 专业足球；

3. 职业足球。

他提出青少年足球的发展关键在于撬动出口，出口不畅使青少年足球的发展难有新局面。要下决心推动大学生联赛、重启有业余队参加的足协杯赛、大企业联赛、青少年联赛等。他认为足球是城市运动，在推动青少年足球发展的工作中，应坚持向重点城市倾斜、向重点学校倾斜的工作思路，加快青少年足球的发展。

谈到发展校园足球时，他说要以发展足球人口、促进健康为目的，兼顾发现具有天赋的足球人才。对于6到13岁的孩子来说，要以普及兴趣的游戏为主，以增进身心健康为目的，以班级、年级、校际活动为主。中学及大学足球要以推动各级、各类比赛的方式展开，以校际、城际和全国性赛事为形式发展，有些赛事可以与央视、教育部大学生体育联合会等单位共同合作。

他认为，专业青少年人才的培养，要积极与各省市体育管理部门合作，多形式推动专业人才链的建设。

第一，设计合理的竞赛年龄限制，比如，全运会：男子U 20、U 18、女子乙组U 18；城运会：男子U 18、U 16。

第二，加大教练员的培训力度，提高训练质量。

第三，专门设计专业青少年各类赛事，努力实现各队全年20到30场赛事，推动其运动水平的提高。

第四，积极调研、及时总结不同形式的专业青少年训练效果（体校、足校、重点校、传统校等），积极与各省市体育部门合作，探索新时期专业青少年人才培养的有效形式。

第五，大力抓好国少、国青队伍的建设，引导全国专业青少年人才的培养。

第六，启动足球留学计划。

讲到青少年留学，韦迪说："这事不能再拖了，现在许多国内外企业都主动找上门，愿意帮助我们送孩子出国踢球。我们要发动社会各界力量，多形式、多渠道力争每年送百名孩子出国学球，今年一定要成行！"

可以说，南非世界杯之后，许多人还沉浸在兴奋之中，再加上一提到足协，人们联想到的就是还有谁会被带走"协助调查"，足协的秦皇岛会议的性质被人忽视了。许多媒体宁可去追南勇的存款、陆俊的情妇，或者撒些怨气辱骂一下足协，他们的目光都不肯落在2010年7月的秦皇岛。

客观上说，韦迪在秦皇岛会议抛出的施政纲领是有突破性的。尤其是体制改革、青少年培养等话题，多年来一直是外界抨击足协的关键所在。如果媒体对秦皇岛会议保持着当初关注韦迪上任时的热情，一起研究探讨足协改制话题，这除了能很好地监督韦迪落实自己的设想，也等于为中国足球的生存和发展做点实事。遗憾的是，此时的媒体宁可编造和南勇、陆俊们有关的假新闻，也不愿去给韦迪的新政号脉！

第九章

少帅蔡振华
——不怕死的都是好汉

蔡振华分管足球后第一次现场观战，结果国奥队与日本队首战惨败，韦迪满脸愁云，蔡振华却神色轻松，还不时和韦迪说笑，搞得韦迪心里七上八下。

世界杯功臣落马引出的谜团

蔡振华是江苏无锡人。他 1979 年进入中国国家乒乓球队。1981—1985 年连续三届以主力队员身份代表中国参加世乒赛。后出任中国乒乓球队总教练，兼任国家体育总局乒羽中心乒乓部主任等职务。2007 年 4 月成为国家体育总局副局长、党组成员。

南非世界杯后，崔大林从总局副局长职位上退了下来，局长刘鹏找他谈话，要让他分管足球。蔡振华清楚，自己分管足球不会再像以前的分管领导一样只是简单过问，而是要切实地深入下去监督和决策。尤其足代会后，自己还要出任足协主席，这一职务也不会像当年袁伟民担任足协主席一样，挂个名头不管实事儿。蔡振华知道自己担子很重，足球影响力很大，但足球远远没有乒乓球那样容易驾驭。尤其足坛反赌以来，足协高层干部纷纷落网，这让蔡振华更加意识到足坛工作的艰巨与复杂性。

2010年9月下旬，韦迪开始习惯性地向蔡振华汇报工作。进入10月，蔡振华刚要沉下心来思考一下足球问题，没想到足坛的打假扫黑又起波澜。

10月中旬，上海足坛忽然发生地震，许多人不由自主跟着摇摆起来。有消息称，前国脚申思、祁宏以及小李明等人被警方带到沈阳协助调查；随后，又有人信誓旦旦，前申花老总楼世芳失踪多日，许多人给他打电话、发短信，都没反馈的音讯。有人说，楼世芳也疑似被警方带到了沈阳。

谢亚龙、蔚少辉等人被警方带走后，人们纷纷猜测谢亚龙案还会牵扯出谁？尤其蔚少辉进去后，有人觉得国家队的许多黑幕可能要被揭开。打假扫黑以来，还没有国家队教练、国脚涉案，而在中国足坛混乱的大环境里，国家队怎么会是反赌打黑的净土？

申思、祁宏被传出事，似乎印证了人们的某种预感。

他们因何被带走？许多人推测申花曾经的将帅出事，乃是源于2003年甲A的冠军争夺战。

2003甲A最后一轮，上海国际主场不敌天津，这使得天津因宝贵的3分保级成功；同日在深圳赛区，申花客场惨败给深圳队，但却最终夺冠了。输球夺冠，这一度成为外界热议的焦点。当时，楼世芳是申花的老总，他完全可因此受到牵连。

那么，七年前的甲A赛场究竟发生了什么？

申思、祁宏等人被传已接受警方调查时，我接到李承鹏的电话。他激动地说："可能就是2003年那场球！当年我就喊出那是假球，绝对的假球！为这场球，我提前三天飞到上海去卧底，摸到许多情况……咋样？不是不报，时间没到，终于出事了吧！"

中国足球一直缺少酣畅淋漓的胜利，但从不缺少让人瞠目结舌的经典假球。

让我们顺着李承鹏的思路，回忆一下 2003 年 11 月 30 日这天发生的一切吧！

深圳人民体育场，在李毅们干净利落地以 4∶1 拿下申花后，申花队员已经套上金色的冠军服，开始在体育场内象征性地庆祝。吴金贵举起奖杯，用力地抿着嘴，掩饰着内心的狂喜。在他身边，卞军们不断躲避着看台上深圳球迷扔下来的水瓶和杂物，纷乱中随着几万人“水货”的齐声高呼而升级。新科冠军不得不极速逃回休息室，张玉宁一瘸一拐落在后面，险些和拥上来的球迷发生肢体冲突。

与此同时，上海八万人体育场内，为球队打进最后一个进球的王云哭着奔向休息室。教练席上呆坐着的王国林若有所思地扔掉还有好长一截的“万宝路”。他的坐椅下面，同样的烟头几乎有三十多个。

如果有税务或者审计部门在那年的 12 月 1 日突击检查几家俱乐部的账目，相信一定会发现一些这样的记录，或者已经支出却说不清合理的用途，或者已经列为收入却搞不清楚来路，甚至还有已经在账面上支出了却装箱另放的现金。这些“灰色账目”是如何流通的，几乎已经成谜，但这些账目的总金额却可以估算，约有 1，200 万元人民币。

在 11 月 30 日之前，有各路人等，抱着总额多达 1, 200 万元的人民币，在中国大江南北末路狂奔。

实际上这天晚上，无法入睡的不只是上海国际老板徐泽宪，暗夜里有很多人穿梭着在活动：一名 A 姓队员找到自己在队中最要好的队友 L 姓队员，说某队承诺如果次日比赛放水的话，就会给 300 万，当晚可先付一半现金即 150 万。队友 L 坚持要 350 万，而且当晚全部交割，因为——“这种关键时候还不赚钱，以后就没机会了，如果只付一半，对手达到目的后不兑现承诺，我们是没有办法的。”一个小时后 L 又反过来策反一开始做他工作的队友 A：“不如我们反着打，中间人虽然只答应 300 万，但是今晚就现金交付。”A 坚决不干（因为事实上这时他已收了别人的钱，只不过瞒着 L），所以 A 另找他人合作，而 L 也迅速找到了新合伙人。

这直接导致在第二天的比赛中，一支球队里出现两种战术状况，消极怠工的和拼命进攻的。可笑的是，那个前夜，成耀东深夜3点还在屋子里像个第二天要郊游的小学生般兴奋，他以为自己职业生涯的第一个冠军马上就要出现了，他甚至想好了在发布会上要说的话。“我什么都不缺，就缺一个联赛冠军！”

11月30日比赛开始前，八万人体育场，很多人都在互相追问：“有诺基亚手机吗？有多带的诺基亚电池吗？”这样发问，是因为上海广播电台、东方广播电台将以“时空连线”的形式直播申花和深圳的比赛进程，只有诺基亚新款手机可以收听到电台直播；由此而发生的一个奇妙景象是：全场2万名观众中，1/5的人在耳朵里塞着耳机。在这样一个时空交错的下午，中国电信业的普及率之高、手段之先进在末代甲A的足球场上得到淋漓尽致的印证。

第6分钟时，广播那边传来深圳队李毅攻入上海申花一球的消息。上海人是感恩戴德的，顿时，“李毅！李毅！救国际！”在八万人体育场渐渐响起。第6分钟，这是一个让国际的人心动不已的时刻。大家认为，国际队战胜泰达是意料之中的事情，冠军像捏在手掌里的指纹那样现实。

然而，那天在八万人眼皮底下打进第一个球的是天津人张烁，那是第42分钟，没有队员能够清晰地回忆起那个进球发生的过程，除了国际队门将江津。“我看见两个中卫都倒地了，我很孤立，想去扑救却无能为力。”混战中失分，这是国际队员赛后唯一的总结。

张烁的进球像一根鱼刺卡入了观众的喉咙，八万人体育场上空的歌声骤然停止，没有人想象过天津泰达先进球的情况，另外一边深圳队还领先的一个进球也不那么重要了。徐泽宪猛地脱下那件灰色大衣，成耀东捏着红色秒表看时间，王国林玩命地猛吸“万宝路”……“没事的，不会出事的。”徐泽宪后来倚着休息室的门对记者自信地说。他一生多少次都反败为胜，但他应该发现，他的球队有两个主力球员，动作僵硬，线路死板，根本没有发挥出平时的水准。

第80分钟，天津队卢彦进球——那记轻飘飘的吊射在空中划出生动的弧线，就像心脏停止跳动的病人，心电图上突然跳出生命的曲线。江津头天晚上还在上海金茂87层对我说："我什么都不缺，就缺一个联赛冠军了。"但这次出击让他作为球员的最后一个梦想破灭了。

那之后，郑智进球，4：0。即便是这样的消息传来，徐泽宪的双目也已经失神。赛前他甚至和成耀东、王国林领唱了"前进！前进！前进进"，但他清楚得很，他人生中第二场自卫反击战就这样将以失败告终。时任天津泰达老总的张义峰曾经用"死人"来形容自己被力帆逼平后的困境，但现在形势逆转——天津人已经用几天几夜来习惯自己的死亡，上海人却在1秒钟之内就看到一个幽灵掠过。

佩特为申花打进一球，多少能让申花找回一点体面。1∶4固然难看，但冠军还是到手了。最终上海申花排名第一，上海国际排名第二……

在末代甲A这场闹剧里，夺冠的上海申花与保级的天津泰达是最大的赢家。上海国际队虽然与冠军失之交臂，但他们却没有像许多人预想的那样跳出来闹事。他们这样做的原因不外乎有二，首先上海国际在末代甲A中有违法乱纪的把柄被人掌握着，闹事的话难免引火烧身；再有，上海国际队中涉嫌放水的球员不论是个人行为还是集体行为，此事一旦被求证，对俱乐部是致命打击。因此，在上海足球大局面前，徐泽宪只能把打掉的牙咽下去。

当然，在上海申花夺冠的路上，辽宁队也担当过阻击手。

2003年的甲A联赛打到第28轮时，上海申花客场对阵北京国安，而上海国际主场对阵当时的辽宁队。当时的形势是，国际队只比申花队少1分，如果申花输球，国际队赢下辽足，那么国际队就会反超申花2分掌握夺冠的主动权。

最终的结果，申花队客场1∶2输给了北京国安，上海国际队主场1∶3输给了当时的辽足。

当年辽足的这场胜利，不仅让自己进一步巩固了积分优势，确保进入中超，同时也成功地“帮助”上海申花阻击了上海国际。

这场比赛之后，爆出了“申花俱乐部给辽足发奖金”的传闻，而且价码达到了160万人民币。坊间的说法是，当年辽足俱乐部的一位Z姓高层与申花相关人士在赛前有过直接接触，并达成协议。当时，一旅行包的现金出现在辽足下榻的宾馆时，一个没见过“世面”的辽足工作人员说：“我当时就傻眼了……真给钱啊？”

有人欢喜有人愁。末代甲A这场闹剧的受害者是谁？是重庆力帆！

因为天津队保级成功，从积分来看，重庆力帆要降级了。后来，重庆力帆老板尹明善承认，最后一轮比赛前，他们得到信息，说是天津方面买通了上海国际的多名球员，末轮肯定能拿下国际。比赛前两天，也有中间人找到重庆力帆，表示出400万可以搞定国际球员，后来这个价格又降到280万，但力帆并没有应允。

等到30日比赛时，重庆方面看到天津半场领先国际的局面，慌了手脚。此时，中间人又打来电话，表示出300万还有机会。可力帆接电话的人还没等向老板汇报，中间人又再次打来电话，表示已经没有了余地……

据有关人士称，当时天津给出的价码很高，国际几位大将从天津那边拿到了高达600万的酬劳。天津保级成功了，俱乐部老板张义峰赛后到休息室看望球员。当时休息室里欢声笑语，张义峰也情不自禁地和球员们说：“别太高兴了，你们真以为是靠自己保的级？”

天津泰达靠谁保的级？上海申花靠谁夺的冠？这的确是个玄妙的话题。

南勇、杨一民、陆俊等人被抓后，有人以推理的方式开始寻找这场闹剧的幕后黑手。

比如，早在2009年那封举报南勇的匿名信中，特意描述了南勇与天津泰达老板之间的关系。那么，与上海申花一直关系密切的南勇，他在2003年11月30日坐在上海八万人体育场时，也不能排除是为两个球队“保驾护航”的。

有知情人更大胆地推理，上海国际队为什么放水？玄机可能来自足协高层。比如，上海国际队里的申思和祁宏等都是南勇的红人。两人跟随南勇踢了十强赛，经历了沈阳出线之夜，2002年又去了韩国……他们的工作，不排除是南勇亲自做的！

当然，再缜密的逻辑推理也不是事实。末代甲A的闹剧何时才能揭开面纱？有多少黑手伸进过赛场？要得到真实的答案，或许要等到足坛系列窝案尘埃落定之后。

最现实的是，申思、祁宏涉案后，联想到此前的南勇、吕锋等人，人们很容易顺便想到当年的国家队，也就是米卢那支曾带给中国辉煌的国家队。

的确，国脚涉嫌假球基本都界定在各自的俱乐部队。但从打假扫黑的范围来说，国家队也不该被排除在外。而以牺牲国家利益换取个人利益，这种行为更会让球迷觉得不可饶恕。

比如米卢的国家队在2001年10月7日那场球，多年来人们一直在议论它的清白。中国足球是在那个夜晚冲进世界杯的，可那个夜晚隐含了多少肮脏？

国家队主场对阿曼，从实力上说，国家队赢对手三四个球不该成问题，但10月7日晚上，国家队仅以1:0小胜对手。这个比分与赛前许多人猜想的一样。有人说，这场球被澳门赌博集团操纵了，他们通过几个国脚，把这场比赛定位成“小球取胜”，即只许赢一个球……据知情人透露，是役，没压球的国脚也就两三个人，其他参与压球的，多则赚了三四百万，少则百八十万。

拼争在浅水区的一代绿茵蛟龙

广州亚运会让足坛打假扫黑又沉寂下来，但亚运会闭幕两天后，即2010年11月29日，在重庆进行的乙级联赛决赛中，郝海东率天津松江队成功冲甲。这一历史时刻刚过不到20分钟，郝海东掩面而泣的图片在新浪微博上已迅速走红。许多人为郝海东喝彩，也有人探究郝海东落泪的原因。曾叱咤绿茵的郝海东一直给人以硬汉印象。即使当年国家队在沈阳冲进世界杯，范志毅痛哭流涕，却没有人看到郝海东落泪。

韩日世界杯后，米卢那届国家队里的许多国脚都沉寂了。球迷们回味他们，也惦念他们。但时间的熔炉打造着形形色色的人生，诸如申思、祁宏等，他们以“协助调查”的方式重新返回人们的视线；李宵鹏以执鞭女足唤起人们的记忆……但还有一种人，他们忍受着寂寥，默默地深入基层，为足球卧薪尝胆，诸如郝海东。

郝海东是中国足球的一面旗帜。他有精湛的球技，也有着趋于完美的职业素养。2007 年 4 月 30 日，37 岁的郝海东将自己的事业目光投向了足球管理，他被天津松江足球俱乐部聘为总经理。张效瑞、韩金铭等昔日天津籍名将也先后加盟教练组，但此前三年的乙级联赛中，郝海东的球队都没能冲进“中甲”。

在此次重庆乙级联赛决赛中，另一个冲进“中甲”的球队是郝海东曾经的队友、前国脚李明率领的大连阿尔滨队。这两个人都经历了 2001 年的“十强赛”。郝海东是米卢手里的致命武器，关键时必有一用；而李明却不讨米卢喜欢，踢完“十强赛”后，他再没能挤进国家队征战世界杯的阵容。

不论郝海东还是李明，他们当年大红大紫的程度都远不如申思、祁宏。但多年后，他们各自的人生轨迹既让人感到生活的残酷，又能体味到命运的公平。

郝海东有两件事曾给我留下了深刻印象。

2001 年 9 月 7 日，国家队客场迎战卡塔尔队。这场比赛郝海东因伤没有上场。比赛开始时，他一直坐在教练席上，右手托着下巴，密切观察着场上的风吹草动。

这场比赛米卢排出了一个很怪的阵容。比如他让谢晖与曲波担任前锋。当时，我和许多记者在场地内看着首发名单议论纷纷。这两个人都是冲击型前锋，前场控球能力不是最出色的，况且两个人也没有配合记录，这场球有点危险！

卡塔尔以一球领先后，开始收缩着踢了。中国队频频前压，显得很焦躁，可不但没找到破门机会，还让对手打了几次反击……此时，我清晰地看到郝海东站起来了，他用右手打着教练席的棚檐，又看了一会后，他几大步跨出去，一只手不停地向场内挥舞，嘴里大声喊叫着。

我当时想，郝海东是急了，他的举止完全像是国家队的主教练，而稳坐在教练席里的主教练米卢仿佛更像队医——只有在场上出现伤员时，他的屁股才离开教练席。

直到第88分钟，李玮峰进球后，郝海东激动得用手狠狠砸了一下头顶上的棚檐，双手举出一个欢呼动作，然后一屁股坐下来，等待着裁判终场的哨声。

如果说多哈赛场外郝海东的冲动体现了一种责任意识，那么国家队出线后，在沈阳五里河体育场的庆功会上，郝海东则把自己的率性也充分表达了出来。

当时的著名玉女歌星杨钰莹也参加了那次庆功晚会。娇小的杨钰莹一身束腰晚礼服，长发披肩，头顶一个精美华贵的皇冠。她出场时，五里河体育场欢声雷动。当她唱起《让我轻轻地告诉你》时，许多人陶醉在美妙的旋律中不能自拔……

国家队功臣们近水楼台。杨钰莹歌声刚刚落下，手捧鲜花的郝海东就走了上去。杨钰莹见势微笑着迎上一步，接过了郝海东的鲜花，然后两个人默契地来了个拥抱。这时郝海东又扭回身，俯身在杨钰莹额头亲了一下。杨钰莹笑了，她对着话筒说："谢谢郝海东，你是英雄，也一直是我的偶像……"

郝海东的这个举动是有原因的。原来，国脚们听说杨钰莹要唱歌，李铁、邵佳一等就怂恿郝海东："你要敢抱住杨钰莹，再亲一口，我们几个给你两万……"两万啊？郝海东撇嘴，嫌少。李铁几个人就开始加价……最后加到8万。

事后，郝海东说，我不是为钱冲上去的，打赌较上劲了，那是面子问题，我必须要上去。

当他率天津松江冲甲成功后，谈到九年前那次经历，郝海东笑着说："可别跟我提'赌'字啊，听着就脑袋疼。现在警察到处抓赌徒，你们一说我'玩赌'，弄不好警察会把我再请回沈阳去。"

郝海东对足坛打假反黑风暴也很了解。他说，上网，看报纸，我挺留意这些事的，毕竟都和足球有关，还和我过去的领导、队友之类的有关，能不知道吗？

"说实话，我敢说我是最干净的球员，我问心无愧。我要不干净，能踢这么多年球吗？我今天能很踏实地站在球场上吗？现在我不踢了，当了管理者，我心里有鬼的话，能管理好我的俱乐部？"

为什么有这么多足球人违法乱纪？郝海东认为，这纯粹是环境害了人。整个足球行业都被污染了。他说，早些年我在八一队时，许多东西我就看不惯，比如抽烟喝酒，我们是职业球员，总做对身体有害的事，这太愚蠢了吧！

郝海东话匣子一打开，也爆出一点猛料。"我当球员时，曾有人找过我，我只要帮他们做几场球，就能拿 3,000 万。可给我三个亿我也不能干，换句话说，我敢干吗？"他说，那时经常遇到这样的事：比赛刚打完，有人就偷摸着告诉他，这场球有假球……甚至，某场关键比赛还没开始，就有人说出了比分，他比赛之后会发现：说得还真准。

郝海东一直是足协的抨击者。他说："我最痛恨我们有些足球管理者，动不动就要求队员们在场上去拼，要有血性，要玩命。他们认为成绩不好，就是因为队员没有血性，不拼命。如果这些就能解决问题，还要踢球的人干吗？干脆直接找 11 个特种兵。这些人只是以长官意志做事情，官大的决定每天怎么练，练什么，练多少，而不是由懂足球的来决定。他们说，体育项目一通百通，真是这样的吗？事物的发展规律是相通的，可不同的运动怎么可能相通。在中国，我们这些足球人是该有一些发言权的，我们有 30 年的积累，可最后连讲话的权利都没有。"

郝海东性格直率，敢说敢做，一直有"郝大炮"的绰号。

2001 年 5 月，米卢正带国家队备战"十强赛"，郝海东却公开对国内媒体表达了对米卢的不满，认为他在训练态度和科学性上存在问题，中国队整体实力不进反退，冲击韩日世界杯的前程堪忧。

他这一炮放得连南勇都不舒服。他找郝海东谈话，首先问："海东，报纸上那些话真是你说的？还是记者瞎编的？"郝海东承认是自己说的。南勇说，现在我们的主要任务就是备战，你作为老队员，此时说这话是不应该的，以后一定要注意点……

米卢知道这事后也很气愤，他私下表示"不会再召郝回国家队"。可当时，郝海东的地位是没人能动摇的，他是国内第一前锋，不让他进国家队？别说冲击世界杯失去保险系数，球迷能答应吗？

后来，南勇再次出面，他先分别找米卢和郝海东谈话，在他们之间交换意见。然后觉得时机成熟了，就让两个人坐下来，把话说开。两个人最终在大局面前把手握在一起，郝海东也被圈进备战"十强赛"的主力阵容。

郝海东另一次轰动的"炮声"是在北京奥运会期间。

当时，国奥队表现得让人失望。郝海东说，国奥队现在的境遇是正常的，期待他们小组出线才是不正常的心态。这是一支啥样的球队？它曾有两个主帅，福拉多和杜伊，半斤八两，谁指挥谁？我看他们俩谁都不是主教练，球队的主教练是足协，他们决定谁是主力，谁是替补，甚至换人都他们说了算……

国奥队彻底被淘汰后，谢亚龙成了舆论和球迷围攻的对象。当时，郝海东又发了一顿感慨：当足协主席是挨骂的职务，可为了足球，如果需要我，我也愿意去当这个主席。如果我去，凭我对足球的理解和我对足球的心，我愿意发展青少年足球，我愿意做足球推广，我愿意让足球在中国更加兴旺，形象更加正面。

中国职业球员中，像郝海东、李明这样的曾经国脚，他们享受鲜花和荣誉之后，能把足球当成神圣的事业，并甘愿让梦想从乙级队重新起步，他们是值得尊重的！

当然，还有些知名球员，他们深入基层，在艰苦的环境下创办了不同规模的足校，这既成了他们谋生的手段，也成为维系他们足球理想的纽带。

这些人可能真懂得，中国足球的真正危机不是眼下有多少人被抓进去，而是多年后，中国足球后备人才的严重断档……

有资料显示：

巴西人口近2亿，在全国设有6个赛区，以圣保罗州为例，该州人口约7,000万，拥有各级别球队约200支，平均35万人拥有1支球队。

阿根廷人口约4,000万，拥有各级联赛球队60个并有正规的城市联赛，有的城市同时拥有数支球队，这样粗略估计，76个阿根廷主要城市球队加上联赛球队，总数量应不低于120支，大约平均33万人拥有一支球队。

德国人口8,300万，联赛设置为甲级、乙级、地区级（南、北）、州级以及青年联赛，大约有球队300支，平均每27万人拥有一支球队。

意大利人口6,000万，联赛分为甲级、乙级、丙级、丁级，由高到低，越往下球队越多，总数约有300支，平均20万人拥有一支球队。

非洲各国的相关数据不多，但非洲各国在欧洲顶级和二级联赛中踢球的球员约有1,000人，在世界各国联赛中效力的球员更是多得无法估计，这足以说明非洲国家有相当丰富的球员储备，所以单从职业球员的数量上看，非洲各国的足球人口比例应该是很高的。以埃及为例，人口7,500万，登记在册的球员为5万人，注册的俱乐部608支，抛去其中400支比较业余的球队，平均36万人拥有一支球队。

韩国人口5,000万，常规联赛球队46支，但其注册球员有35万人，按1/100的比例计算，其中3,500人可以进行比较系统的职业、半职业比赛。他们可以组成约120支球队，这样韩国平均41万人拥有一支球队。

日本人口1.28亿，拥有职业球队48支，注册球员85万，以和韩国同样的方式计算，日本有283支球队可以参加经常性的比赛，那么日本每45万人拥有一支球队。

中国人口13亿，拥有职业半职业球队40～50支，注册球员3万人，按比较高的比例计算，1/10的人可以参加经常性的比赛，可以组成约100支球队，中国人平均1,300万人拥有一支球队。

统计数字是枯燥的，可它却传递着一种力量。

中国足球职业化以来，它不仅为监狱输送了一大批贪官，同时，急功近利的职业足球运作模式，也彻底摧毁了青少年足球培育体系。

2010年12月初，我和辽沈足坛的元老王德忠有一次长谈。讲到青少年足球培养，他说："中国足球的生死存亡，不是谁来当足协领导，谁来了都抓国家队成绩。最可怕的是，再过五六年，国家队想再抽人都难了，现在还有多少孩子踢球？"

的确，以沈阳为例，20世纪90年代，沈阳有两所著名的足球学校，即高丰文足球学校和庄毅办的毅志足球学校。当时，两所足校都有很多孩子在踢球。可眼下，高丰文足校已变成养老院，毅志足校也早已人去楼空……

王德忠说，现在不仅足协不重视青少年足球，那么多中超、"中甲"俱乐部又有几个重视梯队培养的？"年初那段时间，围绕着足球是否搞举国体制争论不休，我当时觉得（崔）大林的想法没错，一线队要坚定不移走职业化道路，而青少年培养的体系应重归地方。没有行政手段，单靠市场调节，我们的后备人才会越来越少。"

王德忠曾在辽足和沈足俱乐部做过副总，他对足球仍保持着浓厚的热情。"我喜欢这项运动，也离不开足球了，所以我才决定搞个乙级俱乐部，从基础抓起。"

王德忠搞的乙级俱乐部叫辽宁朝阳东北虎足球俱乐部。

这个俱乐部里还有一个曾经显赫的人物：张玉宁。王德忠是这家俱乐部的老总，而张玉宁是俱乐部副总。

辽宁朝阳东北虎队是一支以辽足梯队为骨干，招募其他省市球员拼接而成的小乙级俱乐部。这支球队平时使用的比赛训练场地由朝阳市体育局负责提供。王德忠说："我这次让张玉宁过来试试，一是负责经营，二是主抓竞训。张玉宁这个年龄组的、科班出身的优秀足球运动员，走上俱乐部领导岗位的实在是太少了，张玉宁应该尝试新的发展方向。他是球员出身，了解球员，场上谁行谁不行，他比外人看得准！"

张玉宁再次出山，让许多人领略到他的变化。俱乐部成立那天，沈阳大批记者拥入辽宁省朝阳市。张玉宁一改过去沉闷的性格，他主动和记者搭讪，然后自嘲："大家都知道，我过去处事很低调，不喜欢和人沟通。现在我角色改变了，我需要自我调整。"

有人问他，你虽然是副总，但听说俱乐部有意让你在比赛里踢半场球，哪怕站几十分钟也行，因为球迷想看到你在球场上。听到这话，张玉宁笑着说："年龄不饶人，如果没有体测的话，我琢磨我和郝海东这把年纪的，也可以上去踢几脚的……"

像所有球员一样，张玉宁同样能感到岁月的残酷。他成名于 20 世纪 90 年代末，但随着新千年的到来，张玉宁的命运出现了一次重大的转折。2000 年 4 月，张玉宁因驾车发生车祸，致使同车的队友曲乐恒终身瘫痪。随后，张家与曲家打起了马拉松官司，最后张玉宁被判赔偿 234 万元人民币。

耗时四年的官司，这对"中国最有价值的前锋"张玉宁来说，身心都遭受了很大的伤害。2003 年，张玉宁以 490 万的标价转会上海申花。是年，上海申花在末代甲 A 中获得那次有争议的冠军。此后，张玉宁状态不太稳定，后到澳大利亚寻求发展。2007 年返回中国。

赋闲两年后，2009 年 7 月，张玉宁出任温州明日足球队的主教练。后来，张玉宁发现这个球队运作极不规范，他与合作方摩擦不断，最终执教三轮就闪电下课。

张玉宁虽然做了乙级俱乐部的副总，但他心中还是有着自己的梦想。他说："我不可能重返赛场了，但在我的俱乐部里，我能培养出一两个未来之星，我就满足了。"

张玉宁也承认："现在足球大环境的确不如过去，但瘦死的骆驼比马大，辽沈大地踢球素质好的孩子还是有的，如果我能培养出一个能踢世界杯的明星来，我这辈子就够了！”

张玉宁的世界杯情结还是来自2002年。当年，米卢在圈定去韩日世界杯的大名单时，弃用了李明和张玉宁。这在当时引起很大争议。两个人“十强赛”一直在踢，实力也被球迷认可，但他们最后却出局了。

世界杯？提起这三个字，张玉宁注定会想到2002年，想到那个神奇的教练米卢……但世界杯绝不仅仅给张玉宁一个人带来酸楚的回忆，它时刻都牵扯着中国足球人最脆弱的那根神经。

布帅入主国奥时足坛的喧嚣依旧

米卢走后，阿里·汉、杜伊、福拉多都没有成为中国足球的救命稻草。难道真的是外籍教练水土不服？或者说我们根本没有请来高水平教练？在2010年12月，随着布拉泽维奇的到来，这个疑问似乎被揭开了谜底。

是月，国家体育总局副局长蔡振华开始正式参与足协的重大决策。此前，他只是听取一下关于足球的工作汇报，或观摩一下足球比赛。12月初，蔡振华面临的第一个问题就是为国奥队选帅拍板。

南非世界杯后，韦迪已叮嘱足管中心副主任于洪臣启动选帅程序。2011年6月，伦敦奥运会亚洲区足球预选赛即将打响，在有限的时间内如何选择高水平的外教？当时，韦迪思路很明确，为了保证新外教的质量，选帅可优先从在中国执教的外教中选择。

韦迪的这个想法是借鉴了篮球的经验。中国男篮主帅邓华德曾是上海东方男篮主教练。而在中国足坛执教的外教中，克罗地亚籍教练布拉泽维奇成为国足主帅的第一号人选。

1982年，布拉泽维奇作为萨格勒布迪纳摩队主教练，首次率队夺得南斯拉夫足球联赛冠军。1994年年初，布拉泽维奇出任克罗地亚国家队主教练。1996年率队成功打入欧锦赛八强，1998年取得法国世界杯季军。

2001 年，布拉泽维奇执鞭伊朗队，但在世界杯预选赛的附加赛上，伊朗队惜败于爱尔兰队，最终无缘世界杯。来中国前，他最后的一次执教是带领波黑队冲击 2010 年南非世界杯，但球队在欧洲区预选赛附加赛中遭到淘汰。

2009 年 12 月 9 日，因为足坛陷入打假扫黑的热潮之中，布拉泽维奇与上海申花签约的消息被人们忽视了。布帅执教申花还不满一年，2010 年 12 月 1 日，中国球迷还在猜测 2018 和 2022 世界杯花落谁家时，克罗地亚的《早报》刊载了一条重磅消息。在该消息中，布拉泽维奇说："大约 15 天前我接到了（中方的）邀请，前天一早，我儿子以我的名义答应了这份邀请，但我也提出了我的条件。"布拉泽维奇还表示："这对我来说是个巨大的挑战，但更是我职业生涯的一顶桂冠。我很快会去北京，洽谈合同的细节问题。"

韦迪启动本次选帅之初，他在第一时间向蔡振华作了汇报。当时，蔡振华明确支持聘请外教，但他强调一点，聘请外教应该有两个使命，一是完成球队的硬性指标，二是带出一支过硬的中方教练组。于洪臣是本次选帅的全权代表。他在与布帅谈判时，就任期、目标、年薪、中方助手等事项多次与布帅磋商，终于亚运会后敲定了双方协议的条款。

于洪臣说，布帅将拿到的是一份短期合同，而国奥在明年伦敦奥运会预选赛上的成绩，将成为合同中的硬性指标。明年 6 月，国奥队将首先进行两回合淘汰赛，胜出才能参加随后的 12 强厮杀。

足协此次选择布拉泽维奇，尽管把明年国奥队在奥运会亚洲区预选赛的成绩当成"硬性指标"，但这个指标限定的可能只是他的薪水。因此很多人认为，足协对布帅的使用不会是短期行为，也就是说，即使奥运会亚洲区预选赛失利，如果布帅调教球队的方式得到一致认可，他不排除会接手高洪波的国家队。种种迹象表明，冲击巴西世界杯的国家队主帅一定是个外籍教练，而布帅牵手国奥后，他无疑是近水楼台。

这也兑现了 2010 年年初崔大林的想法，那就是高洪波应该是临时国足主帅，南非世界杯后，足协将聘请高水平外教执鞭国家队，然后出发踏上冲击巴西世界杯的征途。

足协与布帅的合作模式酷似当年与杜伊的合作。杜伊被设计的命运是：他如果能调教好国奥队，那么北京奥运会后他就会正式接手国家队。遗憾的是，杜伊在北京奥运会前就被撵走，高洪波组成了国家队的“临时内阁”。

据了解，如果布拉泽维奇最终进入国奥，他将成为中国足球历史上年薪最高的外籍主教练。历任主教练中，施拉普纳完全是赞助商出资；霍顿年薪只 8 万英镑；米卢的年薪是 25 万美元；阿里·汉虽然成绩最差，但身价却涨到 35 万欧元；杜伊和福拉多两人累计薪水为 40 万美元。

中国足球就这样又迎来了一个历史时刻。12 月 11 日，布拉泽维奇特意换上了一件红色的中国唐装出席了与足协的签约发布会。黎兵也到了现场。足协为布拉泽维奇选了一圈儿助手，最后选择了历史比较清白的黎兵。可许多人觉得，坐在会场上的黎兵沉稳、木然，他倒像是一个 73 岁的“老人”，而布拉泽维奇却激情四射。

布帅在现场的一句话让很多人难忘，他说：“也许你们都不知道自己的国家是多么伟大吧？”他说中国伟大，令许多人觉得汗颜。中国是伟大，中国足球却是猥琐……为摆脱这种尴尬境地，人们不能不对布拉泽维奇寄予期望。

他的使命是带领国奥队打入伦敦奥运会，布拉泽维奇说：“我知道这不是一件很容易的工作，但你们中国人曾经说过，只要有 1% 的希望就要做 99% 的努力。我相信我们的希望不仅仅是 1%，而且我们会付出 100% 的努力。”

事实上，如果布帅无法把国奥领进伦敦奥运会，只要他执教期间球队面貌有较大改观的话，他也会继续被足协聘用。放下国奥的担子，他将领衔国家队踏上冲击巴西世界杯的征程。

布帅没忘了与媒体拉近距离。他说自己从不拒绝媒体的批评，因为自己不是一个完人，需要媒体监督。他说：“我也很清楚记者的作用，我可以给你们作出解释，我们都是一起为公众服务。没有公众和支持者，我们本身就没有存在的意义。你们就是这些观众的灵魂，其实公众也会在你们的指引下作出反应，所以在今后我们为取得成绩走出的每一步，我都会向你们保持透明。”

布拉泽维奇亮相后，他接下来的首要任务就是遴选球员了。从布帅上任到国奥2011年第一场奥运会亚洲区预选赛，只剩下不到200天的时间，布帅将如何安排自己的时间呢？

这是足协为布帅安排的时间表：

按照合同，布拉泽维奇两年时间里至少拥有三次假期。圣诞节假期之后，布拉泽维奇最快开始工作的时间应是2011年1月初。接下来，布拉泽维奇首先需要重新挑选球员。“我需要两个月左右的时间完成这个任务。”布帅表示。换言之，终极版的中国国奥队最早将于2011年3月初成型。按照原定计划，国奥队集中之后将前往土耳其附近的小岛进行集训，现在看来计划也要有所调整。

从3月份开始，布拉泽维奇将和他的团队针对国奥队目前存在的最大问题进行训练。中超联赛4月2日开始，有亚冠任务的球队开赛时间更早，布拉泽维奇也明确表示：“不赞成长期集训。”因此，3月份将是国奥队打造成型的关键时间。

进入4月份，球队距离首场比赛只有两个半月左右的时间，与其他球队热身，从而找出问题并加以解决，成为此时球队的第一任务。由于6月份的对手实力不会太强，球队战胜对方将获得更多的时间，布拉泽维奇此段时期也将以“应试”为主，难以从根本上提高球队的整体实力。

在布帅入主国奥的日子，人们冥想国奥命运时，足坛的打假扫黑又沉渣泛起，中国足球的过去与未来在激烈地碰撞着。先是有人称南勇案2011年元旦前要庭审，然后根据爱福克斯事件重要当事人“被抓”的传闻，有人又开始清点南勇、谢亚龙等人的“罪状”。

有消息称，在沈阳的专案组成员曾于11月中旬去济南、大连等地调查当年的“尼古拉斯事件”。2002赛季结束后，效力于实德的尼古拉斯通过法国经纪人单独与鲁能签订合同。可是在大连俱乐部以及尼古拉斯的中方代理人范士德看来，尼古拉斯的行为是违规的，原因是尼古拉斯与范士德签订了一份为期两年的委托代理协议，不能再由法国注册经纪人进行代理，因此尼古拉斯与鲁能签约属于违规。

此事被告到足协后，为了维护转会市场的纯洁性，足协作出了对尼古拉斯禁赛四个月的处罚。

对于这一处罚，尼古拉斯表示不满，并返回法国上诉FIFA。尼古拉斯的理由是按照国际足联在《球员经纪人规则》第七章“争议”第22条第一款明文规定，一旦一名球员的经纪人与一名球员、一家俱乐部或者是另一名球员经纪人发生纠纷，如果这两名经纪人属于一个足球协会，那么将归该协会处理，如果不属于一个协会，那将由国际足联球员身份委员会处理。很显然，范士德和尼古拉斯的法国经纪人并不属于同一协会，中国足协无权作出决定。

随后，FIFA曾言辞激烈地警告过中国足协，不过足协方面极力斡旋，以联赛不成熟为由维持了原判。而且尽管被禁赛四个月，可是由于当年“非典”的影响，尼古拉斯其实并未错过几场比赛，这一转会闹剧也逐渐被人淡忘了。

对于此事，有人以知情人口吻披露：

尼古拉斯事件之所以被牵出，与南勇、杨一民案有着直接的关系。从常理看，专案组不可能和韦德克转会事件挂钩，可专案组为何最近重点调查此案的细节？原因只有一个，被抓进去的人在处理这一事件时有收受贿赂的行为，基本上不会超出南杨二人。其实专案组调查的不是案件本身，而是处理这一事件时谁起了关键作用，如何走的程序，核实当时腐败的细节。

如今专案组已经掌握了当时足协处罚尼古拉斯的文件，鲁能和实德两家俱乐部针对这一案件的说明，总局高层过问此事的书面材料等。知情人分析说，南扬二人应该在12月份就要审判，检查院正式起诉之前，必须要对一些细节做到铁证如山。现在调查一些当年处理事件的过程，就是出于这个需要。至于这一事件的贿赂金额，具体不好说，应该不会在 20 万以下。

从专案组调查的疑点来看，主要围绕在中国足协为什么对尼古拉斯的中方代理人范士德如此保护，为何实德 2002 赛季在尼古拉斯身上花了 110 万美元（50 万年薪，60 万转会费），而鲁能挖角却只付出了不到 50 万美元。还有就是为何鲁能能逃过处罚，在尼古拉斯禁赛四个月的处罚上实德是否起到了推波助澜的作用。很显然，这几点都有明显利益关系，也是专案组调查的重点。

足坛打假扫黑持续了大约一年光景，它的确有点超出某些媒体的忍耐力，也为一些人提供了兴风作浪的机会。爱福克斯尚属悬案，此时又有人推出尼古拉斯案，并把该案也武断地扣在南勇和杨一民头上。这种超越司法的“庭审”，其公正与准确性究竟有多大?

尼古拉斯案，我们只能说不排除有足协官员参与，但该案在打假扫黑大背景下曝光，并且“证据确凿，资料详尽”，与其说是为足坛打假扫黑助兴，还不如说是当事俱乐部内部的“自相残杀”。通俗地说，该案弄得沸沸扬扬，不排除某俱乐部内部有人借打假扫黑的名义，为了自身利益打击异己。

韦迪在疑问中又为中国足球插上翅膀

2010 年年底的韦迪不再扫视身后，而是因为布拉泽维奇的到来开始习惯性地去憧憬未来。有人想和他探讨爱福克斯或尼古拉斯话题，他的回答很简单：“涉及到案情，任何事都应该以警方发布的为准，我无权对此发表任何看法。我现在不研究过去，我希望你们也一样，多看看未来……”

韦迪的未来在哪里?

2010 年 12 月 2 日深夜，许多中国球迷都在电视前等着 2018 年和 2022 年世界杯举办权的最终投票结果。最终俄罗斯获得 2018 年世界杯举办权，卡塔尔获得 2022 年世界杯举办权。这个结果必定让许多中国球迷感到失望，因为此前，韦迪已经公开发表个人观点，那就是中国要申办 2026 年世界杯。

按照国际足联现行的世界杯主办规则，一个大洲在承办一届世界杯赛后，至少 8 年内不得再次主办，甚至连申办都不被允许。这意味着，在卡塔尔拿到 2022 年世界杯主办权后，中国申办 2026 年世界杯已经彻底无望，现在最早只能申办 2034 年世界杯……

3 日上午，韦迪一大早就叮嘱负责外事工作的足协副主席林晓华，算好时差，给卡塔尔足协发贺电，祝贺他们获得 2022 年世界杯主办权。随后，韦迪又听取了于洪臣等人关于与布拉泽维奇谈判的工作汇报……

有记者在布拉泽维奇签约发布会上又问到中国申办世界杯的事儿，韦迪重申自己的观点。他说，作为中国足球人，我个人表态很坚决，那就是申办世界杯的想法绝不动摇。“中国作为一个日益崛起的世界大国，我们既然能成功举办奥运会，也就有能力举办世界杯。这只是时间问题。我们现在会考虑提出申办哪届世界杯更合适。一旦决定申办，我们会呼吁全社会的支持与参与……”

就在韦迪抒发自己的世界杯情怀时，12 月中旬又发生了一件引起轰动的事情。原足协官员、刚刚办完退休手续的冯剑明不甘寂寞，他历数足协各届领导，大胆点评，深入剖析，让许多人领略了这位率直汉子的炮火威力。

冯剑明生于 1950 年，曾经是足球运动员，退役后当过教练，后在偶然机会到《足球世界》杂志社工作。1998 年调入中国足协工作，担任新闻办公室主任，是中国足协第一位新闻发言人，后任中国足协青少部主任。

我第一次接触冯剑明是 1998 年，那时他在《足球世界》做主编。因为他手下的编辑董华约我写了一篇辽宁足球队的稿子，董华当时知道我在北京采访，打电话让我去编辑部取稿费。

我记得当时的《足球世界》在一个类似地下室的地方办公。我在编辑部与董华闲聊一会后，冯剑明进来了，他说中午了，一起去吃饭，于是便开车拉着我俩去找饭店……

1999 年年底在沈阳，我又见到冯剑明。当时，他已是足协新闻办主任。那次来沈阳，他是以足协调查组身份来调查“渝沈之战”的。冯剑明来沈阳后，我在他住的宾馆拜访过他一次。言谈中，他对我感慨调查的艰巨性。我当时问，足协是不是走走形式，给外界一个姿态？他一脸严肃："洪军，你可以这样想，但千万不要这样写稿。我告诉你实情，足协的态度是坚决的，一定要查出真相来……"

冯剑明在沈阳表达的决心很像2002年年初阎世铎在杭州和陈培德拍胸脯一样。只是，冯剑明是足协中层干部，他是代表时任足协掌门人的王俊生表态；而2002年的阎世铎作为足协领导，他等于鲜明地强调了足协的观点。

问题是，不论当年的渝沈之战还是2002年年初杭州的反黑行动，最后都以行规替代法律，从而使违规者得到了从轻处理，这究竟是为什么呢？

当年的阎世铎受到了来自总局领导的压力，杭州反黑行动也因此被扼杀了。渝沈之战呢？冯剑明在2010年10月中旬做客BTV访谈节目时，曾放了一炮，他说："渝沈之战，有关领导当时非常恼火，按照领导的意思要取消两个俱乐部。如果那个时候我们就这个问题加以重视，敲响中国足协的警钟，也许现在的情况就不会这么严重。最后是黑社会插手，把这个事情给压了下来。"

冯剑明在足协工作近12年，因为他是做新闻出身，再加上性格直率、坦诚，敢做敢当，因此媒体对他的印象都不错。

他在足协青少部工作时有段黑色记忆，他自己曾这样描述道：

> 2006年9月份，当时我在新加坡带国少队打比赛。2005年，国少队在秘鲁获得世少赛的第七名，国青队也进了世青赛，总体还是不错的。我没想到一年后成绩会滑落得这么快。
>
> 我们当时在新加坡小组出线后碰上朝鲜队，比赛开局不错，打得很顺利，一开始就是我们2:1领先，但是最后被反超，输掉了比赛，这让我感到难以接受。赛前我认为应该问题不大的，在潍坊我们曾三次赢过朝鲜队。那天也巧了，正好是我生日，9月12日，队里在外面悄悄给订了5大桌酒席，打完比赛赢了我们就进世少赛了，正好出去吃饭庆祝一下，也顺便给我过56岁生日。结果计划泡汤了，那天我还流了眼泪。

比赛输球后，我当晚就赶回北京。我们队订的返程机票是20日的，计划是能够打到最后决赛或者三、四名比赛，提前被淘汰就要改机票，而当时已经没有全队数量的航班机票了，只能分批回国，我拿到的是当晚的机票。

后来，国青在阿曼也没出线，我就在办公室里写辞职报告。在带队出去打比赛前，我在全体足协办公大会上立下军令状，我说："如果出不了线我就辞职。"结果两支队伍都没出线，责任我担，我说了话就要负责任。

这份报告，我是交给谢亚龙了，隔了一段时间，谢亚龙和南勇找到我，跟我说："你的报告党组已经研究过了，不同意，不予批准"，就一句话给打回来了。

2006年年底的竞聘，我没参加。谢亚龙找到我说，你去音像公司吧。音像公司主要是负责中国国字号队伍和联赛比赛图片、资料信息的搜集，原来这一项工作是一个空白，虽然当时足协已经有人做了三年多了。我后来八个月就做完了，跟一家公司合作，计划每年上交足协1000万。

当时谢亚龙和薛立开会的时候还说"大冯你怎么这么快呢"。成立音像公司还遇到了麻烦，就是当时公司的名字是"中国足球音像公司"，有"中国"二字的公司就要国家工商局批准，注册资金要5000万。谢亚龙就跟总局打报告，敦促他们尽快批准这个项目，但是总局一直压着，最后批了一句"不务正业"。

可见，冯剑明在谢亚龙时代遭遇了自己事业的滑铁卢。谢亚龙走了，南勇上任，南勇特意找他谈话，建议他还是留在青少部工作，只是青少部已经有主任了，冯剑明只能负责青少部的校园足球办工作。

冯剑明到新岗位工作还不到一年，南勇和杨一民就出事了，足协迎来了新掌门人韦迪。客观上说，仅从热爱足球事业的角度看，足坛出这么大的事，足协中层干部里有两个人最高兴，那就是郎效农和冯剑明。而已退休的老郎在南勇出事不久就被请出山，冯剑明一度觉得，尽管自己也要到退休年龄了，但他仍想遇到伯乐，以求老骥伏枥，志在千里。

但冯剑明最后还是失望了。他回忆起韦迪上任后自己的心路历程：

2010年4月初的一天，韦迪和总局干部召集我们开会，宣布新来的5名干部上任，然后宣布免去几个人的职务，也包括“免去冯剑明校园足球办公室主任”的职务。那边还等着开新部门主任报到的发布会呢，但是我有意见，等他们宣布完了以后，韦迪说你们有什么要说的吗，我举手说要发言。韦迪说：“大冯你说。”我是举手发言的，程序上没有错。

我站起来发言，我说：“韦主任，有几点个人想法。那7个人有问题不能代表我们这些人也有问题，足协大部分还是好的。这样对我们不负责任，而且这样作决定是不对的，连组织程序都不对。”就算那几个人烂到家了，那也还有辛勤工作的人吧。我冯剑明没做对不起球迷、对不起中国足球的事，我也没有利用职权索贿，我就要说出来。

我说了这些话后，韦迪宣布会就开到这里，“这些问题我们私底下再说吧”。后来开完会，韦迪握着我的手说：“大冯，你的情况跟他们不一样，你受点儿委屈。”谁做错了，谁去承担，为什么要我们来承担呢？我看外界还有说足协中层干部臭不要脸，我不赞同这种说法，足协大部分人还是好的，不能像“文革”一样否定一切。

到了党校我们才知道，本来总局和足协是打算要足协16个中层干部全部到党校学习的，最后人家学习班安排不开，只能接受6个人去学习。党校那边说，足协给他们打电话，说全部都要去。本来总局有个规定，55岁以上干部都不用去党校学习，我59岁还差几个月退休了，却被派到党校学习了。

在党校学习班里，所有人都没有想到足协来的6名学员能够表现那么好。我从来没有请过假，出了全勤，学习、课程和讨论都很不错。结束的时候，我跟朱和元被评为优秀学员，但是由于客观原因没有拿到优秀证书。因为党校说因为你们6个人不算正式学员，是插班生，不能参加评选。

等我们学习班结束的时候，总局人事司的领导到足协给我们安排工作，他对我们的总结是："你们足协的6名学员在党校学习相当不错，各方面的表现都很好，有问题先克服一下，回到足协原来部门继续工作，等韦迪回来再具体安排。"韦迪当时出国去了，第二天我就出差去了延吉，给那里的中小学校长开展校园足球讲课去了。

韦迪通过办公室找过我谈话，转告我等有机会找我谈谈。其实也没有什么好谈的了，我都退休的人了，能谈什么呢。我这人也比较较劲，万一没谈好吵起来了呢，哈哈。有一次韦迪曾对我说过，"大冯，你是一个有争议的人"，我想这可能是我给他的一个印象吧。

冯剑明一直认为韦迪"否定一切"的做法不符合辩证法。如果说南勇、杨一民、谢亚龙等人祸乱中国足球是对他的伤害，那么，他必然觉得韦迪所谓对中国足球的拯救行动是对自己的"第二次伤害"。所以，在退休之后，在彻底离开足协之后，他率性而为，从王俊生开始，挨个点评足协历届掌门人，毫不掩饰自己对韦迪的不满。

冯剑明的行为，我们可以理解为悲怆的呼号，也可以看成是无私者无畏。冯剑明是倔犟的、率直的、不甘的、委屈的，也是廉洁的……可这些对韦迪来说都不重要了。他作为重建中国足球家园的领军人物，同样可以是有争议的、武断的，但更重要的是韦迪需要目标坚定，步伐踏实，也需要布拉泽维奇给他足够的运气……

对中国球迷来说，国奥能进伦敦奥运会这是偏得，关键是布拉泽维奇能否是米卢一样的神奇教练，他能否把我们的国家队带进巴西世界杯？退一步讲，即使进不了巴西世界杯，国家队如果能小组出线，这也会抚慰一下球迷受伤的心，同时也能让人看到一点中国足球正在前进中的健康身影。

至于中国申办2034年世界杯，这也未尝不是一种战略出击。

2034 年，如果中国申办成功，那么，24 年后，我们寻觅职业联赛之初足坛那些风云人物时，王俊生 95 岁、阎世铎和张吉龙皆 82 岁、谢亚龙 79 岁、南勇 72 岁、杨一民 78 岁、冯剑明 84 岁、同是 1959 年出生的陆俊和蔚少辉都是 75 岁……

假如我们成功，24 年后，中国世界杯会迎来一批特殊的老人？在他们的老花镜里，世界杯可能像一杯白水般的平淡，也可能像一杯苦酒，让人品尝后落下浑浊的泪水。

2034 年，1954 年出生的韦迪届时正好是 80 岁。

80 岁，耄耋之年，回首身后流逝的岁月时，他会如何评价自己的足球人生？会为自己的碌碌无为而懊悔，还是会因为自己的努力得到回报而有一丝欣慰？

时间……也只有时间能给人们最后的答案。

那么，从足坛最具历史意义的 2010 年开始，我们还要祝福中国足球，因为祝福它也等于祝福负重而行的韦迪，祝福那些因为热爱足球正年轻、或正在慢慢变老的人……

第十章 江湖蔚少辉
——不做大哥好多年

如果说足协有 10 个人进去，蔚少辉应在其列；如果足协有 5 个人进去，蔚少辉也该身在其中；如果足协有 3 个人进去，他至少排名第二……一句话，蔚少辉无论如何是跑不掉的！

“官二代”蔚少辉的最后一次露面

南非世界杯后，我曾在网上看到一则冷笑话：

某君刚到纪委工作后接到领导通知，说是 CCTV 要来市里采访该市廉政先进典型，领导让他通知几大局的局长接受采访。

该君由于急于下班，他打电话通知时言简意赅：请你们局长明天到纪委来一趟……

意想不到的后果出现了：国土局长接到通知后大小便失禁，心脏病突发，不省人事；财政局长最早来到纪委，进院就高呼“我自首”；交通局长当晚就失踪，据说已逃往加拿大；工商局长连夜杀死情妇，他以为情妇出卖了自己；卫生局长服毒自杀，死前很忏悔，留下一大串被他检举的人名。

如果用这则官场冷笑话来解读2009年年底以来的中国足坛，属于再贴切不过了。不论南勇、杨一民，还是谢亚龙、邵文忠，这些有一定级别的人都是体育总局以开会名义喊来后“诱捕”的。在风声鹤唳、草木皆兵的足坛，谁要被领导喊去开会，这是一件多么让人毛骨悚然的事儿？不要说开会，用蔚少辉的话说，他在足协大楼里听到沈阳口音的人都感到可怕……

2010年9月12日，警方公布谢亚龙、李冬生、蔚少辉被立案侦查。

蔚少辉进去了，舆论一片沸腾。许多人翻箱倒柜地收集蔚少辉各种传闻，从他的身世，到他的绰号，以及他在足协、国家队的各种段子……此时的蔚少辉不像一个足坛大佬，而近似于陷入丑闻中的娱乐明星，人们在茶余饭后嚼着舌头，蔚少辉一夜间被整得一丝不挂了。

足坛打假扫黑以来，关于蔚少辉的两个段子一直流传着。2010年2月，南勇、杨一民等人被警方批捕。当时，蔚少辉正随高洪波的国家队在上海集训，准备去日本打东亚四强赛。

有一天在训练场旁，蔚少辉向场地边的记者要报纸看，看着看着就发起感慨：“南头（南勇）进去了，有些媒体就是不讲究，把屎盆子都扣给南头了……我说哥儿几个，四哥我对你们不薄吧？有一天我进去了，求你们千万笔下留情啊……”

蔚少辉就这样的性格，说话直来直去，毫无遮掩。

2010年4月初，蔚少辉变得郁郁寡欢。昔日的领导一个接一个地进去了，剩下的难兄难弟们也度日如年。蔚少辉也听说了，不出几天韦迪就要宣布，国足领队蔚少辉、联赛部主任马成全、技术部主任李冬生、青少部主任朱和元、女子部主任郭辉、学校足球办公室副主任冯剑明等六人要被派到党校学习……

4月中旬，蔚少辉等人真被送到党校学习去了。因性格豪爽，又讲义气，蔚少辉在足协颇有人缘。他临去学习时在足协收拾东西，有人在他身边帮忙，蔚少辉边收拾边自嘲："去党校也清净了，眼不见心不烦……你可知道？我整天晃悠在足协办公楼里，最怕听见沈阳口音的人……谁知道专案组哪天摸进来，他们可是神出鬼没。"

不难想象，蔚少辉已经意识到自己要出事。他的性格又决定了他从不在公开场合回避这事儿。有人说，他的这种敢做敢当的劲儿，还真有点东北爷们的味道。

蔚少辉在党校学习期间，他的老父亲蔚继统老先生曾给他打过一次电话，大致内容是问他："你真没事儿吗？如果有事，赶快向组织交代……"此前，韦迪刚出任足管中心主任时，他曾与蔚继统有次交流。韦迪此举绝对出于善意，他深知蔚老毕竟是体育界的前辈。当时，总局掀起廉政教育，尤其在足协内开展了自省自查，韦迪听到很多传闻，包括蔚少辉的涉嫌犯罪行为。他想让老爷子劝劝儿子，真有事，早交代清楚，一切也许会出现转机……

那时蔚少辉还抱有侥幸心理，他不仅和父亲死扛，韦迪找他谈话，他也是咬定没事，甚至说有事儿也就是吃吃喝喝……这事不该犯法吧？

正因为如此，蔚少辉被警察带走后，韦迪气愤地甩出俩字：活该！

而蔚继统老先生，在儿子出事前，因病也刚刚动手术，身体状况堪忧。

蔚继统，曾任吉林省体委主任、国家体育总局训练局局长等职。20世纪80年代至90年代，中国体育代表团多次出征奥运、亚运，蔚继统都是代表团副团长。

蔚继统和足球的缘分也很深。也许正因为如此，蔚少辉才子承父业，也选择了足球。

辽沈足坛名宿杨玉敏曾和我聊起他对蔚继统的印象。"现在我们叫他蔚老，当年叫他老蔚，虽然喊老蔚，他也就40多岁吧……蔚老给人的感觉很豪爽、随和，办事利索。可能因为是东北人吧，他很少拖泥带水。"

1980年9月7日，苏永舜为主教练的中国队一行23人离开北京前往科威特，要参加在那里举行的第七届亚洲杯决赛。

当时，国家队领队就是蔚继统。杨玉敏回忆说："蔚老是体委领导，可一跟足球队走，就没有领导架子了，总和球员开玩笑。即使战前动员，也不说大话空话，全是实在的……比如，他会说，‘你们有好多人都有女朋友了吧？想想女朋友，能不踢好球吗？真踢不好，回去好意思见她们？’”

杨玉敏回忆起蔚继统，不像在回忆一个人，而似在回忆一段消逝的岁月。的确，1980年的国家队是什么阵容？领队蔚继统，副领队年维泗；主教练苏永舜、张宏根和胡之刚，队员有李富胜、林乐丰、黄向东、左树声、陈金刚、古广明、李福宝、杨宁、臧蔡灵、刘志才、蔡锦标、王峰、迟尚斌、容志行、杨玉敏、徐永来、沈祥福……

蔚继统这次带队征战亚洲杯两年后，他的儿子蔚少辉也走进足球系统工作。

蔚少辉刚进足协的日子，人们习惯把他看成名副其实的“官二代”。

蔚少辉是在中国足球的“年维泗时代”进入足协的，到了王俊生主政足协工作时，尤其1994年中国足球职业联赛启动后，蔚少辉逐渐找到了自己的位置，先后在足协开发部、裁委会等部门任职。到了阎世铎年代，张健强出任女子部主任，由蔚少辉出任副主任。

蔚少辉一直在足协的多个部门晃悠着，他真正得到重用应该是2005年谢亚龙上任后。为备战北京奥运会，足协成立了“08办公室”，由蔚少辉担任主任。

2006年年底，蔚少辉由副处级升为正处级，在足协的轮岗竞聘中也被谢亚龙提拔为国家队领队。在不到两年的时间内，蔚少辉经历了国家队从朱广沪到福拉多再到杜伊的过渡。而这也是国家队最为混乱的时期。在朱广沪后期，由于谢亚龙对杜伊信任有加，作为谢亚龙“亲信”的蔚少辉也曾力挺杜伊“顾问”足协。朱广沪下课后，福拉多入主国家队，杜伊则担任总教练。但当杜伊掌管国家队指挥大权的时候，蔚少辉却转而成为“倒杜”派。后来殷铁生接替杜伊，蔚少辉还是他的领队。

随着蔚少辉根基的稳定，南勇上任后，高洪波出任国足主帅，蔚少辉继续担任国家队领队，成了国足名副其实的五朝元老。

南勇、杨一民、张健强等人被抓后，陆俊、黄俊杰也先后东窗事发；后来，福特宝公司老总邵文忠也进去了，蔚少辉忽然有种苍凉绝望的感觉。

蔚少辉最后一次公开露面是南非世界杯接近尾声那段时间……

2010年7月初，一个标题为《国足领队戴劳力士手表 3款名表加外套近20万》的帖子在网上走红。该帖子显然借鉴了“周久耕事件”的成功经验。周久耕，南京江宁区房产局局长。2008年12月，有网友人肉搜索，图文并茂曝出周久耕抽1500元一条的天价香烟、戴名表、开名车等事实……随后，周久耕被立案侦查。2009年10月10日，江苏省南京市中级人民法院作出一审判决：周久耕犯受贿罪，判处有期徒刑11年，没收财产人民币120万元，受贿所得赃款予以追缴并上交国库。

在捉弄蔚少辉的帖子里，网友用了不下十余张图片，通过组合，再现了蔚少辉身上的名表、服装……

其中有文字分析注明：

> 一张图片摄于2007年9月，蔚少辉与时任国足主帅的福拉多在长春观战。蔚少辉向场上球员竖起大拇指，左手腕的手表十分惹眼。网站指这款手表价格为32,200元。另一张摄于2007年6月，蔚少辉与时任足协副主席的南勇、国足主帅朱广沪一同出席在香河基地举行的国家队与媒体座谈会。蔚少辉左手腕戴有一块日历型腕表，专卖店价格为77,900元。还有一张照片摄于2008年4月，蔚少辉与福拉多在长春观战，所戴手表属于某名牌的蚝式恒动系列，但表盘是否镶钻，价格有很大差距，不镶钻为73,500元，而镶钻则为87,100元。
>
> 此外，还从历史图片中查到，2007年3月在长春，蔚少辉身穿一件英国品牌的深蓝色牛角扣大衣，价格为12,600元；还有一件意大利著名男装品牌的米黄色大衣，售价约40,000元。
>
> 蔚少辉的座驾也是很不一般，为一部宝马7系轿车，根据配置和排量的不同，宝马7系的市场报价在100万到250万之间。

蔚少辉一年的收入也不过十几万，如此收入如何解释他身上的奢侈品？该帖子在网上蹿红后，国内诸多媒体纷纷转载。

当时，正在党校学习的蔚少辉正借世界杯浇愁。每天熬夜看着比赛，也喝点小酒，偶尔也会忘记足坛打假扫黑的事儿。可有一天，他上网发现因自己而蹿红的帖子，正焦躁之中，又纷纷接到相熟记者的电话。“你得说两句，不然会越闹越大……”有人劝他。蔚少辉最初并不想说话。第二天，看到报纸猛炒此事，他坐不住了。此时，又有记者采访他。他说，我的那几块表，不是假新闻，我的确有，国内专卖店标价也确实挺贵；但这几块表我是出国时买的，国外免税店的价格远远低于国内的标价。

蔚少辉仍改不了直来直去的个性，他说：我不希望媒体炒这事儿，这样做不厚道。都知道现在足坛风声这么紧，这样做啥意思？就想把我弄进去啊？做人没有这样的，我要真有问题，那也是警察的事儿……

两个月后，蔚少辉没逃过一劫，他还是听到他最害怕的“沈阳口音”了！

蔚少辉到底在哪个环节犯事了？

谢亚龙、李冬生、蔚少辉等人被立案侦查后，许多人都在猜测着他们涉嫌犯罪的“方向”。足协工作千头万绪，每个部门都分兵把守。按理说，不管出了什么事，每个足协官员都要承担一定的责任；但换个角度看，如果官员是贪官，他们的贪欲注定要施暴在自己的“责任田”上。

比如人们猜测，从谢亚龙的经历来看，他不可能涉嫌操纵比赛和接受贿赂，如果涉嫌犯罪，也只能是贪污，或接受别人的金钱与信用卡之类的；而李冬生是裁判委员会主任，收受贿赂则必然跟操纵比赛有关……

至于蔚少辉，人们把目光锁定他的国家队这块“责任田”。有人展开想象，认为蔚少辉经历了几届国家队，他可能会从球员选拔、使用上涉嫌受贿。有人甚至有鼻子有眼地认为，某某球员论水平不具备进国家队资格，就是因为拿了20万才进去的；还有人开始推理，球员进国家队要交钱，这是公开的秘密。比如，近几届国足集训人员变动频繁，仅朱广沪时期先后就有100多人入选。如果一名球员想进国家队要“交”10万元，想上场则需20万元，蔚少辉要弄几个人的话，钞票就会源源不断……

有理性者也分析，蔚少辉与南勇、杨一民关系不是很铁，他不太可能涉及赌球。如有问题，关键在国家队，包括中国之队项目的管理、资金的流向等，都难免出问题。

蔚少辉到底事犯何处?

谢亚龙、李冬生、蔚少辉等人被带到沈阳后，谢亚龙稍作停留，直接押送到丹东，他的案子最后要归丹东检察院起诉。李冬生和蔚少辉则羁押在沈阳。

2010年9月下旬，我的同事顾珍妮和《半岛晨报》记者范红基从沈阳去铁岭，在铁岭检查院他们接触了S君，并通过他了解到有关南勇、蔚少辉的一些情况。

早在世界杯前，有人就吵嚷着南勇案将在10月份公审。而事实上，“8·17”专案组9月上旬还在为南勇案做最后一次侦查工作。

因为南勇、杨一民是足协率先被抓进去的副主席，人们一直关注着他们案情的进展。比如他们到底涉嫌触犯了哪条法律？他们会判多少年？他们受贿的金额到底有多大？他们的案子什么时候能公开审理?

S君称，南勇案涉及人员众多，涉及到的事实也很敏感，所以公安机关和检察机关一定会把这些人的犯罪事实全部调查清楚，相关的证据也会非常确凿。不过根据案件目前的情况来看，事实已基本查清，相关线索、证据检察院也已经拿走，但是起诉要求证据必须准确，所以目前应该还处于取证阶段，也是最后一次侦查。

S君还说，南勇受贿的形式比较怪。目前，侦查到他的受贿金额100多万。据了解，他受贿的金额远远大于目前确认的金额，但许多“赃款”证据无法落实。在南勇的“身份”确定后，考虑到侦查到的他的受贿金额仅100多万，他被判死刑的可能性不大。如果是死缓或无期的话，也可根据相关法律规定缩短至 10 多年……

鉴于案件的性质，南勇的案子已有多个部门联手在侦查。有反贪局、公安，还有检察院。考虑到南勇被关押期间交代了很多，配合积极表现较好，所以很可能会对他的判刑年限有所缩减。

《刑法》中规定，关于贪污罪的量刑标准，根据情节轻重分为以下几个等级：贪污不满五千元、五千以上不满五万、五万以上不满十万、十万以上。其中，十万元以上就属于金额特别巨大。

《刑法》第 383 条规定："个人贪污数额在十万元以上，处十年以上有期徒刑或者无期徒刑，可以并处没收财产；情节特别严重的，处死刑，并处没收财产。"

南勇是否属于情节特别严重？S 君说，南勇即使受贿 10 万元，也会被判处 10 年以上徒刑，而受贿 10 万和受贿 100 万或 100 万以上，差不多属于同一"档次"，考虑到南勇案具体情况，他最终量刑应在 15 年左右。

足坛打假扫黑以来，人们对案件本身的关注一直很热情，大家也纳闷，这个由公安部督办的大案，为什么最终交给铁岭方面呢？

S 君说，此次足坛扫赌案件，辽宁省高检指定铁岭市检察院具体负责。最终铁岭市人民检察院会依法对南勇以及其他涉案人员向铁岭市中级人民法院提起公诉。之所以选择在铁岭，也正是因为铁岭审理大案要案历来是闻名全国的。

首先，本次扫赌专案组负责人曾参与办理很多大案要案。2005 年全国掀起了禁赌风暴，第 15 天，辽宁省公安厅就打响了禁赌第一枪，查抄了海城北关菜市场对面的"智圣娱乐城"。

此外，铁岭在沈阳的北部，两座城市相邻，相互之间的距离只有 70 公里。更重要的是，2001 年 8 月 28 日，刘涌案一审就是在铁岭市中法开庭的。2002 年 4 月 17 日，铁岭中法一审判处刘涌死刑。最终，最高人民法院也维持了原判，判处刘涌死刑。铁岭市中法因此赢得了巨大声望。"他们对于类似大案、要案的经验、流程都是比较熟悉的。"相关人士说。

可以确定的是，南勇的案子将在铁岭中法进行审理，而且是在刑二厅。目前南勇的案子已被定性为国家公职人员受贿，刑二厅大多都是审理这一类案件的；而当年刘涌的案子在刑一厅。

根据我国的法律规定，法院的刑事一庭审理第一、二审危害国家安全罪、危害公共安全罪、侵犯公民人身权利和民主权利罪、妨害社会管理秩序罪、危害国防利益罪等案件；而刑事二庭审判的则是第一、二审破坏社会主义市场经济秩序罪、侵犯财产罪、贪污贿赂罪、渎职罪等案件，此外也审理涉外刑事案件以及在法定刑以下判处刑罚的案件。

S君介绍，目前，专案组所有的办案人员有近40人，主要人员来自铁岭，也有从辽宁省内其他城市调来的骨干。专案组成员都集中在沈阳，根据案情性质，后期铁岭反贪局和检察院也会提前介入。

S君也承认，从2010年年初开始到现在，调查仍未结束。其实这样的案子专案组也是第一次接手，要知道，中超、中甲联赛那么多球队，分布在全国不同的城市，所以有的时候为了一个证据、一个微小的细节，办案人员就需要亲自到场。这大半年来，他们一直在天南海北地跑，去调查取证。可以这么说，凡是有足球比赛的城市，他们基本上都去过了，用他们自己的话说，坐飞机坐得都快吐了！

由于南勇在2010年1月就被立案侦查了，而蔚少辉则是9月才被收网，所以蔚案的侦查属于刚刚开始。既然开始了，那么警方怎么在蔚少辉身上寻找突破口？

我一直在琢磨，如果蔚少辉在年初足协内部的自纠自查中主动交代问题，他或许只会受到足协行规的处罚，诸如罚款或停职，乃至除名……但他为什么当时只说点皮毛，死硬地说自己没有其他重大问题？即使韦迪和他的老父亲蔚继统出面，他也不肯低头？

实际上，如果看看他涉嫌犯罪的领域，我们不难看出他心怀侥幸的原因所在。

2010年8月底，专案组人员悄然走进足协办公楼东玖大厦，他们要求足协配合调查一下从 1991 年起至 1999 年间都有哪些商业比赛。为此，足协给地方足协发函，要求各地足协与当地俱乐部统计参加的商业比赛，最后汇总给足协。

中国足球的商业比赛最火的时期是 20 世纪 90 年代中期。那时正值中国足球职业联赛启动时期，国内各个城市球市火爆。1994 年 6 月 16 日，北京国安在一场表演赛中 2∶1 击败 AC 米兰。随后，中国足坛掀起了商业赛的高潮。许多经纪公司拔地而起，开始运作欧美各类强队到中国参赛。这些邀请对象不仅包括多家著名的俱乐部队伍，还有一些国家队。当时，这些比赛都打得风生水起。格雷米奥、佩纳罗尔、桑普多利亚、弗拉门戈、阿森纳、曼联、皇马、英格兰国家队等多支队伍纷纷来华献艺……

那段时间，中国足球在良好的商业比赛成绩中有点自我膨胀。我们连 AC 米兰这样的顶级球队都能赢，中国足球与世界足球的差距岂不是越来越近?

按照足协最初的分工，俱乐部以及国家队的商业比赛由开发部负责。开发部不仅负责联赛的商务开发，组织商业比赛也是其职责所在。

当时，蔚少辉恰恰在开发部工作。

早在足协内部“自查、自纠”的整顿运动期间，蔚少辉交代的情况除了“吃吃喝喝”，也把自己家购房、购车的相关财产证明拿了出来。在蔚少辉看来，名表和名牌服装是自己在国外免税店买的，房子车子又没啥问题，自己也许就能表明清白了。

可是，蔚少辉此次事发，既不是他有巨额财产来历不明，也不是他在国家队时收受了贿赂。种种迹象表明，他的问题已被追溯到十多年前，也就是 20 世纪 90 年代初他在足协开发部工作期间，他在操作商业比赛中涉嫌收受贿赂。

2000 年年初，王俊生下课，阎世铎入主足协。他上任后，在一系列机构改革中，把原来足协的开发部取消，开发部的部分职能移交到了邵文忠掌控的福特宝公司。

开发部虽然被战略转移到福特宝，但因为该公司是足协下属公司，蔚少辉作为足协官员，他还是在一定程度上参与了福特宝公司的具体商务开发业务。

2010年8月初，福特宝公司总经理邵文忠第一次被带到沈阳协助调查。邵文忠到沈阳后积极主动配合警方，交代了许多问题。蔚少辉就在这个时候“被”浮出了水面。

足协的商务开发，尤其商业比赛的运作，这里存在一个巨大的利益空间。从程序上看，谁要搞商业比赛，都要向足协报批，并且开发部要收取管理费。批不批？这决定着经纪公司或者商家的巨大利益。在这种大背景下，如何顺利获得足协的支持，银弹可能是最好的武器。

马克坚之死触痛了蔚少辉神经

蔚少辉出事后，一位深谙足协内部玄机的朋友对我说，如果说足协有10个人进去，蔚少辉应在其列；如果足协有5个人进去，蔚少辉也该身在其中；如果足协有3个人进去，他至少排名第二……一句话，蔚少辉无论如何是跑不掉的！

当然，这话难免偏激，却也从另一个角度说明蔚少辉的性格和为人处世。他会交下许多朋友，更会得罪许多人。足协内部关系复杂，常有人拉帮结伙。蔚少辉虽表面上大大咧咧，但他不像郎效农、冯剑明一样，只低头吃草，不抬头看路，他也分得清形势，时刻提醒着自己调整步伐或方向，千万要站好队。

他在足协工作近30年，从年维泗、王俊生、阎世铎、谢亚龙，一直到南勇，蔚少辉的仕途总体形势是稳中有升。这不排除他的老父亲蔚继统是体育局老领导这层关系，可如果蔚少辉自己没有生存本事，想升迁也不是一件容易的事。

蔚少辉有一点把握得很坚决，工作时对别人可以指手画脚，甚至出言不逊，可他对足球圈儿里的前辈感情很深，平素对他们也总是给予足够的尊重。

2008年11月19日，前足协官员马克坚的遗体告别仪式在北京八宝山殡仪馆举行。

遗体告别仪式上，时任国家体育总局副局长的崔大林，以及刚刚从足协卸任的谢亚龙，足坛元老年维泗、王俊生，还有阎世铎、张吉龙、南勇、杨一民等，都出席了马克坚的遗体告别仪式。

因为突发脑溢血，马克坚 11 月 13 日上午在北京同仁医院去世，享年 72 岁。

马克坚是新中国成立后的第二代国脚，他 23 岁进入国家队，镇守国门达 5 年之久。从 1992 年起，马克坚成为了中国足球职业化改革的核心人物之一。他参加了著名的“红山口会议”，并亲自起草了有关中国足球职业联赛和俱乐部体制的改革文件，一直辅佐王俊生，成为中国足协“军师级”的人物。

马克坚长期担任国家足球队技术顾问，亲自参与了施拉普纳、霍顿和米卢三位中国队前任主帅的签约。他生前一直为足球圈内人士和媒体人士所推崇，包括施拉普纳、米卢等曾经的国足主帅，都称赞“他是中国足球最值得我钦佩的人”。

11 月 19 日的八宝山殡仪馆兰花厅内外，除了足坛大佬，不少球迷也自发给马老送行。足球圈外也来了许多人，李亚鹏王菲夫妇、知名演员陈坤等人也送上了花圈。马克坚的女儿马葭是娱乐圈内的著名经纪人，旗下艺人包括李亚鹏等人，马葭的丈夫是著名歌手景岗山，所以，包括零点乐队主唱周晓鸥等娱乐圈人士也赶到了八宝山。

在马老的遗体告别仪式上，谢亚龙的出现引起了一片骚动。奥运会前，谢亚龙以到国家行政学院学习的名义离开了足协。许多人明白，这其实是一种体面的下课。因为他身份敏感，许多现场记者追堵他，谢亚龙来到告别厅匆匆问候了一下马克坚家人，随后就离开了。

在马老的遗体告别仪式上，情绪最激动的是蔚少辉。

最初，只有两三个记者围着他。蔚少辉刚说两句，就呜咽了：“马老是看着我长大的，我太了解他了，他一生都在为中国足球操心……”

蔚少辉的举止吸引了许多记者，他越说越激动，最后痛哭失声：“我们对不起马老，他一辈子对中国足球鞠躬尽瘁，就盼我们的足球能强大起来，现在如何呢？我们搞得并不好，我们辜负了马老的希望……”

没人会怀疑蔚少辉的泪水是假的。蔚少辉刚到足协工作时，能谈心的人，恐怕没人能取代马克坚。马老为人谦和，对足球既有独到的见解，也有丰富的实践，不论生活上还是工作上，蔚少辉常愿意找他交流。

蔚少辉心里有个结，他觉得马老不该从足协技术顾问的位置上退下来。蔚少辉知道，马克坚不是主动退下来的，确切地说他是被弄下来的。“足协最对不起的人，就是马老。”蔚少辉不止一次对相熟的人这样说。

2001 年是中国足球最辉煌的时刻。国家队在沈阳踢进韩日世界杯。当时，马克坚一直是跟随国家队的技术顾问。2002 年元月初，为备战韩日世界杯，国家足球队再一次来到昆明海埂基地集训。训练开始了，有的队员纳闷了：怎么没看到总是习惯和米卢一起出现在训练场边的马指导？他是生病了？还是有其他情况……

早在 2001 年年底，足协掌门人阎世铎就找到负责国家队的南勇，大意是说，从明年（2002 年）备战韩日世界杯时起，考虑到备战具体情况，国家队不再设技术顾问这一职务了……阎世铎这个决定也让南勇茫然，为什么不设技术顾问？是我们的国家队技术炉火纯青了？还是我们踢世界杯根本不需要技术了？

尽管南勇不太赞同这个决定，他没有反驳，而是默默地接受了。

直到国家队要飞往昆明的前一天，马克坚知道国家队要走，但不知道具体时间。为了确认一下集训日期，他打电话给南勇。此时，南勇觉得不好开口也得说了。他很为难地告诉了马老，根据领导研究决定，队里不再设技术顾问一职了……

马克坚最终还是接受了这一现实。有人得知足协这个决定后，想为他打抱不平，被他拒绝了。马克坚有自己认识问题的角度。他说，我跟随中国队七次冲击世界杯，中国足球在沈阳出线了，说明我的努力终于画上了句号……尽管我没有得到来自足协官员的任何解释，我还是理解足协的决定，也表示服从。

米卢知道球队取消技术顾问后，他有次回北京特意请马克坚吃饭。席间，米卢表示：“韩国你还是要去的，我请你去，你的一切费用由我负责，这难道还不行吗？”马克坚怆然一笑，拍拍米卢的肩：“我从电视里照样看世界杯，你的心意我领了，我会祝福你好运的！”

米卢领着国家队踏进世界杯后，他还会有什么好运？

同样，离开马克坚的中国足球，自从韩日世界杯后也厄运连连。仅从执掌国家队的成绩来看，聘请的外教不论是阿里·汉、杜伊还是福拉多，他们远没有米卢的功力和运气，和霍顿也无法相比，甚至还不如施拉普纳。假如马克坚还是技术顾问，假如这个技术顾问有绝对权力，阿里·汉之流会混进中国吗？

这个问题，蔚少辉可能也会发问。

对蔚少辉来说，他这个国家队领队已送走了杜伊和福拉多，他只有通过零星的回忆来咀嚼这两个老外给中国足球带来的一切，并望着杜伊和福拉多的背影，或沾沾自喜、或痛定思痛、或麻醉自己、或自欺欺人……他努力揣度后谢亚龙时代足协权力的结构，冥想着继续保持住国家队领队这个风光的职位。

南勇与蔚少辉一段难得的“蜜月”

马克坚遗体告别两个月后，也就是2009年1月19日上午，时任国家体育总局副局长的崔大林、总局人事司司长史康成等人赶到足协开会。会上，崔大林正式宣布了南勇将出任足管中心主任的人事任命。

谢亚龙因为到国家行政学院学习，卸任却没有卸职，他名义上仍是足管中心主任，因此，他也出席了会议。崔大林在会上强调，新的足协管理班子要上下团结，争取尽快把中国足球从低谷中拯救出来。他还宣布了张吉龙调职国际交流中心的任命。当时，谢亚龙已有去中体产业的意向，但任命还没有得到中体产业公司董事会批准，所以崔大林在会上只宣布了谢亚龙调离足协。

谢亚龙在会上也作了简要讲话，他说得也很诚恳。他首先道歉，说自己在过去的工作中，因工作方式和态度问题对不起大家，希望大家谅解。谢亚龙也在这个场合向球迷表示了歉意，他说：“中国足球伤害了球迷感情，尤其我们也没打好奥运会，我自己很遗憾，也对不起球迷。”

早在奥运会刚刚结束时，谢亚龙离开足协已成定局。谁入主足协，从常理上说不外有两个渠道，一是总局外派干部；二是从当时足协的几个副主席里产生。

对于外派干部，这里有个插曲。2008年12月中旬，我在第一时间得到一个重要信息，那就是当时总局的水上管理中心主任可能要接替谢亚龙，出任足球管理中心主任。我所供职的《辽沈晚报》第一时间刊发了这个消息。但后来，足协委婉拒绝了总局的想法，这在客观上决定新任足协领导要在足协内部产生。

当时的足协副主席有张吉龙、南勇、杨一民、薛立等人。他们几个谁最具优势?

1952年出生的张吉龙，1975年毕业于北京第二外国语学院。1969年参加工作，同年参军在济南军区通讯团服役，1972年转业到国家体委并被选送北京第二外国语学院英语系学习，毕业后回到国家体委国际司从事外事工作。

张吉龙是个口碑很好的足协官员，圈里人都喜欢称他为“龙哥”。因为他在足协从事外事工作，为中国足球协会在国际足联的合法地位、扩大中国足球和国际间的交流合作做了大量工作。人们对他津津乐道的是，2001年5月在曼谷进行的亚洲区十强赛抽签仪式上，当时审时度势的张吉龙通过种种努力，最终在规则允许范围内为中国队抽得“上上签”，一时被外界誉为“上帝之手”。所以，中国队在沈阳踢进世界杯后，有人戏称，中国队与其说是米卢带队踢进去的，还不如说是龙哥小手抽出去的。

但在足协内部，至少和南勇比起来，张吉龙还是显得有些底气不足。

从时间上看，张吉龙是1978年就开始介入足协外事工作的，而南勇则是1997年从总局调到足协。龙哥进入足球界虽比南勇早了近20年，但官场运气远远比不上南勇。到2009年，南勇已在足协工作了将近12年。阎世铎时代，他最辉煌的时刻是2001年作为中国足球代表团团长，率队冲进2002

世界杯。

南勇主抓国家队多年，他对国家队的管理也赢得许多人认可。米卢在他面前规规矩矩，后来的阿里·汉、杜伊也对南勇俯首帖耳。南勇曾说，中国足球恰逢乱世，必须要用重典。他对于球员也不含糊。2005 年东亚四强赛之后，鉴于李玮峰当时的所作所为，南勇大手一挥，开除！

不可否认，最后南勇出任足管中心主任，除了他个人具备的业务特质，总局领导的赏识也是个重要因素。奥运会后，中国足球颜面尽失，考虑到崔大林对足球的理解与认识，总局领导决定让崔大林抓足球工作。像任何一个官员一样，崔大林知道用人无外乎两点，一是业务强，二是靠得住。

北京奥运会后，崔大林开始琢磨足协领导机构的问题。他想到的是水上运动管理中心的韦迪。他与韦迪交流后，韦迪面带难色，表示自己暂时不愿离开水上中心。因为一是奥运刚刚结束，水上中心需要重新构建战略发展格局，他不忍心离开自己多年经营的根据地；再者，韦迪不懂足球，可他知道中国足球一直被负面新闻包围。足管中心可能是个火坑，弄不好一世英名都要被毁掉。

崔大林对韦迪的顾虑给予了理解。他最后放弃了韦迪，选择了南勇。

南勇出事后，许多人以崔大林重用南勇这一点来追查崔的“渎职行为”。当时的崔大林的确看重南勇的能力，但他怎么会知道南勇是个贪官？这有点像毛主席当年重用林彪时，主席会知道林彪在 1971 年乘机叛逃吗？

南勇上任后，国家之队的建设成为他最看重的问题。他上任 24 天之后，足协正式下发《足协国字号教练竞聘通知》。通知如下：

关于男足各级国家队教练员竞聘报名的通知

各会员协会、俱乐部及有关单位：

中国足协将进行男足各级国家队教练员的选聘工作，现将有关事项通知如下。

一、岗位

本次竞聘岗位分别设有男子国家队、U23国家队、U20国家队、U17国家队的主教练、助理教练、守门员教练岗位。

二、报名时间和竞聘时间

报名时间：2009年2月13日—2月20日

竞聘时间：2月25日—27日

三、报名及要求

（一）须是中国足协注册的教练员，外籍教练员除外；

（二）符合《各级国家队教练员竞聘报名条件》（见通知附件）；

（三）填写报名表；

（四）提供详细个人简历；

（五）在职教练员须出具用人单位同意证明；

（六）须出具市级医院的健康证明；

（七）在规定报名期限内传真至中国足协青少部。

四、选聘办法

（一）方式

采取笔试和面试相结合的方式。

笔试考核重点考查竞聘者日常工作的知识积累，包括足球专项基本知识；足球训练比赛规律、规则常识；相关学科专业知识（管理学、心理学、教育学等）；具体专业问题的分析和解决思路等。

面试考核在规定时间内以陈述带队思路、分析问题、回答问题为主，重点考核竞聘者须具备的相关能力。

（二）考核与审定程序

中国足协组织的选聘小组（由资深教练员、外聘专家、相关人士组成）负责考核、评定。

根据竞聘人笔试、面试、执教经历、执教业绩等方面的情况进行综合评定，由选聘小组提出人选意见，报中国足协审批。

通知未尽事宜由中国足协负责解释。

请各有关单位尽快通知自愿参加竞聘的教练员报名。

足协选帅通知下发10天后，符合条件的报名名单出来了，参加竞聘的人员竟多达58人。其中，竞聘国家队主教练的有吴金贵、沈祥福、殷铁生、高洪波四人，而竞聘国家队助理教练的有区楚良、王宝山、哈威、赵图强、徐弢、魏世立；竞聘U23国家队主教练的有王宝山、刘春明、吴金贵、殷铁生，竞聘该级别国家队助理教练的有孙卫、李伟、郑雄、哈威、赵图强、徐弢、黄洪涛和傅博……

在这份参加竞聘的大名单里还有许多我熟悉的面孔：麦超、宿茂臻、翟飙、王军、张海涛、符兵、黄洪涛、李华筠……

真的这么多人竞聘国家之队教练？事实并非如此。

许多人都清楚，这么多年来，足协搞过多次竞聘，但竞聘前就基本已经定好人选，竞聘走的都是形式，最后任命只是领导一句话而已。因此，足协通知下发后，报名者很少。怎么办？南勇刚刚出任足管中心主任，新官上任一把火，这次竞聘工作应该热烈火爆，以此来显示对南勇的拥护与爱戴，对中国足球的信心……于是，有人开始做工作，指令各地基层单位动员符合条件的人员报名，甚至给地方足协下报名指标，这才有了火爆的报名“盛况”。

2009年5月5日，经过长时间的难产，足协最终公布了中国各级国字号足球队主帅人选。高洪波被任命为国家队主帅，刘春明被任命为国奥队主帅。国青队和国少队的主帅是宿茂臻和张宁。

这个结果有多少水分？眼下揣度它的权威与公正已没必要。最现实的是，中国男足经历了杜伊、福拉多之后，迎来了高洪波时代。高洪波，他做球员时有“冷面杀手”的绰号。他速度快，捕捉战机能力强，曾是国家队里的致命杀手。高洪波退役后，自1999年起，先后执教过广州松日、上海中远、长春亚泰等球队。

随着南勇的上任、高洪波入主国家队，蛰伏一段时间的蔚少辉逐渐苏醒了。

谢亚龙在任期间，蔚少辉并不像外界传言那样和他的关系很僵。实际上，蔚少辉一直很感激谢亚龙。正是因为谢的再任，蔚少辉由副处变成了正处，未经竞聘，直接被任命为国家队领队。后来，蔚少辉与杜伊发生矛盾，这只是两个人性格和利益冲突的结果，蔚少辉不可能因此就和谢亚龙闹翻。

北京奥运会后，蔚少辉知道谢亚龙下课指日可待。此间，他以各种方式开始与南勇接触。蔚少辉这样做得心应手，毕竟他经历了几任足协领导；他这样做也是情理之中，因为他要生存，这么多年江湖生涯，他也具备了迎合任何领导的本事。

南勇对蔚少辉也有深刻的理解。他觉得蔚少辉有一定业务水平，性格开朗、直爽，还具备一点幽默素质……在足协这个集体里，需要有蔚少辉这样的“鲶鱼”。更何况，南勇在总局人事司工作过，他对蔚少辉的父亲蔚继统也不陌生。

至于高洪波，蔚少辉一直把他当成一个和自己关系不错的小老弟。高洪波的妻子程卫在足协工作，蔚少辉在足协是老人，平素也给了程卫不少关照，因此高洪波把蔚少辉当成老大哥，一直很尊重。

蔚少辉一直认为高洪波很仁义。马克坚去世前一天，即 2008 年 11 月 12 日，高洪波参加完北京明星足球队成立的新闻发布会，立刻赶到医院陪在马克坚的身边。高洪波是马克坚的弟子，他对马老感情很深，他一直守护着马克坚，直到第二天上午马老去世……

南勇把持了足协，他让高洪波出任国足主帅，让蔚少辉出任领队，这一切水到渠成。

高洪波上任后，开始着手组建新一期的国家队。那段时间，高洪波接触最多的是蔚少辉。两个人常常在办公室里一猫就是一天。两人探讨的话题除了第一期国家队的大名单，还有如何管理国家队的问题。这些话题都是蔚少辉的强项。高洪波也很惊讶，他发现只要随便提到某个球员，蔚少辉都能从他的性格、爱好以及技术特点、发展潜力等方面说得头头是道。那一时刻，高洪波觉得，自己能和蔚少辉合作，这可能是一种命运的垂青……

蔚少辉陪高洪波走过最艰难时刻

高洪波执鞭半年后，他迎来了自己执教生涯中最艰难的时期。

2009年11月，媒体以强劲势头关注着足坛的打假扫黑。当时，已被警方控制的有王鑫、王珀、尤可为、范广鸣等人。媒体除了追踪最新案情，针对几个嫌疑人的经历，也开始猜测足坛即将出现的涉案人员。就在这个时候，高洪波成为舆论关注的焦点。

2009年12月28日，面对外界围绕高洪波的争议，我曾写过一篇博文，现在读起来，还隐约能感受到当时剑拔弩张的氛围。原博文如下：

高洪波为什么不能被怀疑？

说实话，当我写《球事儿》写到尤可为和吕东这些过去的老朋友时，梳理他们的过去，我的情感有点微妙。写着写着，甚至写出同情来……司法要独立，更要公平，该抓的只是一小部分，小兄弟们在号子里吃苦受罪，黑老大却在外面喝酒泡妞，怎么得了？窃钩者诛，窃国者侯，这显然不是球迷的全部诉求。

打假扫黑特殊时期，人们都习惯猜测、联想，甚至去怀疑一切。所以，至少我不相信什么成都谢菲联道歉的诚意，也不感动于南勇那种打假扫黑的决心。我可以按照我的逻辑去推理，推理许宏涛、刘红伟们他们除了打假球，难道没有为比赛开盘坐庄？或者从陕西国力跑到新加坡的丁哲，他是不是当年王珀想操纵东南亚比赛的急先锋……

写书过程中，就一些问题，我和李承鹏时常交流。他也正弄一本书，我们需要核对一些事情，矫正一些事情，甚至联想一些事情……因为，这是我们的权利。比如从尤可为身上，我会想到他的老搭档高洪波。在厦门蓝狮，高洪波是主教练，尤可为是领队。两人关系十分要好。1985年，两人都是中青队的主力，该队取得亚青赛冠军，同年世青赛上也进入八强。高洪波入主厦门蓝狮，尤可为加盟也就水到渠成了。

尤可为被警方控制，媒体穷追猛打时，高洪波率国家队在西亚打亚洲杯预选赛。当时，关于他的新闻，一种主旋律的宣传基调是：尤可为是尤可为，而高洪波是高洪波！的确，两人身高体重腰围姓氏都不同，但他们毕竟在一个团队里。比如说，茶杯是茶杯，茶壶是茶壶。只是，茶杯如果和茶壶不发生关系，还喝个屁茶呢！

有人说："高洪波本人绝对干净，但是他的一个习惯却给了尤可为钻空子的机会。"什么习惯呢？原来，厦门队客场几乎都飞来飞去，但高洪波却有个习惯，那就是国内比赛，"只要是可以坐火车前往，他肯定会乘坐火车，而放弃坐飞机"。正因为坐火车的高洪波比坐飞机的尤可为晚到，这就"给尤可为做工作提供了机会"。

可问题是，假如厦门蓝狮真打了十多场假球，那这些球难道都是客场？如果其中有主场，尤可为与高洪波还有时间差吗？如果非说有时间差，那就有这样的可能了：厦门队主场比赛，高洪波从不坐球队大巴车，而是从下榻地走到球场，这样就与坐大巴车的尤可为产生了时间差。

搞体育的人都知道，时间差其实是一种战术，比如排球的扣球，把握好时间差就意味着得分。高洪波的时间差意味着什么？相信这个话题厦门体育场里拣球的球童都能回答。

我在即将出版的《球事儿》里，详细记述了2006年3月与上海举报人H先生的接触过程。H几乎是把尤可为作重点举报对象的，并提到当年厦门队涉嫌打假球的重要线索。当时，H就提到一场发生在2005年10月5日的厦门与大连的比赛。这场球谁胜谁就冲进当年的足协杯决赛。此前，厦门客场战平大连队，主场只需要战平即可晋级，但遗憾的是，这场球厦门队主场比赛派上场的几乎都是替补，最后大连5:1大胜厦门。

当年，H 先生告诉我："我们做好了这场球，但为保险起见，我又亲自给厦门 ××× 卡里打进 10 万……这球员客场打大连时没上场，我们特意要求他这场球上的……"

有专家仔细分析了这场球的盘口，庄家开出的初盘是（大连）实德让半球，应该说，这是一个正常盘口。但随着比赛的临近，盘口开始飞涨，一路上升到实德让一球，且水位极低。开战后，在走地盘中，实德水位超低到在 0.01 ～ 0.05 之间徘徊。也就是说，下注实德 100 元，只能赢几块钱。即使大连队攻入一球之后，盘口依然为大连让一球 0.01 ～ 0.05 的水位，而大小球盘也是高达 4 球！

比赛结束后，厦门蓝狮俱乐部也知道事情玩过了，他们公开表示：让替补出战是为了 10 月 8 日同浙江绿城的冲超关键之战，不能因为足协杯而耽误了冲超。

厦门队的理由缺少信服力。当时"中甲"赛场的形势是：距离"中甲"结束还有三轮，厦门队的积分是 57 分高居榜首，排在第二的长春亚泰为 55 分，第三名浙江绿城为 51 分，也就是说在后面的三场比赛中，厦门队只需要三分就可以确保升级！

最关键的问题是，在一场涉及到厦门队能否进入足协杯决赛的关键之役中，主教练竟然没有出现！难道是"时间差"在作怪？高洪波出发太晚了，以至比赛结束还没有赶到？是役，比赛名单是尤可为公布的，指挥的也是尤可为！

我们可以分析出多种可能：一是高洪波根本不同意以替补阵容迎战大连队，于是与尤可为或俱乐部发生争执，负气放弃这场比赛的指挥权；二是高洪波同意这场比赛的出场阵容以及比分的约定，但为了保护自己，找个理由没有来到比赛现场；当然，也会有第三种可能，高洪波有急事不能到场；至于第四种可能，就是前面的"时间差"了！

事情变得很简单了。在这场疑似假球里，许多谜团需要解开。高洪波可能真的清白，但他需要用事实来证明自己。证明是他的权利，怀疑也是别人的权利。否则，在高洪波对这场比赛没有令人信服的解释之前，人们对他的猜测和联想都是正常的事儿！

我和高洪波没有任何交往，也没有任何恩怨，甚至他当球员时，我作为一个球迷还对他充满了崇拜。可在打假扫黑的大背景里，我介入对他的怀疑可谓是一种本能。这种本能来自以下几个因素，一是当时足坛打假已成为所有媒体人的责任与冲动；二是尤可为被警方立案侦查后，他的境遇和高洪波现状之间的“逻辑关系”也吸引了我。因为我知道，正确的逻辑推理是一种力量，我无法拒绝这种力量。

2010 年 1 月，南勇出事了，高洪波和蔚少辉的压力可想而知。

2010 年 2 月 6 日，高洪波顶着巨大的压力率国家队从上海飞日本，备战即将开始的东亚四强赛。自 2009 年 5 月份他接手国足教鞭组队以来，至今一共打了 14 场比赛，但东亚四强赛中将遭遇日韩，这显然是对国足的一次重大考验。

高洪波是幸运的。东亚四强赛上，国足取得了冠军，尤其国足以 3∶0 战胜韩国队，结束了国家队 32 年来逢韩不胜的历史。国内舆论都在关注东亚四强赛的冠军奖杯，关注高洪波摘掉了国足“恐韩症”的帽子……国足归国，足管中心主任韦迪亲自到机场去接——这一切让高洪波紧张的神经终于松弛了一下。

这场胜利也让蔚少辉扬眉吐气。他在接受记者采访时感慨：我们出征时就顶着压力，队员也有压力，可在关键时刻，全队都很团结，所以我们拿了四强赛所有奖项……球迷不能太心急，中国足球也不能太急，要慢慢来，只要有耐心，我们还会取得好成绩的。

蔚少辉说：“在过去的三年时间，我最难忘的是三场比赛：第一场是朱（广沪）指导带队，在亚洲杯和乌兹别克比赛的下半场，被人家灌了三个；第二场是杜伊和福拉多带队在天津输给卡塔尔队（世界杯外围赛预选赛）；第三场就是前天我们本次东亚四强赛战胜韩国。前两场比赛让我痛心，战胜韩国让我开心，有种扬眉吐气的感觉。”

蔚少辉觉得，以往的中国队总是败于细节。所谓的细节，就是中国足球一定要走技术化、快速、短传和意识的道路。他说：“现在证明高洪波是对的！我希望媒体不要给他过大压力，多理解支持高洪波，高洪波不会是阿里·汉、杜伊，我们多给他点时间，国家队的目标不是东亚四强赛，而是2014年的巴西世界杯！”

第十一章 “小人物”王鑫——足坛因我而动荡

可以想象，王鑫要在北京奥运会前落网，为稳定和谐计，该案不会惊起任何波澜；如果王鑫2009年年初没被抓获，2009年的中国足坛，既不备战世界杯，也不筹划奥运会，它注定会是平淡的一年。

王鑫等“沈阳赌帮”的前世今生

1993年11月26日，一架MD82从沈阳飞乌鲁木齐，在乌鲁木齐附近降落时坠毁，机组4人、旅客8人共12人罹难。在飞机失事后半个小时，废墟里被抬出一个空姐，她神智尚清，只是下半身血肉模糊。她叫宋静，她就是当时沈阳六药足球队队员王鑫的妻子。

这架航班出事时，与宋静背靠背而坐的4名机组人员当场死亡，当时身受重伤的宋静强忍剧痛，冷静地指挥幸存乘客逃生。后来援救人员赶到残存的机舱里，她被紧急送往医院。当时宋静脉搏已停止跳动，全身上下遭受多处复合伤，经 4 个多小时的抢救才苏醒，随后又昏迷了 3 天 3 夜。

王鑫当时在沈阳六药队。沈阳足球的血脉来自何处？1987 年，沈阳市体委要成立一支足球队。当时，时任辽宁派丽队（辽足二队）主教练的王洪礼率领董礼强、傅博、程强等一干年轻后生，在全国足球乙级联赛中以骄人的战绩夺得了参加当年甲级联赛的资格，但是由于中国足协规定辽宁不能有两支队伍同时参加甲级联赛，于是这个名额也很自然地送给了刚刚组建的沈阳队。

1992 年 6 月，中国足协在北京西郊红山口召开会议，决定把足球作为体育改革的突破口，确定了中国足球要走职业化发展的道路。到了 1993 年年底，各家足球俱乐部摩拳擦掌备战第一届中国足球职业联赛。当年的沈阳六药队，尽管没有绝对实力要在职业联赛中独占鳌头，但他们从俄罗斯引进谢尔盖做主教练，成为中国职业联赛中第一个引进外教的俱乐部。

正备战首届甲级职业联赛的王鑫没想到此时遭遇了磨难。妻子宋静住院治疗期间，王鑫不得不停赛照顾妻子。恢复训练后，他也是上午一训练完，甚至来不及吃午饭就赶到医院，天天在球队驻地与医院间来回奔波。

如此境遇，但王鑫还是在 1994 年沈阳队与大连队的一场重要比赛中，打入致胜一球。当时沈阳六药队主帅谢尔盖曾眼含热泪拥抱王鑫，感叹王鑫“太不容易了”！在王鑫最难的这一年，他还为球队打入十粒进球。

不能否认，王鑫早年的成长经历很顺利，他身上也透出一股天才射手的气质。1982 年，王鑫与高旭、程强、吕东等伙伴从大连一起被调入辽宁省体校，随后又被选入辽少队、辽青队。1985 年，张志诚教练将王鑫选入国青队，在 1986 年举行的“TDK”杯国际青年锦标赛上，王鑫在一场比赛中梅开二度，其中第一个进球是一记技惊四座的凌空抽射，引得众行家交口称赞。1986 年，王鑫被徐根宝选入国家二队，此后又一度被李应发选入辽宁队……1988 年，离开国家青年队的王鑫穿上军装，成为北京部队队的一名职业球员。在为北京部队队效力的两年时间里，他一共打进 16 个入球，奠定了自己在队内主力射手的位置。

后来，因为妻子宋静在沈阳工作，于是王鑫在1991年离开北京部队队，加盟沈阳队。他并没有想到，自己的命运自从来沈阳之后发生了变化。

如果说妻子遭遇飞机失事是对王鑫的第一次打击，那么在1996年前后，他因编制问题又再次遭受人生的波折。

1995年年底，由于沈阳华晨金杯集团介入，沈阳足球面临改制问题。许多球员产权需要明晰、界定，同时还需以相关政策要求，落实离退役球员待遇问题。但恰恰是在这场改制过程中，王鑫等人成了“牺牲品”。

早在1992年，国家相关政策要求对退役运动员的工作问题予以妥善安置，当时，一批老沈足球员纷纷退役，他们对这个文件的出台并不知情。到了2004年，国家又出台了新政策，规定对尚未解决后顾之忧的退役运动员，在资金上给予一次性补偿，这其中主要涉及的是养老保险与医疗保险两大块。

像王鑫这样没享受到相关待遇的老球员很多。尤可为、丁哲等也在其列。他们退役后发现自己的“编制”却没了。比如尤可为，他的人事档案上写着“全民固定工人编制”，另外还有“可以转干的补充说明”，但尤可为自己一点不知道。直到他和王鑫这批老队员退役，才发现自己既没有编制，也没有养老保险，更没人给安排工作，他们真正是一无所有了。

所以在2001年以来，王鑫、尤可为、丁哲等10多名老沈阳队队员多次上访，可得到的却总是推诿、搪塞。这些球员也曾声称要用法律手段维护自身权益，但随着这些人各奔东西，他们始终没有达成合力。

丁哲退役后，先后在沈阳海狮和沈阳金德队做教练，后投奔王珀，在山西陆虎队做教练。

2000年，尤可为远走云南，任云南红塔队领队兼助教，给戚务生当助手；2005年到厦门蓝狮队做领队兼助教，辅助主教练高洪波；2007年，他到成都谢菲联队做领队兼副总经理……

丁哲辅助王珀后，2006年，王鑫也进入山西陆虎俱乐部任副总经理。2007年，经过丁哲等人的穿针引线，王鑫带领辽宁广原队参加新加坡联赛，他出任球队领队。

但谁也没想到，王鑫、尤可为、丁哲这几个逐渐被人淡忘的前球员，竟然一夜间在足坛掀起巨大波澜。2009 年 11 月初，他们被警方控制的消息已不胫而走，11 月 25 日，公安部第一次正式公布足坛涉赌案情。原文如下：

> 在调查王鑫在新加坡操纵球队打假球的过程中，公安机关发现他还在国内通过商业贿赂等手段操纵个别场次足球比赛。根据掌握的线索，警方顺藤摸瓜，揭开了广州医药队与山西陆虎队踢假球等内幕。因案件涉及其他省市，公安部指定王鑫等人案件由辽宁省公安机关管辖。
>
> 据公安机关调查，2006 年 8 月 19 日，“中甲”联赛第 17 轮，有“冲超”希望的广州医药队主场对阵山西陆虎队。赛前王鑫、王珀等人放出风声，希望广州医药队来买这场球。随后二人在联系丁哲、杨旭等人后，通过贿赂的方式，操纵了比赛结果。最终，广州医药队 5∶1 大胜山西陆虎队。而王鑫、王珀等人不仅获得了贿赂款，还利用非法操纵比赛结果这一手段，在比赛当日投注某国际赌博网站，从中牟取暴利。
>
> 目前，专案组已查明，王鑫、王珀、丁哲、杨旭等人，自 2006 年以来就先后利用商业贿赂的方式，对国内“中甲”联赛个别场次比赛结果进行操纵，已触犯刑法第一百六十三条、第一百六十四条等有关规定，涉嫌犯罪。目前该案正在进一步调查之中。
>
> 公安部治安管理局有关负责人表示，通过贿赂操纵足球比赛结果的犯罪行为影响恶劣、不得人心。今后，公安机关将依法履行职责，坚决打击犯罪，并会同有关部门共同强化管理，实行综合治理，为我国足球事业的健康发展作出积极贡献。

王珀，1955 年生于沈阳。1987 下海，曾任中海直东北（大连）公司经理、大连中海公司总经理。2003 年入主陕西国力俱乐部，开始了他的足球生涯。2005 年他经营西藏惠通，2006 年又执掌山西陆虎，2007 年则转战内蒙，树起了呼和浩特足球队大旗……

王珀在中国足坛的名声不佳。他在足坛走南闯北，经营每个俱乐部都留下了许多场疑问球。11月25日警方公布的这场假球，正是王珀执掌山西陆虎队时的“杰作”。

2006年8月19日，广州医药要冲中超，他们主场迎战山西陆虎。王珀不想赢球，只想要钱，于是机会来了，经过他精心导演，最终以20万搞定了一场“5∶1”的比赛。

据办案人员介绍，2006年，王珀是山西陆虎队的总经理，王鑫以赞助人的身份进入到球队当副总经理。实际上他并没有投资赞助，只是想用打假球和利用球赛赌博的方式为他和王珀挣钱。

8月19日这场比赛前，王珀和王鑫通过球队助理教练、中间人等与广州医药队方面联系，看他们能不能买这场球。在确认广州医药会买下这场球后，王珀等人开始研究盘口，要做大球盘，所以王珀和王鑫就和球员商量要踢出大比分，最后以1∶5输掉了这场球。

一切安排妥当，王鑫和王珀就开始疯狂下注。办案人员说，把比赛比分安排好后，王鑫和王珀作为球队的主要领导连比赛现场都没去，就迫不及待地跑到东莞赌球去了。到了东莞后，他们找到一个庄家押球。非常不巧的是，当时最大的赌球网——皇冠网并没有开设这场比赛，他们只好找了一个比较小的赌球网，最后赢了十几万元。

从当年两支球队的实际情况来看，广州医药队实力远远高于山西陆虎。也就是说，广药队主场要战胜山西陆虎队并不困难。可为保险起见，他们最后还是同意了山西陆虎卖球的建议，但只同意出20万价格。

杨旭原是广州市足协副主席，当时被委派到广州医药足球俱乐部任副总经理。他是这样回忆这场假球经过的：

当时是广东雄鹰足球俱乐部负责人找到我，示意我，山西队问我们买不买这场球。当年联赛客场时我们输了，如果再输这场球，就会对球队“冲超”产生很大影响。为了保险起见，我请示了俱乐部领导同意后，在赛后给了对方20万元。

做这样的事情出于急功近利。当时广州市从上到下都很关注（冲超）这个事情，当时广州足球和广州市的综合实力不很匹配，大家都很想把广州足球带回到中超。在这样的背景下，加上中国足球一些不好的潜规则，反正感觉就是大家都在做，不做吃亏，有点这种感觉，就是老实人吃亏，所以明知道不对还是抱着侥幸的心理来做了这件事。

在警方公布案情时，王鑫露面了。他穿着看守所的绿色绒衣、绒裤，橘色马甲，趿拉着一双拖鞋。被问到为什么要卖球，他神色木然地说：“一场球十几万二十万就卖掉了有点少，但球队当时状况不好，总是欠工资，球员情绪也不太好，而且客场胜算比较低。”

王鑫胡子没剃，对着镜头显得也很沧桑，他最后说：“足球发展到现在这个局面，也是我自己不愿意看到的。但之所以这么做，也是因为足球界的风气不是很好。这么做对足球发展肯定没有好处。”

新加坡赌球案的来龙去脉

早在2008年年初，王鑫在新加坡参与赌球被通缉的消息就传出来了。只是当时所有热点都集中在北京奥运会前期准备工作上，人们忽视了这条日后引发足坛大地震的小小新闻；更难以预料到，早在新加坡期间，王鑫、王珀、丁哲等就已是多年的“利益共同体”了。

2008年2月14日，新加坡《海峡时报》刊载了这样一条新闻：

辽宁广原前锋赵志鹏因在去年的新加坡联赛中接受贿赂并参与打假球，在今天上午的审判中被判入狱七个月。

在去年11月1日与甘柏联队的比赛前，赵志鹏接受了球队总经理王鑫的贿赂，在广源队以 0:5 输掉该场比赛后，赵志鹏收到了 2000 美元的贿款。

在审判过程中，新加坡行政法官表示，参与假球是严重的罪行，玷污了足球运动和新加坡足球联赛的声誉。

赵志鹏在法庭上还恳请法官允许他回到中国完成在本周六进行的婚礼，但遭到了法庭的拒绝。目前，他以 25000 新币保释在外，但其护照已被扣留。

另外，还有六名球员在上周被控受贿，这是新加坡联赛自 1996 年以来涉及球员人数最多的打假案。26 岁的董雷、30 岁的李雪柏、20 岁的王林等人将在下周一面临审前会议。值得一提的是李雪柏是中国足球名宿李应发之子。主犯王鑫目前弃保潜逃，有消息称他已逃回到中国。

王鑫是 2007 年带领辽宁广原队去踢新加坡联赛的。此前，新加坡足总曾引进第一支中国球队新麒队踢新加坡联赛，踢了三年后，新加坡足总没再和该队续约。在这个大背景下，辽宁广原队肩负起新麒队的使命，进入新加坡联赛。

王鑫能统率辽宁广原队得益于老队友丁哲。新麒队骨干也都是辽沈籍二线球员，当时丁哲是主教练。新麒队消失后，丁哲转投辽宁广原队，并且辅助他推介来的王鑫，共同经营这支球队。

这里还需提到另一个重要人物，那就是原足协官员范广鸣。

范广鸣出生于沈阳，早年踢球，曾入选过国青队，代表中国队征战亚青赛。退役之后，范广鸣在中国足协工作，初期他负责商务开发工作，中国职业联赛初期的万宝路赞助就有他的一份功劳。

2004 年，阎世铎在足协内部开始实行竞聘上岗制度。所有的中层干部必须通过考核之后才能上岗，并且实施末位淘汰制。由于家庭负担过重，范广鸣被淘汰。但由于对足球的喜欢，他不想离开这一行，后来经过与新加坡商人王津辉的接触，他远下南洋，成为了新加坡新麒队的官员，并且兼任领队。

2008年年初，范广鸣从新加坡回国，随后再次回到足协，在联赛部负责业余足球赛事管理工作。2009年11月初，全国业余足球总决赛在武汉拉开帷幕，范广鸣是组委会的重要成员。就在武汉全国业余足球联赛决赛现场，负责组织赛事的范广鸣被陌生人带走，之后足协以及业余足球联赛组委会均无法联系上他。后来即传出范广鸣被警方带走协助调查，他也成为中国足协第一个被要求协助调查的官员。

警方在11月25日第一次公布案情时，只提到范广鸣，但对其涉嫌犯罪事实没有交代。当时许多人曾猜测他与新加坡赌球案有关。后来，随着警方再次公布案情，范广鸣涉嫌犯罪的事实也被批露出来：

2006年9月9日“中甲”联赛第19轮，广州医药队主场迎战浙江绿城队。当时联赛进入后期，两队都有“冲超”机会和实力，积分相差只有1分，谁胜就会占据更有利位置。为了加大赢球的把握，广州医药队萌生了让对手“放水”的想法。

由于这场球对浙江绿城也很关键，想通过俱乐部做工作无望，于是时任广州医药足球俱乐部副总经理的杨旭，便打电话求助于范广鸣。范广鸣便与原青岛中能U19队主教练冷波联系，冷波又与前山东鲁能队长邢锐联系，再由邢锐找到原浙江绿城队主力队员沈刘曦等人做球。

通过这条线，各方经过多次沟通，邢锐与沈刘曦达成80万元的打假球协议，邢锐向冷波要价100万元，范广鸣则向杨旭要价150万元。广州医药足球俱乐部的杨旭等人经研究决定，同意拿出150万元。比赛中，司职前腰的沈刘曦等人故意组织进攻不力，结果广州医药队3∶2如愿以偿赢了浙江绿城队。特地赶到广州的范广鸣、冷波，在宾馆看完比赛后，即拿到广药俱乐部早已备好的150万元现金，并通知邢锐取走100万元，剩下的范、冷二人平分，各得25万元。

这意味着，尽管中国球队去踢新加坡联赛是范广鸣运作的结果，但他在新加坡那段时间的历史是清白的，甚至当时在得知球员涉嫌打假球后，他还大发脾气，痛斥这种玷污比赛公平的行为。

范广鸣在新加坡的合作人叫王津辉，祖籍天津，是新麒公司老板。

王津辉与范广鸣相识很早，而且在他的印象里，“老范”是一个相当厚道的人，“第一次见到老范是在1996年，当时在阿联酋，那时候他可是中国足协的官员。对于我们球迷来说，足协的人都挺神秘的，而老范一点架子也没有，办事儿特别利落。”

2005年年初，一家赞助商决定组队以新麒队的名义继续征战新加坡联赛，而范广鸣几乎是以承包人的身份加盟的，球队的管理也由他负责。但是球队的状况，令所有人都感觉意外，赞助商的赞助款经常不到位，甚至连负责人的电话也经常打不通。球员们为了工资奖金开始闹情绪，“当时给老范累得，人都脱了相了”。

2005年的那支新麒队也许是在新加坡踢球的中国球队中最强大的一支，拥有大批在国内踢球的二线球员，包括罗彤亮、姚立、姜峰等名将。正因为对球队实力有信心，范广鸣与公司签署的合同约定，球队必须进入联赛前六名，但最后由于赞助商拖欠款项以及球员情绪不稳，球队没有完成指标。

王津辉透露，那时候为了给球员发工资，范广鸣把自己一年的收入都搭在里面，自己一分钱都没拿到。2005赛季结束之后，新麒队正式退出，而范广鸣与赞助商的合同本来是两年期限，最后也随之放弃。2006年的新加坡联赛就在缺少一支球队的情况下开战。

范广鸣当时到底为什么那么累，王津辉觉得主要是队伍太难管理。“我可以用一个词来形容，那就是鞠躬尽瘁。我们关系不错，他总是因为球员的事儿发火，因为都不听他的。别看这些球员来之前都说得好好的，但是一旦拖欠工资奖金，他们确实让老范头疼。老范真是付出太多了，平息了很多事儿，也管住了很多事儿，否则那支球队，恐怕在2005年就得有人被抓起来。”

他说。

球队如何管理，王津辉也是有发言权的，因为他曾经在2003年亲自管理过队伍。后来新麒与球队的合作都事先约定，由教练组来管理球队，公司方面不再参与。因此他也特别理解范广鸣的处境，“他这人比较好说话，不爱驳人家面子。这也是他的弱点。”

也许是这种性格，2007年，范广鸣又一次来到新加坡，这次他与王鑫、丁哲合作。他没想到的是，在新加坡规规矩矩、本本分分的王鑫竟然背着自己踢起了假球？

王鑫在新加坡一直很低调，不喜欢多交朋友，也不喜欢接受采访。他的妻子宋静经历那场空难后，身体状况一直很糟糕。王鑫把妻子和儿子都接到新加坡。每天除了训练和比赛，剩下的时间就是陪着妻儿。

辽宁广原队成绩中游，队员们也都很本分。队员们住在一个别墅区，共七套房间，每套三室一厅。其中王鑫一家人住一套，丁哲和其他教练住一套，其余的归队员住。王津辉介绍，王鑫对球队的管理比较严格，队员每天出门都要先报告，比赛之前一天，要上交手机，不准与外界联系。王津辉说：“这样一支默默无闻的球队，谁想到会出这么大的事？”

新加坡司法部门在联赛中期就盯上了辽宁广原队，他们用大量时间收集证据，直到2007年11月14日，贪污调查局闯进辽宁广原队的驻地，搜出大量现金，随后带走该队全部队员。

2008年1月，新足总对外宣布，辽宁广原总经理兼领队王鑫因涉嫌操纵比赛，已经被立案侦查，另有七名球员被扣押。

这是新加坡联赛1996年开始以来，第一次出现这么大的丑闻。

辽宁广原队没涉案的球员不久就被放了出来。而王鑫被调查期间，一口咬定没有赌球，赌球只是个别球员的个人行为……他态度坚决，并提出保释请求，交了8万新币的保释金，然后王鑫出来了，并于当天晚上就潜逃回国。

2008年2月，经过两次庭审，辽宁广原队七名涉案球员分别被判以罚款和监禁。赵志鹏、董雷、李雪柏、李铮、彭志毅、佟迪被判入狱五个月，罚款 4000 新币。其中年龄最小的王林被判服刑四个月。

王鑫由于庭审时未出现，新加坡方面发出红色通缉令，对他进行全球通缉。

中央高层关注使王鑫涉赌案升级

2009 年年初，公安部根据国际刑警组织新加坡国家中心局发出的红色通缉令和有关请求，部署辽宁省公安机关协助调查王鑫（注：因他是辽宁大连人）在新加坡非法操纵足球比赛一案。专案组经过周密部署、精心组织和艰苦细致的工作，于 2009 年 4 月在沈阳将王鑫抓获。

据专案组负责人介绍，在调查王鑫在新加坡操纵球队打假球的过程中，公安机关发现他还在国内通过商业贿赂等手段操纵个别场次的足球比赛。警方根据掌握的线索，顺藤摸瓜，揭开了广州医药队与山西陆虎队踢假球等内幕。因案件涉及其他省市，公安部指定王鑫等人案件由辽宁省公安机关管辖。

问题的关键是，涉及王鑫的新加坡赌球案如何成为了席卷全国的足坛打假扫黑行动的导火索？从常理上说，王鑫是 2009 年 4 月被抓获的，而足坛大规模抓捕行动却发生在当年 10 月下旬。此间究竟发生了什么？是哪种力量成为了王鑫案“升级”的推手？

让我们先看看 10 月 12 日这天发生了什么。

是日，正在德国进行正式访问的中国国家副主席习近平，在参观德国拜尔集团时，表示自己很喜欢足球，并指出中国有一流的球迷和可观的足球市场，但目前职业足球水平比较低，希望可以迎头赶上。习近平说：“举办完奥运会之后，中国下了一个决心，既然我们其他的运动可以拿到金牌，那么足球也一定要下决心搞上去，但是这个时间会很长。”

14 日，中国足球工作座谈会在山东青岛举行。在这样一个看起来业务性颇强的座谈会上，中共中央政治局委员、国务委员刘延东出席并作了讲话，她指出，中共三代领导集体和以胡锦涛同志为总书记的党中央十分关心足球运动的发展。

刘延东强调，足球是最受群众欢迎的运动之一，“我们要以对国家和人民高度负责的态度，深刻总结足球运动发展的经验和教训，找准阻碍我国足球发展的症结，抓紧研究提出符合国情的足球运动改革与发展的思路和措施，不断提高我国足球运动发展水平”。

10月15日《人民日报》在四版要闻版以《刘延东在足球工作座谈会上强调：提高足球运动水平，开创足球工作新局面》为题刊发报道。

舆论认为，刘延东的讲话也明确了这样的信息，那就是中国足球将积极探索“举国体制”与市场机制的结合，建立健全的管理、训练和竞赛体制，加强监管，规范行为。曾几何时，中国足坛赛场上令人困扰已久、被球迷深恶痛绝的假球、黑哨问题，足协和俱乐部都是雷声大雨点小，刀子“高高举起轻轻放下”。而高层最近的连番表态，或许暗示将出台彻底的制度化解决方案，一举消除制约中国足球发展的痼疾。

2008年北京奥运会后，中国足球颜面尽失。拯救中国足球，就要剔除足球内部假丑恶这个毒瘤。而正在此时王鑫案不失时机地走进了这个历史时刻。可以想象，王鑫要在北京奥运会前落网，为稳定和谐计，该案不会惊起任何波澜；如果王鑫2009年年初没被抓获，2009年的中国足坛，既不备战世界杯，也不筹划奥运会，它注定会是平淡的一年。

王鑫恰到好处地在2009年年初落网了。

国家副主席习近平在德国谈足球后的第四天，即2009年10月16日，前广东雄鹰俱乐部总经理钟国健被南下羊城的辽宁警方控制，成为在中国足坛扫赌反黑风暴中落马的第一人。10月19日，前广州市足协官员、广药足球俱乐部副总杨旭因涉嫌行贿被警方带走；在接下来的一个月内，范广鸣、王珀、尤可为、许宏涛等人纷纷落网。

11月中旬，国务院下派调研组陆续到沈阳、大连、青岛、武汉、广州、厦门和成都等地实地调查。尽管有舆论称，调研组只是正常调研足球生存发展情况，但在反赌大背景下，人们还是对调研组的工作产生了很多联想。

调研组11月22日抵达上海，据知情者介绍，接受调研组调研的对象共包括三个部分，一是上海市体育局；二是上海三家职业足球俱乐部——申花、东亚和中邦；三是上海市公安局。上海市体育局和上海三家职业足球俱乐部接受调研，这似乎是情理之中的事，然而上海市公安局也成为被调研的对象，就难免让人将调研组此次上海之行与“反赌风暴”联系起来。

上海这三家职业足球俱乐部负责人朱骏、徐根宝和卫平在接受媒体采访时都显得很谨慎，就连一向敢说敢言的朱骏也突然变了口风，只说是向调研组汇报球队的情况，其中包括青少年足球、市场运作、俱乐部经营等内容。至于外界非常关心的“赌球”话题，几位负责人均讳莫如深。

上海市足协官员在接受媒体采访时则称：“在调研组与上海足球圈内人会面时并无公安部门的人。”该官员最后还特别强调：“希望球迷和媒体不要神经太过敏感，不要误认为在这个特殊时期，凡是和足球扯上关系的会议就一定和赌球有关。”

国务院下派的调研组马不停蹄地奔波时，11月下旬，由12部委成立的中国足球综合治理办公室领导小组来到足协，就公安部公布的反赌进展情况与足协沟通。联赛部向该工作组提交了从1994年到2009年总共16年的联赛资料，其中包括每年的详细比赛场次和比分，以及每年联赛排名和升降级情况。

据了解，之所以将16年的联赛情况上交调查，是因为警方的调查目标已经不局限于目前公布的2006赛季“中甲”赛场。随着反赌事件的深入，相关线索已涉及到了2008甚至2009赛季。后面涉及到的问题，需要大量取证，这也意味着足协提供的材料也涉及到中超联赛。

可见，中央高层领导对足球的重视，使中国足球在2009年迎来一次自我拯救的机会。

事实上，党和国家领导人关心足球的例子有很多。有资料记载：

1955年秋天，在先农坛体育场要进行中华体总体训班（实际上的国家队）与苏联泽尼特足球队的比赛。比赛开始前，场内突然发出雷鸣般的掌声。原来，毛泽东主席来看比赛了。比赛结束后，毛主席穿着灰色的风衣，身躯魁梧，稳步走向双方的队员。在与客队泽尼特球员握手后，毛泽东向中国队走来，中国国家队教练李凤楼和队长史万春首先迎了上去，毛泽东紧紧地握住他们的手，并用浓重的湖南口音连说几句："打得好！打得好！"随即又和中国足球队的队员们一一握手。球员们事后回忆，本来当时他们想高喊"毛主席万岁"，但当时他们激动得一句话都说不出来了。

同年，南斯拉夫足球队在获得了奥运会冠军后，来中国访问比赛。中国足球队其时刚从匈牙利"上学"归来不久，自然不是奥运会冠军南斯拉夫足球队的对手，结果输得很惨。但赛后，毛泽东却热情地接见了南斯拉夫队，并发出了一个关于中国足球的预言："我们今天输给你们，明天输给你们，但13年之后要赢你们！"

毛泽东的激励，使中国足球界备受鼓舞，球员们刻苦训练，成绩提高很快。当时的中国足球队，后来被誉为中国足球史上最强盛的队伍，队员有戚务生、徐根宝等。在毛泽东发出预言仅仅4年后，中国队就取得了以6:0大胜日本队的骄人成绩。

毛泽东的豪情壮志还没实现，史无前例的"文革"就来临了。那个年代，全民狂躁，中国足球也没能幸免，"文革"后，国家足球队也解散了。

另一个关于足球的故事和邓小平有关。提到邓小平，人们想起最多的是他那句话："足球要从娃娃抓起。"邓小平早在1979年接见国家体委领导时就曾说："增加娃娃的事儿，要专门写个报告……搞足球不从娃娃抓起是搞不上去的。"到了1985年8月11日，首届国际足联16岁以下柯达杯世界锦标赛的闭幕式在北京举行，时任国务院副总理的李鹏在工人体育场接见当时的国际足联主席阿维兰热时，又一次向在座的国家体委领导同志传达了邓小平关于足球的指示："足球要从娃娃抓起。"

从此这句话广为流传。至于邓小平和足球的故事，有媒体作过详细报道：

1974年，陈家亮（作者注：20世纪60年代国家队队长）在国家体委足球处工作。有一天体委值班室的人找到他，问，科研处有一部足球纪录片叫《世界在你脚下》，你知道不知道？陈家亮说，知道。值班室的人说，邓小平同志打电话来，说要看。

陈家亮和一个放映员带着两部机器、两个拷贝，去了钓鱼台北边的邓小平住宅。

那是1974年秋末的一个星期日，上午快10点钟了，陈家亮走进了邓宅。那天邓家的全家人都在。放映员刚在一楼客厅里架好机器，挂好银幕，邓小平就从二楼走下来，坐到了沙发上。

邓家有周末看电影的习惯。很显然，这是很多个属于电影的周末之一，因此当他们开始播映影片时，陈家亮注意到，邓小平的家人全都安静地坐了下来观看，邓朴方躺在长沙发上看，服务人员也站在后面看。

对于这个观摩足球电影的上午，很多文字记录似乎都很强调邓小平健谈风趣的形象。这些文字记录说，邓小平"边观看电影，边兴致勃勃地与陈家亮讨论中国足球的问题"。但是，陈家亮自己回忆说，其实那天邓小平几乎没说什么话，跟他的交流也很少。倒是他请陈家亮吸了几支烟，给后者留下了深刻的印象。

"他的话很少，不轻易发言。"陈家亮说，"只是看得特别入迷，精神很集中。"

看完电影已经下午1点多了，家人都开始催促邓小平吃饭。陈家亮见很难得到邓小平的评价，就抽空问邓朴方："片子怎么样？"邓朴方回答说太精彩了，像过年吃饺子一样。

卓琳请陈家亮和放映员留在家里吃饭。邓小平席间与陈家亮闲聊了几句，然后就上楼休息去了。陈家亮继续吃饭，吃饱了之后才收拾机器回家，仍对邓小平在足球方面的惜字如金微微感到困惑。

其时邓小平刚刚从江西回到北京，度过了他第二次复出前的蛰伏期。

1977年7月30日，还未出来工作的邓小平令人意外地出现在北京工人体育场的看台上，当时他受到热烈欢迎的景象，如今已经定格成了历史画面。当年北京举办“长城杯”国际足球邀请赛，中国青年队和香港队进入了决赛。在女儿邓榕的回忆中，邓小平这次在公众面前出现是一次纯粹的球迷行为，并非出于政治考量。

“那天父亲带着我们去看球，本来是想悄悄坐在主席台末排的。”邓榕说。

不料旁边看台的观众发现了这位即将东山再起的国家领导人。当时陈家亮正在场地边工作，突然发觉看台上的观众纷纷起立，紧接着就听众人说，“邓小平来了。”

消息在看台上传播开来，全场一万多名观众开始起立并热烈鼓掌。陈家亮说，那场面“以前没见过”，鼓掌足有两分多钟，“确实激动人心”。邓小平只好双手高举鼓掌，向观众致意，但是观众依旧鼓掌不停。

“父亲走到主席台的前排，连连向观众们鼓掌致意。”邓榕回忆说。

陈家亮远远地看到，长时间的鼓掌之后，邓小平向前走了几步，双手下压，示意大家停止鼓掌，坐下看球。

根据国际社会的普遍猜测，邓小平应该选择8月1日的建军节招待会做复出后的首次公开露面。他提前两天出现在看台上，出乎大多数人的意料。法新社当时的报道说：“邓似乎并没有由于他去年受到贬辱而有什么改变，看上去比他的年龄要年轻十岁。”

邓小平这次现身工体成为了一个信号：中国的邓小平时代即将来临。

比赛结果是中国青年队战胜了中国香港队，获得了冠军。不过，足球元老们也讲不清楚邓小平是否对这场比赛满意，因为在赛后接见运动员时，他并没有表现出什么特别的情绪。邓小平的谈话体现的是他的改革开放思路：“今后要走出国门，通过打比赛，学习先进，积累经验，尽快提高我国的足球水平。”

同样作为超级球迷，邓小平与阿根廷的梅内姆总统等一些国家政要不同，他从不参与到具体的足球事务当中。梅内姆总统经常干涉国家队事务，甚至在竞选中利用足球因素，把取得马拉多纳的支持当做自己的政治策略之一。法国和德国的历任元首，如希拉克和施罗德，也颇多与足球界明星们的私人交往。邓小平对待足球的态度显然与他们不同，他身边的工作人员，如警卫张宝忠、护士郭勤英都回忆说，邓小平对足球流露出一种超然、冷静、纯欣赏的态度。

王鑫母亲为儿子的一次维权行动

古人说，忠孝不能两全。这话对王鑫来说显得更残酷。毛泽东和邓小平等领导人都曾如此钟爱足球，足球直接涉及到国家利益，作为一个球员，尽忠尽职实为自己的义务与责任，但王鑫们却悖离职业操守，以贩卖足球的公平牟取私利，此为不忠；至于不孝，以王鑫为例，自他被警方拘捕后，因一次失当的报道，王鑫的母亲李女士多次给我打电话，我也曾特意到大连拜见这位老人，已近70岁的李女士谈到儿子，其悲怆之情难以言状。

李女士曾在公安战线工作，是国家干部、共产党员。她退休后曾承包一家工厂，生意兴隆。后来又钻研中医养生。儿子出事后，她多次来沈阳想探望一下，但一次也没有见到王鑫。2009年11月底，她再次来沈阳时，意外看到《辽沈晚报》上一篇文章，顿时有种昏厥的感觉。这篇文章原文如下：

“王鑫等16人涉嫌利用商业贿赂操纵足球比赛结果”一案惊爆全国，平时名不见经传的王鑫一夜之间竟成为家喻户晓的焦点人物！由目前各方的反馈意见看，出于当年队友间的情谊，一些圈内人深为尤可为、范广鸣等落魄故旧惋惜，但一提起王鑫，大家的态度居然惊人地一致。一些老沈足教练、球员提起此人便破口大骂：“这小子过去做人就不地道！”口碑甚差的王鑫已引起了各方公愤。

昨日，一名老教练回忆说，王鑫在辽宁足球二队（原辽宁派丽队）踢球时，训练、吃住都在辽宁省体育运动技术学院院内。当时省体院（沈阳人习惯称其为“大院”）某领导毫不客气地公开声称：“咱们大院这么多运动员，基本素质还可以，但有些人的素质实在令人不敢恭维，比如‘四大混子’！”这“四大混子”的具体名单流传着不同版本，但王鑫是板上钉钉的“男一号”，却是不争的事实。

王鑫的人品怎样？沈阳球迷是有发言权的。一名资深球迷说，有一年，沈阳队在五里河体育场打比赛，王鑫表现失常被教练换下，看台上的球迷大声起哄，有几个球迷怎么看王鑫都不顺眼，竟用随身携带的熟鸡蛋抛向他！

有意思的是，其中一个鸡蛋飞到王鑫脚边居然未碎，气急败坏的王鑫捡起鸡蛋就扔回看台“反砸”球迷，满嘴污言秽语。球迷被激怒了，“球踢得这么臭，还敢叫号？”看台形势一时大乱。

这时，老沈足教练田凤生快步跑向王鑫，跳脚挥掌，狠狠扇了王鑫一下，吼道：“你这个浑蛋，连球迷都敢打，反了你了！”王鑫被打，不敢直接顶撞田凤生，但依然歪拧着脖子怒视球迷，并手指看台，口中喝骂连声。

不仅对球迷无礼，对自己的队友，王鑫也是屡有冒犯。王鑫在沈阳队那几年，队内丢钱事件时有发生，大家都猜到是王鑫做的手脚，但你告他也不是，抓他也不是，到最后，发工资那天，谁见王鑫都浑身发抖，恨不得把钱塞进被褥的棉花套里！不过，任你怎么藏，该丢还是丢。“王鑫这小子嗅觉特灵敏，你把钱藏得再隐蔽，他随便一找就能给你翻出来，没治了！当时大家都说要‘防火防盗防王鑫’。”老沈足将士苦笑道。

有位老沈足球员后来为防王鑫，都防出了“神经质”。发工资奖金那几天，他东掖西藏，不时变换藏钱地方，最后急中生智，把钱塞到天棚的夹缝里。他以为这么一藏，就万无一失了，哪想到，就在他进水房洗袜子的工夫，王鑫进他屋转一圈，藏在天棚上的钱便没了踪影。

还有个球员钱看得紧，几乎是钱不离身，王鑫始终没找到下手机会。此人一时得意，私下向其他丢钱队友吹嘘自己的“防偷经验”。可是，就在他得意显摆，上厕所方便的两分钟时间里，有人告诉他王鑫“光临”了他的宿舍，回去再看，钱就没了，他的“防偷宝典”自此全身告破。

大家一致认定王鑫手脚不干净，但王鑫手段高超，大家干着急，却无法“人赃俱获”。领导也很为难，“法律是重证据的，你们不能在现场逮住他，公安机关也立不了案呢！你们与其整天这么提心吊胆，直接把钱放在家里，或存进银行不就得了，何苦跟他计较呢？”

王鑫是在退役后，才开始从事赌球行当的吗？一些老沈足球员私下推测说，在做球员的时候，王鑫参与的比赛就存在诸多疑点。

20世纪80年代末，辽足二队因故解散队员分流，王鑫落户北京部队足球队，穿23号比赛服。1990年足球甲级B组联赛，北京部队队上演了戏剧性翻盘大戏：该队在联赛前半程没有胜绩，11战3平8负，几近出局；但到了联赛后半程比赛，该队却大发神威与之前判若两队，11战7胜3平1负，仅输1场，最后关头惊险保级成功。王鑫是当时球队的主力。

1991年，王鑫转投沈阳东北六药足球队，穿23号比赛服。当年在洛阳赛区，沈阳队和广州队遭遇。两队实力接近，攻防不相上下，但在距比赛终场不到1分钟时，广州队罚前场角球，急速跑回来的王鑫高高跃起，看似要争顶救险，不料，他却突然伸出手掌托了一下皮球。近在咫尺的裁判立刻判罚点球，由广州队老国脚麦超一脚命中，打进了全场比赛的唯一入球。赛后，王鑫是这样解释的：“我是前锋，好心跑回来防守，那个角球旋转得厉害，我的视线又被挡住了，好心做了错事，我真没打假球！”

王鑫是否清白？深受其害的辽足名帅李应发这样评价道：“我儿子李雪柏为哥们义气，在新加坡摊了官司。哥们义气害死人，尤其碰上王鑫这号人。人都是吃亏长大的，我跟雪柏说，你一定记住这次教训，这叫‘交友不慎’啊！”

不可否认，这是一篇缺少严格审查且态度偏颇的报道。在这篇报道里，王鑫仿佛天生就是一个十恶不赦的魔鬼……王鑫的母亲李女士看到报道后，直接找到报社老总。老总对此事高度重视，他责令我立刻调查此事，并和李女士联系，争取见面，并尽快采取补救措施，在尊重事实的基础上消除这篇报道所带来的不良影响。

我和李女士通了几次电话，她始终不消气，并声称王鑫的爸爸因为看到这篇报道，气得住进医院。她说：“王鑫做了违法的事，他应该受到法律的惩罚，这是他的报应。但他的蜕变是有过程的，他在沈阳队踢球时为人很好，也很厚道，怎么现在成了过街老鼠？”

2010年3月下旬，我带着写该稿的记者特意到大连去给李女士道歉。

李女士约我们在她家附近一个酒店的大堂吧见面。她到来时，我先自我介绍，还没等我介绍身边的记者，李女士拍拍他的肩：“孩子，稿子是你写的吧？你不能那样写稿，你手里的笔是能杀人的啊……”

她是个性格直爽的老人。李女士穿着淡雅的裙装，气色健康，一点看不出是近70岁的老人。她说话时声音响亮且有节奏，举止间透露出她曾是职场中一名有素养的领导者。

寒暄一会，她说：“我不是想难为你们，非让你们给我道歉，我只是想表达一下自己的想法。在我眼里，你们都是孩子，不管谁的孩子都应该受到公正的对待……”停顿一下，她接着说，“你们可能不知道，家人知道我要和你们见面，我那小儿子非要过来见见你们。他脾气不好，对报道也很生气，我怕他来了惹事，自己就背着他们来了。”

李女士养育了三个儿子，王鑫是老大，她说：“我的三个孩子都很优秀，尤其是王鑫。当年看他既懂事，球踢得也好，我一直以他为荣……但现在，每天都在牵挂他。”

王鑫是在父亲的引领下走上足球之路的。王鑫的父亲早年曾是大连造船厂足球队队员，球艺之精湛在那个小圈子里有口皆碑。王鑫5岁起，父亲就带他去公园训练，足球运动的魅力于潜移默化间感染了王鑫的幼小心灵。

王鑫小时候学习非常好，尤其是理科成绩突出，在班级考试从没下过前5名，还当过中队长与大队长，是学校里人人羡慕、品学兼优的榜样。父亲希望王鑫继承自己的足球事业，而母亲则为王鑫设计了一条考大学、当科学家的人生之路。

李女士说："后悔药是没地方买的，有什么办法？他喜欢足球，最后也选择了踢球。你们看看，当时报纸都是怎么报道他的……”

她随身带了两个大包的剪贴本，上面贴满各种剪报。许多剪报都已发黄，李女士一页页地翻动着，嘴里不停地说："你们看，如果他当年踢球时就是个混子，他能进那么多球吗？也不会有那么多报纸去报道他……”

至于"王鑫偷钱、王鑫用鸡蛋砸球迷"的说法，李女士说，王鑫来沈阳队之前，球队管理就非常混乱，经常出现丢钱现象。王鑫有一次还将一偷钱的沈足球员堵在屋里，此人想用一件名牌上衣封住王鑫的嘴，被王鑫拒绝了，但王鑫答应这名球员不讲出去。后来队里还是三番五次丢钱，大家互相猜疑。王鑫看丢东西越来越频繁，他曾把自己知道的事偷偷告诉过教练，可该教练当时还是让王鑫保密……但这事儿后来还是泄露出去，这名球员对王鑫从此怀恨在心。

李女士说，王鑫做事太直，有时说话嘴也没遮掩，他指定会得罪一些人。再说了，王鑫从北京部队队回沈阳队后，教练安排他打主力前锋，这让几名球员失去了主力位置，有的还坐上替补席，这也是导致积怨产生的一个因素。"如今针对王鑫的一些不利言辞，多半是从这些球员口中传出的。这叫落井下石，不道德！”

我们和李女士谈了近两小时，她最后有点像安慰我们似的说："你们别有啥负担，吸取教训就是了。足球这么乱，是大环境造成的。王鑫刚进去时，我压力很大，觉得没脸见人。时间长了，看到连南勇、杨一民这样的人都进去了，多少想开一点，就这环境……对了，前两天是不是说那个挺有名的裁判陆俊也出事了？我这些日子看许多报纸都在报他的事，他也被说成一个魔鬼了，这也不太好……哎，足球怎么能搞成这样子，我做梦都没想到！”

第十二章 黑哨陆俊——高调的惩罚

陆俊在赛场上一直很霸道，因为判罚问题，他常常指着挑剔他的球员鼻子破口大骂："× 你妈，你再喊？再喊我马上把你罚下去……"

陆俊13年前一桩15万疑案

2010 年 1 月 15 日下午，崔大林的秘书把南勇和杨一民请到总局会面，随后两人即被来自沈阳的专案组成员控制了；谢亚龙被请到沈阳则是 9 月 3 日。其间另一件大事则是陆俊和黄俊杰等案发，他们被警方带到沈阳的日期是 3 月 5 日。颇有趣的现象是，这三个日子都是周五，难道周五是犯罪嫌疑人们神经最放松的时刻？不论如何，对中国足球来说，这几个"黑色星期五"已经载入了史册。

谢亚龙的案子被炒得沸沸扬扬时，9 月中旬，央视在极其隐蔽的状态下派出几路记者赴沈阳、广州等地调查采访，为公布陆俊案情做准备工作。央视一直是公安部门发布反赌案情的核心渠道。自2009年11月以来，每当有足球圈儿里的人物被带到沈阳，社会上广泛猜测想象时，警方都会不失时机地公布一下相关案情，这既是案件的必要程序，也算是及时迎合民意，平息一下舆情。

果然，十一长假还没休完，也就是10月5日，公安机关通过央视再次公布案情：2010年9月初被公安机关立案侦查的原中国足协副主席谢亚龙、原中国足协裁判委员会主任李冬生、原国家足球队领队蔚少辉因涉嫌操纵足球比赛、收受贿赂犯罪，经检察机关批准，被依法执行逮捕。

同时，专案组还证实，此前，公安机关立案侦查的足球裁判陆俊、黄俊杰、周伟新三人，涉嫌在多场比赛中收受贿赂，操纵比赛，目前案件已经侦查终结，被移送起诉。

陆俊在赛场上一直很霸道，因为判罚问题，他常常指着挑剔他的球员鼻子破口大骂。没人敢和他对骂，因为陆俊身上的红黄牌就是权威的象征。曾有位辽宁队队员和我说，有次比赛时，他在场上对陆俊的一个判罚刚表示一点不满，陆俊就瞪着眼睛奔自己过来，用手指着他的鼻子大骂："操你妈，你再喊？再喊我马上把你罚下去……"

球员赛场上能接受陆俊赤裸裸的辱骂，这无疑是因为陆俊是赛场上掌握生杀大权的人。陆俊手里的权力不再是公器，而像他的私有财产，他可以用它来践踏公平、牟取暴利，当然，陆俊也能用它换取名誉和地位。因此，前浙江体育局局长陈培德曾简练地概括陆俊："中国的所谓金哨，就是镀了金的黑哨！"

当然，陆俊绝不是刚当裁判时就是"黑哨"的。职业联赛之前，许多人对他的印象不错，他为人显得谦和，尤其和媒体相处也很融洽。除了配合采访，他甚至能亲自为专业报纸撰写专栏文章。从业务角度来说，当年的陆俊的确高出同行一筹。

职业联赛开始后，陆俊的嬗变离不开中国足协领导层为他营造的"优越环境"。德高望重的恩师提携他，分管裁判工作的师兄弟们帮助他，他开始不断获得出人头地的机会，使他早于中国足球，以一个裁判的身份"冲出亚洲，走向世界”。

陆俊被警方带走后，有记者曾采访他的师兄弟孙葆洁。孙只说了句，善有善报，恶有恶报。孙葆洁是继陆俊之后的又一位金哨，他们虽然师出同门，但两人一直没有成为哥们。有消息称，陆俊多次要把孙葆洁拉到自己圈子里，他曾几次请孙吃饭，但孙没有去，于是陆俊把孙视为异己，甚至当众辱骂过孙葆洁。

有人还原了陆俊和孙葆洁的那次冲突：在一次高级裁判学习班上，陆俊和孙葆洁在一个判例上有不同意见。孙葆洁是个认真的人，他在教室内据理力争。陆俊脸色开始变得难看，最后他看到孙葆洁仍固执地坚持自己的观点，嘴里竟蹦出句国骂。孙葆洁说：“你凭什么骂人？”陆俊涨红着脸说：“骂你？我还抽你呢！”陆俊随即冲出座位直奔孙葆洁而来，幸亏其他裁判及时劝阻才避免了一次肢体冲突。

显然，陆俊作为一个冲锋陷阵的卒子，他过高估计了自己身后那个“堡垒”的坚固性，更不知道多行不义必自毙的道理。所以，当曾经的足协大厦顷刻间倒塌时，任何一块飞落下来的砖块都会砸翻他。

2010年10月5日，许多人在电视里看到穿囚服的陆俊。他失去往日的张扬，面色苍黄，语调低迷：“我现在这样的身份，已经没有资格跟球迷、裁判说些什么，希望我的教训能告诉他们一个事实……”

警方这次公布案情跟以往不同，这次对陆俊、黄俊杰、周伟新等人的案情没作详细公布，只粗略地说他们在多场比赛中收受贿赂、操纵比赛。央视在节目里提到三场涉嫌被操纵的比赛，但如果陆俊等三名裁判的案情只涉及到三场比赛，他们的受贿金额加一起也就一百来万。果真如此，这与坊间给陆俊等人“界定的”受贿数额相差甚远。

1959年出生的陆俊，19岁便开始足球裁判生涯，1991年成为国际级裁判员，在中国顶级足球赛事中担任主裁场次超过200场，并当选为甲A联赛“10年最佳裁判”，两度当选亚足联颁发的“年度最佳裁判”，是中国足坛首位在世界杯和奥运会决赛阶段执罚的裁判。

陆俊有着辉煌的职业裁判生涯。他先后主哨国际足联主办的1991年女足世界杯、1996年埃及世少赛 、1997年尼日利亚世青赛、2000年悉尼奥运会、2001年日本联合会杯足球赛、2002年韩日世界杯决赛阶段。

此外，他还曾参加三届亚洲杯足球赛、两届亚运会的执罚。由于个人职业生涯表现卓著，执法总体公正准确，亚足联特以2004年亚冠决赛作为陆俊挂哨收山之作。

关于陆俊究竟受贿多少金额？他又是如何操纵比赛的？坊间有各种各样的传闻。我听到他涉嫌受贿的说法始于2002年年初，那时我供职《球报》。

2002年1月20日，我直接参与策划了《球报》的“50万悬赏涉黑线索”活动。搞这个活动也是为配合当时陈培德、宋卫平等人在杭州掀起的反赌行动。在我们这个活动中，有举报人把陆俊拽出水面。

在我当年的记事本上，记录着以下相对重要的举报线索：

2002年1月22日14点20分

南方某俱乐部通过一家企业向足坛某重要官员“贿赂了80万元人民币”……

2002年1月29日上午11时25分

1999年，北方某队主场作战，当时的主裁判是武汉的一名著名裁判，此人目前仍然在甲A中主裁。当时的积分情况对北方某队十分不利，该俱乐部的负责人就找到当地体委的主要领导，这位体委主要领导就充当了中间人的角色，找到裁判后并交给他6万元钱。

1月29日下午5时48分

我手里有××俱乐部提供给黑哨钱的证据（此处隐去俱乐部名称），也是一份汇票，但我可以肯定那张汇票是真的，但汇票的原件现在拿出来比较费劲，只能给你们复印件。银行部门一般都有汇票的存根，相信只要足协到银行中查一下就会十分清楚，而且我可以给你们提供线索，这份汇票是邮寄给 ××× 的（此处隐去裁判的名字），金额是 20 万元。但给裁判汇钱的并不是 ×× 俱乐部，而是该俱乐部下属的一家实体公司。据我了解，国内其他俱乐部如果想给裁判送钱的话也都是这么干的。

1 月 30 日上午 10 时 34 分

我举报裁判 ×××（此处隐去裁判姓名），要说证据我确实没有，但我可以提供线索。我知道 4 年前，这个裁判一场比赛收的钱数是 20 万元，当然这些钱还要跟边裁一起分，至于具体怎么分，这名裁判的亲戚朋友都知道，这在杭州已经是公开的秘密。

2001 年，这名裁判被中国足协内部处理，也就是在 2001 年，他进入了杭州绿城足球俱乐部充当中间人。当然绿城俱乐部并不仅仅就他一个中间人，有许多，他只是其中之一。在他当中间人之前，也就是被足协处理之后，他马上就买了一处商品房，生活相当地奢侈。试想一下，一个杭州少年体校的教练，他哪里有那么多钱来买房子。

在众多举报线索中，关于陆俊的最引人关注。首先，举报人是实名举报；再有，涉嫌被陆俊操纵的比赛是一场 1997 年的乙级联赛，举报人称贿赂金额竟高达 15 万元人民币。

当年，举报陆俊的是江苏南京某公司一个叫韩 × 的人。该人因特殊关系负责为江苏加佳足球俱乐部做裁判工作。据韩 × 称：当年，江苏加佳在冲“中甲”的一场关键比赛中，他找到了中国足协官员 W，这位官员钦点一位国际裁判陆俊执法这场比赛，陆俊因此获得了 15 万人民币的好处费……

1997 年的乙级联赛赛场上，广西银荔队进入最终的八强赛，但最后在决赛阶段两回合以0:0和0:1的比分惜败给江苏加佳，与甲B擦肩而过。当年的乙级联赛有四个晋升甲B的名额，最终晋级甲B的球队有江苏加佳、成都五牛、陕西国力、重庆红岩。

获得这个线索后，我们曾联系到陆俊。电话通了，他接电话时很客气，但我们委婉地问到江苏加佳那场比赛时，他迅速撂下电话……

当年,《球报》要寻找的另一个人是原江苏加佳俱乐部老板潘强。

2002年的世界杯就像一道“分水岭”。世界杯前，足坛曾因陈培德和宋卫平“扫黑”喧嚣一时，裁判龚建平涉嫌受贿被警方批捕，但司法机关取证工作只局限于宋卫平的浙江绿城俱乐部一家。世界杯后，也就是2002年7月13日，龚建平案专案组忽然抵达南京，他们要找潘强了解情况，因为江苏加佳毕竟也是2001年足坛“甲B五鼠”之一。

潘强在2001年年底已离开足球圈。他从舜天俱乐部总经理的岗位上退下来后，编制挂在江苏省体育局，被安排在了体育局下属的五台山体育馆任副馆长，后又调到五台山体育馆开办的健身馆担任副主任。

在南京检察院的帮助下，专案组找到了潘强。据悉，调查分两步走。第一步是根据龚建平交代的与舜天相关的情况向潘强进行核实；第二步是请潘强主动谈他所了解的裁判涉黑的情况；最后，被调查者在专案组人员的记录上核实签字。

得知专案组到达南京后,《球报》也派两名记者随后赴南京寻找潘强。

我们寻找潘强的目的有两个，一是他曾是举报人韩×的直接领导，我们想知道他对陆俊涉嫌受贿15万元一事持什么说法？二是，韩×举报陆俊后，前期还比较配合我们的工作，后来涉及到“证据”时，他总是含糊其辞，遮遮掩掩。再后来，他竟然无法联系上了……

寻找潘强又何其容易？

记者抵达南京后，每半小时拨打一次潘强的手机号，每次电话那头都会传来秘书台小姐亲切的声音。电话联系不上，记者只有赶到潘强工作的地点去撞运气。

健身馆在南京五台山体育场南门外，因为这一带活动场所比较多，有茶楼、老年人活动中心。健身馆的门面并不小，淹没在一片店铺之中。

记者走进健身馆，拿出相机，刚摁下一次快门，一个身穿红色T恤的工作人员就走了过来阻止记者拍照。

“我们这里有规定，不能拍照！”她的态度非常强硬。

“那潘主任在吗？”记者问。

“他不在这里办公……”

潘强的办公室并不在健身馆内，而是在健身馆边上的一座办公楼里。这幢办公楼是江苏省体育局的，一部分租给了其他单位作办公用，该楼的410房间是健身馆的办公室。

一进办公楼，记者就被两位身穿保安服装的工作人员拦住了。

“你找谁？”

“潘主任！”

“潘主任不在。”

“那戴主任呢？”戴主任是健身馆副主任，主管健身馆事务。

“也不在，今天周六，休息。”

“一个人也没有？”

“没有。”

闲聊过程中，记者发现这位保安对足球很感兴趣，对潘强也比较了解。

“潘主任原来是踢球的，后来到俱乐部工作，前不久才退下来。他为江苏足球做了很多事，没有他，不一定有江苏足球的今天。”

潘强为江苏足球作出的贡献，很受当地球迷的认可。江苏加佳易帜江苏舜天后，他的胆识和魄力更让人刮目相看。江苏瞬天尽管只是个甲B的俱乐部，但在足球圈，潘强却被众人认为是一个非常能干的人。有些刚入门的老总，还要特地向潘强讨教一些“专业经验”。

记者在南京虽没见到潘强，可在那里还是得到一个确切信息，那就是潘强不会出事儿！据了解，在龚建平一案中，专案组有个“特殊”的政策：足球圈里涉案的人员，只要主动交代情况，配合专案组工作，既往不咎；但若不如实交代，就要承担起相应的法律责任。

这个政策不是完全意义上的“坦白从宽、抗拒从严”。在某种程度上说，由陈培德和宋卫平掀起的那场扫黑热潮，最后只让龚建平一个人去承担了法律责任，这可能是法律的“必然”程序，也是足协对黑哨直接包庇的结果。

可以想象，如果当年潘强等人主动交代了陆俊涉嫌受贿的事实，法律可以对潘强、举报人韩 × 等人的行贿行为“既往不咎”，但对涉嫌受贿的陆俊也网开一面的话，这无疑是亵渎了法律；再退一步讲，如果宋卫平手里那份受贿裁判名单被司法直接介入，2002 年就不会只有龚建平一个替罪羊，中国的司法也不会因足球而蒙羞了！

陆俊在官宦的庇护下名利双收

因为同在北京，又同一职业，陆俊和龚建平的私人关系不错。

1994 年 4 月 17 日，中国足球职业联赛正式在成都亮相。当时的四川全兴队主场迎战辽宁远东队。辽宁远东是上届联赛冠军，但四川全兴在全场球迷的呐喊助威声中并未处于劣势，反而在比赛进行到第 12 分钟时，利用辽宁队隋明云在禁区内的手球，由魏群率先破门得分。不过仅过了 4 分钟，辽宁队就由孙贤禄打入了扳平的一球。下半场双方互有攻守，谁都没能取得进球。最终，双方以 1:1 打平。

第一届职业甲 A 联赛在 6 个赛场开战，4 场比赛分出胜负，2 场踢成平局，共攻入 16 个球，平均每场进球 2.7 个，约 15 万人观看了首轮比赛，其中成都和延吉的观众达到 4 万以上。

这场具有历史意义的比赛中，主裁判是陆俊，而边裁恰恰是龚建平。

有人说，陆俊能在裁判界平步青云，最要感谢的人就是张健强。张健强掌管裁判委员会工作后，大力扶植陆俊在裁判界的威信。但实际上，陆俊的恩人应该是他的老师、北京体育大学的曹镜鉴先生。

曹镜鉴是中国裁判界“骨灰级”的人物。他早年就学北京体院裁判专业。1979年国际足联恢复中国席位后，他成为首批国际级裁判，随后担任足协裁委会的副主任，率先发现并提携了陆俊。同时，张健强、蔚少辉、黄俊杰、孙葆洁等都是他的学生。

从年龄上看，陆俊比张健强长7岁。张健强1992年进入足协，在他掌控裁判工作前，在足协负责该项工作的是陆俊的同窗好友蔚少辉。因此，在曹镜鉴的关照下，直接重用陆俊的人应该是蔚少辉，而张健强只是完成了“爱心接力”。

细心人会发现，陆俊虽在国内是响当当的“金哨”，但他在国际足坛一度不被认可。知情者透露，陆俊在1991年的女足世界杯上，曾经拍马屁拍到了马腿上。当时，他把日本队一个进球吹没了，帮巴西战胜了日本。这样做的目的是为讨好国际足联主席阿维兰热。可阿维兰热却火了，因为许多人都正想抓主席的小辫子，陆俊的行为很容易让人认为是阿维兰热授意的结果。

日本队上诉，国际足联裁委会观看了录像后，把陆俊打进黑名单。直到1999年，在张健强的支持下，陆俊才受到重用，执法了2002年世界杯。

陆俊在国内或亚洲“称王”的日子里，曾打赢一场著名的维权官司。

1998年3月24日，《羊城晚报》报业集团旗下的专业体育报《羊城体育》刊登了一篇名为《“首尾”之战场外音》的文章，内容直指当值主裁判陆俊在赛前收受客队大连万达俱乐部20万元贿赂款，以致在比赛中偏袒客队，致使主队广州松日输球。

这则报道出来后，陆俊将《羊城体育》的主办单位《羊城晚报》告上了法庭。1999年3月12日，北京海淀区人民法院一审判陆俊胜诉。《羊城晚报》不服判决，向北京市中院提起上诉，但最终二审维持原判。该报社于是在报上刊登声明向陆俊致歉，并赔偿陆俊精神损失费8.5万元、实际经济损失17,832元，并承担案件受理费。

事情究竟因何起因？

据知情者回忆，当年广州松日与大连万达比赛结束的当天晚上，时任松日俱乐部副总经理的利彪（原《足球》报资深记者）给广州的多家媒体打去电话，报料"陆俊收了大连20万"。利彪说，有人在比赛前看到陆俊在广州的一家酒楼与大连万达的人见面，对方递了一张卡给陆俊，后者收了起来。

既然看到的只是一张卡，如何断定对方就是给了20万呢？利彪的回答是：送卡，卡里应该有20万吧？记者觉得利彪的这个报料比较玄，于是便问：那我们的报道能不能说是你跟我们这么说的？利彪回答：不行，你们的文章中不能出现我的名字。记者又问：如果这样报我们挨了官司，你会不会出庭作证？利彪又当即表示：我肯定不会！

正是由于利彪报料本身就描述得语焉不详，再加上利彪在陆俊起诉后果然没有出面为《羊城晚报》作证，最终陆俊打赢了官司。

《羊城晚报》报业集团原副总编辑王赛茵原来主管体育报道工作。2010年3月，陆俊被立案侦查后，因为他亲自参与了12年前《羊城体育》与陆俊官司的处理全程，他披露的一些内情颇值得玩味。

> 在陆俊决定起诉《羊城体育》后，圈内一些热心人，包括当时的足协主席袁伟民、国家体育总局宣传司司长何慧娴等出面调解，但没有成功。众人普遍的反应是：陆俊本人愿意和解，但中国足协内部一些人乃至总局高层异常强硬，非要置《羊城体育》于死地而后快。
>
> 在一些热心人士的牵线、帮助下，《羊城体育》曾经两次在北京与陆俊进行了面对面交谈。第一次见面时，陆俊不断强调裁判不好当，报酬低、日子苦、难养家糊口，还要受无辜指责。但他当时是开着一辆小轿车来会面的。12年前，私人小轿车在北京还不普及。陆俊在1997年辞去大学体育教师一职，进入朋友的一家公司做事。对于官司，陆俊当时表示："我可以重新考虑是否打这个官司，但我得去做做中国足协和

有关人的工作。”

几个月后，双方在北京第二次会面。陆俊当时仍表示可以考虑撤诉，官司不一定“非打不可”，但还是要做中国足协的工作。

从两次会面中我们得知，陆俊并不想打官司，他背后一直有一股力量，非让他打不可。

此后，《羊城晚报》报业集团多次欲与时任足管中心主任、中国足协专职副主席的王俊生见面，均被后者以“没时间”为由拒绝。一次，得知王俊生出差路过广州、下榻中国大酒店后，我们前往拜访，希望王俊生出面调解此事。然而，王俊生的态度极其冷漠。在听完陈述后，他傲慢地甩下一句话：“你们的态度我清楚了，媒体要从这件事中吸取教训啊！”

《羊城体育》原主编范柏祥回忆道，当时通过关系找到中国足协裁委会主任张健强，希望他能够说服陆俊，但他的态度同样冷漠，只是淡淡地说了一句“试试看吧”。

足协官员在陆俊官司上的怂恿态度是可以理解的。当年的足协权力膨胀，他们是老虎屁股摸不得。包括《羊城体育》这桩官司在内，王珀状告《足球》报、上海中远俱乐部状告《球报》等几起著名官司，足协都曾是背后推手，而在这几桩官司中媒体一方皆遭遇败诉。

足协视媒体为眼中钉，他们无法公开拔掉这颗钉子，只能鼓动自己的马仔们去钻法律的空子，以期用不太健全的法律教训媒体，既维护自己的尊严，又能让自己在窘境中成功突围。

陆俊的曾胜诉的官司已过去12年了，此前，《羊城晚报》记者采访了该报纸法律顾问梁彬律师。梁律师认为，当年的案件从法院角度而言，采纳陆俊提供的证据和陈述，无疑较为安全、压力也较小，但司法机关没有从保护公民的宪法性权利高度去考虑，判决没能很好地保护媒体应有的正当合法监督权，令人遗憾。

梁彬表示，就目前来看，没有理由称法院的判决是不合法的，但也不能就此说法院的判决实现了公正。从目前陆俊被羁押的事实可充分说明，法院一审、二审的结果是不完美的，没有“经得起历史的检验”，陆俊最终也没有“赢”得这份判决。

同时梁彬律师表示，自己正在密切关注陆俊案的进展，如果现在警方查实陆俊在 1998 年那场比赛中确实收受了贿赂，就属于法律规定的“有新的证据，足以推翻原判决，人民法院应当再审”。

有人盘点出陆俊涉嫌受贿超500万

2010 年 7 月 25 日下午，我忽然接到原沈阳海狮俱乐部老总章健的电话。

章健离开沈足已 10 年了。10 年来我们从未联系过，况且他做沈阳海狮俱乐部老总期间，我们之间曾有过激烈的冲突。他在电话里自报家门：“洪军，我是章健……”

我感到意外，却也是意料之中。两天前我曾让我的同事张松采访他，因为已经有媒体批露，足坛打假扫黑已涉及到辽沈足球许多敏感人物。据传，程鹏辉、章健、张曙光、许晓敏等都曾被协查……

章健寒暄一会，提到往事，我们均不胜欷歔：“当年都是为了沈阳足球，只是我们位置不同，想法不同，这不会影响我们兄弟的感情……”他的话我赞同。10 多年的风风雨雨，沈阳足球日渐衰落，这常让我想起当年那个敢作敢为的章健。他经营沈阳足球，尽管有许多不尽如人意的地方，但也很有风格。铁腕治军，雷厉风行。这也是沈阳足球在职业化之初站稳脚跟的重要因素。

“洪军，今天打电话给你，请你给我把下关。”章健直奔主题，“我前些日子的确协助警方调查了……我现在的真实想法是，协助调查是我的义务，但我不需要媒体再提起我。这么多年来，我已适应安静的生活，协查的事被大家一炒作，可能还会给我带来很多麻烦……”

我满口应承："放心，我们报纸指定不会提你这件事情。可这事大家都在关注，你最好再找下其他兄弟，我们不报，别人报，你还会成为热点的。"

在十几分钟的电话里，我没问章健因为什么被协查。我知道，章健把持沈阳海狮期间，中国足坛曾上演了著名的"渝沈之战"，其背景之复杂、情节之曲折、悬念之扣人，堪称中国足坛的"黑色经典"。

1999 年 12 月 5 日，甲 A 最后一轮。排名倒数第二的沈阳海狮要保级成功，不但要战胜最后一个对手重庆隆鑫，还需要看其他场次比赛的成绩。考虑到如此微妙的关系，足协特令三场相关的比赛必须同时开球。

渝沈上半时结束，重庆 1∶0 领先沈阳。下半时此战比其他场次晚开始 6 分钟。最后阶段海狮连进两球逆转，第二球还是在补时阶段打进的。此时其他场次早已结束，重庆门将"慢镜头"般的扑救动作也饱受质疑。沈阳取胜后惊险保级，而在其他场次输球的广州松日意外降级。

渝沈之战下半时推迟 6 分钟开球才是此战的关键，因为这可以让此战比其他场次晚结束 6 分钟。果然，广州松日 2∶3 输给天津后并未意识到自己大难临头，在他们的比赛结束后，沈阳外援艾迪瓦多在重庆打进反超一球，松日才真的降级。

渝沈之战遭到球迷和媒体的强烈谴责。在外界的压力下，足协派出调查组调查，最后以"消极比赛"名义对相关责任人作了罚款、停赛的处罚。

2009 年是渝沈之战 10 周年，原重庆隆鑫队主帅李章洙开口说话了。有媒体采访他时，他直言不讳地说："别的比赛我不敢说，但这场肯定是假球……"有媒体披露，重庆隆鑫俱乐部赛后给了李章洙数目不菲的好处费，但正直的韩国人不肯接受。甚至有媒体还爆料，当年，沈阳海狮俱乐部账面上有 180 万元不知去向，这笔款就是这场比赛的"成交"价格，不过重庆只拿到 160 万而已。另外 20 万元哪去了？有人断言，另外的 20 万是给裁判了。

当时执法渝沈之战的是三名马来西亚裁判，而比赛的第四官员恰恰就是陆俊。

陆俊被立案侦查，他在渝沈之战中是否涉嫌受贿，这需要警方调查取证。但相关人员分析，当年的沈阳海狮俱乐部的投资人是曾经的“中国第三富豪”仰融，此人 2002 年就远走美国；仰融公司投资、注册地都不在国内，公司的资本运作也未受限制。因此要调查出渝沈之战的真相，或者说界定当年的陆俊是否涉嫌受贿，仅从取证角度来说，绝不是一件容易的事。

除了渝沈之战，陆俊涉嫌犯罪的线索可谓铺天盖地。

前中国足协裁委会秘书长张健强被警方带走后，中国足球裁判的黑幕一层层被揭开。有消息称，张健强曾制定“裁判收费办法”，指定裁判现场收钱。陆俊、黄俊杰则是收钱的急先锋。有人估算，陆俊的涉案金额应该在 500 万元左右，而张健强也不会低于 200 万元。

在陆俊的职业生涯中，他共执法过 200 多场顶级联赛。假如 1998 年陆俊惹官司的那场球他真收了 20 万，有人根据这个“底价”给他算了笔账：即使他职业生涯中只有 10% 的执法场次受贿，全部按 20 万元的最低价算，其金额也早超过了 400 万。因此，陆俊的涉案金额超过 500 万其实并不难理解。

据业内人士透露，张健强开出的价，最低在 5 万元左右，最高则可以叫到 40 万元。这种情况并不仅仅在顶级联赛中存在，在低级别的联赛中也有发生。不同级别的比赛价格不一样，但低级别的比赛出现“黑哨”的频率并不低于甲 A 和中超。

某专业报还爆料，陆俊此前与鲁能关系密切，鲁能几次夺冠可能也与裁判庇护有关。

事实上，各俱乐部每年都有“裁判接待工作”的专门费用，这笔费用最初是 60 万到 80 万，后来是 100 多万。各俱乐部的裁判费用，70% 左右都用在了夺冠和保级上。而一家夺冠俱乐部每年需要照顾的场次大约在 3 至 5 场。

陆俊当年利用的就是这样重要的场次，所以“他敢收受单场 40 万的贿赂”。反赌风暴中，几位鲁能前高层先后被叫到沈阳接受协查，该专业报称，这可能就与陆俊有关。

据了解，每个裁判都有三两个“直系亲属”，陆俊和山东鲁能的关系就很铁。在陆俊退役并辞去亚足联裁委会职务后，鲁能的某些亚冠和A3联赛的主场，还曾多次出现陆俊的身影。圈内人士透露，他来也主要是帮着做裁判工作。

那么我们不妨看看有球迷列出的陆俊曾引人争议的执法：

① 1998年3月，广州松日俱乐部副总经理利彪给媒体报料，称陆俊"受贿20万元"，最后引发了一场陆俊状告媒体的官司，并且官司最终以陆俊打赢告终。一位中国足球老同志证实："陆俊确实有问题，只是他被国际足联选为世界杯执法裁判，中国足协保了他。"

② 1999年11月成都五牛客场对阵云南红塔，当值主裁判陆俊的多次判罚引起了球迷的不满。第81分钟，成都外援奥利维拉杀入禁区被红塔后卫铲倒，陆俊犹豫了一下后示意比赛继续进行。全场比赛即将结束时，红塔后卫禁区内解围时手球犯规，但陆俊再次没有作出判罚。

③ 2002年8月，天津泰达主场0∶0战平重庆力帆。上半场第43分钟，泰达球员陈立城突入禁区内被力帆球员绊倒，当值主裁判陆俊却出人意料地判罚任意球。第84分钟泰达球员孙建军带球突破到禁区后，力帆球员防守时明显有犯规动作，但陆俊对这个犯规视而不见，示意比赛继续进行。

④ 2002年10月27日，甲A第25轮深圳平安对上海申花之战中，陆俊执法明显偏向申花队。结果惹得深圳主帅朱广沪极为愤怒，赛后甚至拒绝和陆俊握手。深圳球迷认为陆俊作为北京人执法比赛不公平，因为北京国安将和深圳争冠军，偏袒申花其实是暗助国安。

⑤ 2004年5月6日，青岛贝莱特对阵上海国际的点球大战中，陆俊犯下低级错误。贝莱特队3∶1领先后，第四轮国际队的张卫华首先主罚罚丢，按照点球五轮决胜规则，比赛应该就此结束，贝莱特队3∶1胜出。陆俊却在胜负已定的情况下制止了贝莱特队庆祝，示意比赛继续，现场顿时陷入一片尴尬当中。事后明白过来的陆俊还打电话就此道歉。

⑥ 2004 年 10 月 17 日，中超第 15 轮上海德比中，坐镇主场虹口体育场的申花队依靠马丁内斯和阿尔贝茨的进球，艰难地战胜同城死敌国际队，曲圣卿在比赛中因为一次犯规吃到红牌，而在比赛的最后时刻两队更是发生了一次大规模的斗殴。由于不满陆俊上半时的主罚，中场休息时，上海中远老总王国林袭击了陆俊一拳。德比战后王国林向记者直言："陆俊是天下第一大骗子。"

……

第十三章

原罪——广州亚运催生中国体育黑色思考

这场争论在广州亚运会结束后还没有停止。中国代表团最终获得199 枚金牌。让人哭笑不得的是，如果用北京奥运会中国金牌数量51（块）+199（块）=250（块）……难道中国体育真的是二百五吗？

广州亚运的千金难买一笑

足坛打假扫黑渐渐趋于平静时，2010 年 11 月上旬，广州亚运会马上就要开幕。媒体尽管没有面临奥运会一样的兴奋，可毕竟是在家门口举行的洲际大赛，中国军团的备战情况怎样？尤其国奥队要出征亚运会，结果会如何？带着这些问题，人们很自然地面向广州，期待着亚运会的到来。

11 月 8 日，国奥队与日本队首战。韦迪陪国家体育总局副局长蔡振华飞到广州，这是蔡振华分管足球后第一次现场观战。在赛场，蔡振华神色轻松，不时和韦迪说笑。韦迪心里却七上八下的，他也没底儿。国奥能踢成啥样？新领导第一次莅临，总不会一点面子不给吧？

分管足球后第一次现场观战，尽管国奥队惨败，但蔡振华似乎并不太在意，倒是足管中心主任韦迪满脸愁云。

亚运首战，中国国奥以0∶3完败。或许，蔡振华刚介入足球时，他听过许多埋汰足球的话，但一切可能都没有这一场活生生的比赛有力量。中国足球别说冲出亚洲，日本、韩国站在这儿，我们冲出东亚都困难，高喊让足球腾飞这难道不是一种奢望？

国奥的“无才无德”在比赛的第二天又得到印证。

11月9日，国奥队主力门将王大雷在自己的微博发飙，他不仅辱骂部分媒体对自己不了解就妄加评述，更甚的是，他把矛头也对准球迷，直接称球迷是傻×。

王大雷微博全文内容如下：

> 你们啊也就这点B能耐，说你们是球迷真的都抬举你们了，你们就是一群狗，我从来不回避我想说的东西，中国足球就是有了你们这群SB才是影响进步的关键，落井下石，说的东西能不能有点创意，有点真实性好不好，不懂全在那装懂，不服你们可以来找我，别TM像个娘们似的在背后指手画脚。
>
> 我从来不回避我的话语，你们这些没有能耐的狗男狗女，怎么你们又想出来主持大局，可惜你们的智商有点过低，真的为你们感到惋惜，你们错了，看到鬼话我从来不会急，想来看我的笑话，呵呵你们又错了，我根本不在乎，少在我这说你们有多么地爱足球，因为你们真的不懂足球，回家数数足球有多少个皮子，再回来吧……

这两条微博很快激起强烈反响，短时间内迅速被无数人转发，同时，球迷跟帖近千条，其中同情他的凤毛麟角，绝大多数人继续在帖子里责骂他。

王大雷撒野，缘自球迷把中日之战中第二个丢球归罪于他。常理上讲，球迷希望国奥赢球，尤其能赢日本队。但结果是惨败，球迷发泄一下本来也正常。但王大雷一直是个自我膨胀的球员，性格暴躁，他无法忍受球迷的指责，也忘了自己是个公众人物，于是选择了以暴制暴的方式，这注定要引起轩然大波。

实际上，中国足球总体水平差，与球员的生活环境和教育方式密不可分。中国足坛最缺少个性球员，因为个性球员也是赛场上最有激情和创造力的人。而且，即使有个性球员存在，他们若把无德当个性，践踏道德底线、漠视集体荣誉，如此个性球员也会如同"个性垃圾"。

许多人发现，王大雷就近似于这样的球员。

王大雷 1989 年生于大连。曾试训法国里昂以及国米青训营。2006 年 9 月，17 岁的王大雷赴国米接受一周试训后回国，旋即被捧为天才少年，有媒体甚至鼓噪，欧洲有俱乐部愿意出 150 万欧元邀其转会。

回国后，王大雷的特性越来越鲜明。

2006 年多哈亚运会期间，王大雷的一句话成为他自我勾勒的经典："我从不在乎别人如何评价，这个世界上只有一个这样的王大雷。"他说的是事实，生活中的王大雷扎耳钉、戴发箍、玩滑板、跳街舞……在球队里整天晃晃悠悠，旁若无人。

可多哈亚运会并没给王大雷证明自己的机会。在小组赛里，中国队 2∶1 战胜阿曼。王大雷禁区内犯规并吃到黄牌，阿曼获得点球机会并直接造成中国队失球。1/4 决赛中，中国队最终点球 9∶10 负于伊朗，对方的第一粒进球就是博尔哈尼轻松晃过贸然出击的王大雷将球带向空门的。兴奋的博尔哈尼甚至将球停在门线前，做出招呼队友过来庆祝的动作后方才将球送入球门。

2007 年 1 月，南勇亲自过问王大雷的事了。他当时下了明确指令："媒体怎么吹捧，我们管不了，但球队内部绝不能捧着他。作为国脚，要德才兼备，他做不到这一点，教练组绝不能给他留情面。"

随后，王大雷离开国奥队。教练组公开的理由是“伤病”。2007年3月，王大雷落选国奥集训名单。6月，他重返国奥参加南非八国赛，情绪浮躁出现多次低级失误。7月，因“膝盖积水”无缘沈阳四国赛。8月，上海申花俱乐部整风，王大雷遭到俱乐部“冷藏”，俱乐部高层点评道：“国足、国奥都不要，肯定有问题。”

可见，王大雷是个“惯犯”，他在广州亚运会上撒野，这不是一个偶然，而是一种必然。

蔡振华在中日比赛的第二天就知道了王大雷事件。他给韦迪打电话先了解了一下情况，随后召集足球队开会。他在会上对王大雷的表现提出了严肃批评。蔡振华说：“赛场上输球，球迷还可以理解；如果是输人，特别是如此恶劣的辱骂球迷的行为，球迷是不能谅解的，代表团更不能容忍……”

2010年11月10日，广州亚运会中国体育代表团秘书长蔡家东就王大雷事件公开表态。他说，国奥队输了比赛，王大雷本应正确对待比赛结果，但他却在赛后通过微博方式发泄对球迷的不满，甚至进行粗暴的谩骂，这是极其错误的。蔡家东说：“王大雷的行为性质恶劣，不但毁损了其自身声誉，也毁坏了中国足球的声誉，在社会上造成了不良影响。”

蔡家东最后表示，王大雷的言行严重伤害了关心支持中国足球事业发展的广大球迷的感情，违反了中国体育代表团参加本届亚运会的有关纪律规定。为此，代表团根据足球队意见和王大雷本人对此事的认识，作出处理决定：一、停赛反省；二、公开向社会和球迷道歉；三、将视其对此事的认识和表现决定是否对其进行更进一步的处罚。

王大雷受到了应有的处罚，但他的悲剧意义在于，在足坛打假扫黑的大背景下，国人对足球的希望能从广州亚运会上这支狼狈不堪的国奥队身上重新燃起吗？而王大雷作为年轻球员的一个典型人物，他身上呈现出的特性只能加剧国人对足球的绝望。

广州亚运会给球迷的刺激如同北京奥运会，不论田径、游泳、乒乓球、排球……怎样披金挂银，而足球则继续低迷堕落。四场比赛中，国奥勉强战胜了吉尔吉斯坦队和马来西亚队，对阵日韩都是 0：3 完败，最终止步于 16 强。

足坛打假扫黑会给中国足球重生的机会吗？体育大国和体育强国的思辨继续让国人感到痛楚……王大雷事件刚平息下来，另一场地震又悄然到来。

2010 年 11 月 14 日，中国选手沈宏 / 梁瑜洁夺两冠获得中国亚运史上第 999 块和第 1000 块金牌。但千金能买一笑吗？这一天，新华社高级记者杨明的一篇文章又引起一场大争论。

一家独大并非好事

中国军团在广州亚运会上飙出“开门红”，首日狂扫 19 金，显出一骑绝尘的强大实力。由于是主场作战，估计，这次中国金牌总数会超过 20 年前的北京亚运 183 枚纪录。若此，我们是该大力赞颂，还是冷静思考呢？

个人认为，一家独大并非好事，会带来不少隐忧。

亚运会的口号是团结、友谊、和谐、发展，是亚洲人民的一场盛大快乐节日，不能只重金牌，不顾其他。一家独大看似可以独领风骚，但会导致亚洲体育失衡，使其他参与者感到成为陪衬。举个通俗的例子：本来是请大家做客的，结果，鱼翅和熊掌都让主人抢吃了，剩点汤汤水水的给人家分，咱好意思吗？生物界和自然界法则告诉我们：只有共存才能共荣。让一个“巨人”和一群“常人”按照相同规则玩角力游戏，场面未必有趣。尤其是在实力绝对不对等的情形下，在看客的助威下，穷追猛打，没有观赏价值。

另外，这会引导本来就畸形的中国竞技体育走向极端。多年来，我们一直把体育等同于金牌，把体育当做强国符号，这其实是扭曲了真正的体育精神和本质。体育是什么？毛主席早就说了：“发展体育运动，增强人民体质。”体育是属于大众的运动，是老百姓们的健康生活方式，不幸的是，这个属性被漠视了，精英体育一度成为主导。

国内媒体不应一边倒地对中国军团的金牌风暴歌功颂德，金牌拿太多并非好事，会带来负作用，这点，有关方面需要早作判断。

事实上，北京奥运会后，胡主席已经英明地给中国体育指出了正确发展方向：从体育大国向体育强国迈进。我们应该立刻转型和转轨，把重视竞技体育转变成重视全民健身，淡化金牌，强化国人体质和健康，提倡大体育和大健康的概念，让体育理念真正回归。

下面是组官方数据：目前，中国有1.6亿人是高血压、1.6亿人高血脂，有2亿人超重或肥胖；城市里，每5个孩子就有1个小胖墩儿，高中生里85%以上的学生是小四眼儿；和日本孩子比，我们的中学生在身体素质多项数据上差很多；我们参加运动的体育人口只有28%，人均体育设施在世界上排百名开外……在亚洲，我们的体育人口和体育设施人均比绝对排不进前10名，就在中国竞技体育取得辉煌成就的这20年中，中国人的体质正在明显滑坡！

然而，我们的金牌总数是世界第一，亚洲绝对第一，这难道不是讽刺吗？难道这不令我们汗颜吗？亚运会上的金牌垄断是历史形成的，和畸形的机制和导向有关，只要意识到这一点，在新的体育观念指导下，相信这种现象会有所改观。

最后，提个建议：为了改变亚洲一家独大的失衡局面，是否可以从下届亚运开始，淡化金牌，从大学或体协中选拔真正的业余选手参赛，少用国家专业队和职业选手，加大非奥项目比例，这样就可以和多数亚洲国家选手处于同一选拔背景，在相近的水平上，实现真正的公平参赛；同时，也能避免巨无霸现象延续。

杨明的文章刊发后，许多人首先猜测，这篇文章是否有什么背景？如果没有，作为新华社这样的喉舌部门，怎么会在和谐的广州亚运会赛场扔下一颗炸弹？

杨明发表这篇文章当天，我俩在新浪微博里用私信交流。他说，文章没有任何背景，只是出于自己的独立思考。现在新华社对热点新闻事件常有些重磅评论，比如对房地产、对车船税等，相关系列评论都曾引起社会的广泛关注。

杨明是新华社中一位社会责任意识很强的记者。早在 2002 年年初，他就曾直接介入陈培德、宋卫平发起的足坛反赌打黑事件。当时他通过切实的调查采访，与陈、宋二人一起追出那份涉嫌受贿的裁判名单。正是那次反赌行动，直接导致北京籍裁判龚建平被逮捕……但由于当年的足协姑息养奸，2002 年年初的反赌没有深入下去，使陆俊、黄俊杰等人成了漏网之鱼。

杨明在广州亚运会期间的这颗炸弹扔下后，得到了广大舆论的支持。有人认为，国家花那么多钱去追求金牌不值得，这是一种变态行为，还不如把这些钱投到群众健身上去。而有人觉得，毛主席当年提出的“发展体育运动，增强人民体质”口号，绝不是想搞金牌崇拜……

反对的声音以中国亚运代表团副团长、江苏省体育局局长殷宝林最为响亮。

杨明文章出来后，殷宝林立刻提出了一连串的反驳。比如竞技体育争金牌有什么错？竞技体育争金牌和发展群众体育有什么矛盾？殷宝林还直言不讳地指出：“某些记者为出名，总是炮制一些所谓‘高论’，这简直是颠倒是非！我们代表团的同志都不会予以理会。”

这场争论在广州亚运会结束后还没有停止。但争论并没有影响中国对金牌的迷恋。在经历了 15 个比赛日后，广州亚运会 477 枚金牌已经全部找到归属。中国代表团最终获得 199 枚金牌。让人哭笑不得的是，如果用北京奥运会中国金牌数量 51（块）+199（块）=250（块）……

难道中国体育真的是二百五吗？

篮球与足球是一对神似的“黑兄弟”

暂不说足球，仅以中国体育为例，不同人眼里有一部不同的中国体育史。官僚们看眼花缭乱的金牌，那是“历史性突破”或者是“中国荣誉与骄傲”；而百姓看来，中国体育真的难免有点“二百五”的味道。金牌多不意味着国民身体素质在增强，竞技体育突飞猛进反衬的是群众体育活动的委靡不振。

1956年，举重运动员陈镜开成为新中国第一个打破世界纪录的运动员。1959年，乒乓球运动员容国团为新中国取得第一个世界冠军。1984年，新中国首次参加在洛杉矶举办的夏季奥运会，实现了中国奥运史上金牌“零”的突破。2000年悉尼夏季奥运会，中国首次进入奥运会金牌榜前三名。2008年，北京成功举办了第29届夏季奥运会，中国代表团取得了51枚金牌、100枚奖牌的优异成绩，第一次名列奥运会金牌榜首，创造了中国体育代表团参加奥运会以来的最好成绩。

据统计，1949—2008年，我国运动员共获得世界冠军2,283个。其中1978—2008年共获得世界冠军2,257个，占建国以来总数的99%；创超世界纪录1,017次，占建国以来总数的85%。

这些堆砌的数字在特定历史时期的确振奋人心，能唤起国人的爱国情愫，可兴奋过后的思考却是沉重的。竞技体育披金挂银的背后隐藏着什么？不争气的足球藏污纳垢，诸如乒乓球、游泳、田径、羽毛球、篮球等拳头项目，荣誉背后的肮脏交易是不是同样让人触目惊心？

2010年12月9日，也就是在CBA联赛开赛前，新华社刊发了《中国篮球盛世危言》系列评论。文章以中国足球为视角展开，对中国篮球联赛进行了深入的剖析。

新华社文章摘要如下：

2001年，中国足球在神奇教练米卢的率领下闯进2002年世界杯决赛圈，实现历史突破，也是中国男足在国际赛场上的最高成就，至今仍属空前。当时足球圈的范志毅、郝海东、孙继海、李金羽等是家喻户晓的明星，也是中国最受欢迎的体育明星。女足当时也是世界上最优秀的队伍之一，在1999年女足世界杯上获得亚军，也让女足成为当时最受关注的女子国家队。

自从2008年北京奥运会上男篮获得第八，女篮获得第四后，中国篮球就进入了黄金发展期。这两年虽然也有起伏，但在广州亚运会上男女篮双双夺冠，再次将篮球推到三大球领袖的位置。姚明毫无疑问是当今中国最有名气的体育明星，易建联、王治郅、朱芳雨等男篮球星声名如同当年的国足明星。

十年前的足球联赛是中国最职业化的联赛，1997 年联赛的主冠名费用就达到 1, 000 万美元，合同期是五年，这个纪录至今还无项目能打破。到了 2010 年，拥有 19 个赞助商的是 CBA 联赛，推广公司盈方公司每年向 CBA 提供 650 万美元的费用。2009 — 2010 赛季 CBA 联赛电视观众达到 4 亿人次，而 2010 年 11 月的亚运会男篮决赛一场比赛电视观众就达到 1.2 亿人次。CBA 毫无争议地成为中国第一“有钱”的联赛。

精明的广东商人在这其中也是如此“耀眼”，在中国足球比较红火的时期，广东几乎占据了甲 A、甲 B 三分之一的地盘；而 2010 年 CBA 和全国男子篮球联赛（NBL）各有 17 家俱乐部，广东球队共 6 家，如果加上篮球的甲 B 联赛，“广东帮”的势力还要庞大。这从一个侧面说明了现在篮球的红火，毕竟，精明的商人不会拿钱去打水漂。

一切都是那么美好，尽管其间问题没有得到根本解决，但在取得的成绩和上升的势头的遮掩下，问题都被华丽地“无视”了。

中国篮球和中国足球这两个项目是中国体育中最“职业”的，联赛是它们的根本，如果根本出了问题，那么它们自然就会“大病一场”，甚至影响到整体。但就在目前的联赛中，相似的问题已经存在了。甚至可以说，足球当年存在的问题，现在的篮球都遇到了。

中国 CBA 联赛虚假繁荣的背后是什么？

仅以广东篮球为例，这个省份为什么能有六家篮球俱乐部？不否认广东人民真的热爱篮球，但他们更热爱金钱。他们手里的球队就是他们的“赌本”，因为地球人都知道，中国篮球界的假赌黑现象一点不逊于足球。之所以篮球的盖子没有揭开，除了中国篮球在世界篮坛有一席之地，一俊遮百丑之外，中国篮球的管理者们和足协那些官员一样，屁股不干净，他们对联赛的失控也是重要因素。

有知情人介绍，地下庄家对CBA的开盘首先是从广东队开始的，后来蔓延到整个联赛。除了广东地下庄家，境外赌博公司也逐渐介入CBA联赛。以2009赛季为例，对CBA开盘的赌博公司不少于12个。

有幕后的黑手介入CBA，赛场上的“问题球”才不断增多。比如有人剖析广东队时，常提到2007年的CBA总决赛。当时，凭广东队的实力赢球绝没问题，但该队却在决赛中崩盘。还有2009赛季中，广东队客战福建意外翻船，在最后一节竟然只得一分……

有文章这样分析CBA涉嫌假球的现象：

根据赌博公司的反馈，一场有广东队的CBA联赛的投注额甚至要超过一场英超联赛。上个赛季开始之前，篮协拒绝了广东凤铝队进军CBA的申请，而是让成绩在他们后面的青岛和天津进军CBA，篮协当时一度很被动。有知情人士透露，那其实是篮协的无奈之举，“他们肯定不能点出广东地区赌球严重的问题，不过篮协也担心，要是再有一支广东的球队进来，那么赌球就真的难以控制了。”一位资深人士也毫不掩饰自己对于CBA赌球的担心，“再不加大力度监管，足球的今天就是篮球的明天！”

在足球场上，如果哪个队员有什么失误或者发挥失常是显而易见的，但是在篮球场上，你却很难发现。当年，北方某队的队员为了做掉球队的主教练，他们在场上采取的策略就是比赛认真打，每一个环节都做得很好，但是到了最后投篮的时候，总是差那么一点。另外，在CBA联赛当中，裁判会起到决定胜负的作用，圈内一直流传着篮球场上的裁判有着20到30分的能量，他们的哨如果在比赛中只有一次偏差，那么两队之间的分数出入也会有4分之多。不要小看了这4分，有时候哪怕是1分，也可能会决定这场比赛几千万投注额的归属。

在CBA当中，主场哨已经是司空见惯了，但也不排除一些特定的时候裁判会偏向客队的可能。例如两队打到最后时刻，主队领先两三分，而盘口却是主队让对手近 10 分，这个时候就会出现裁判偏向客队的情况，他们会想方设法让客队扳平比分，然后比赛进入加时。据报道，目前，市面上流传的搞定裁判的价格是 5 万元左右。

2009 年 CBA 开赛不久，有细心人仔细分析了几场球的盘口和比分的巧合之处。例如，广东东莞银行让福建 17.5 分，最终的比分是广东东莞银行 106∶89 取胜，赢了 17 分；吉林东北虎让天津荣钢 9.5 分，最后吉林 87∶78 赢了对手 9 分；陕西主场让八一 4.5 分，在比赛还有一分半结束的时候，八一队 100∶91 领先 9 分，但最后是陕西队连得 5 分，最终陕西 96∶100 输了 4 分，却赢了盘!

篮管中心对这些现象背后的猫腻一清二楚，他们也有打击的姿态。比如，2009 年 CBA 联赛前，在篮协的《中国男子篮球职业联赛纪律处罚规定》中，对赌球作出了严格的规定：运动员参与或组织赌球活动并打假球或“默契球”，造成恶劣社会影响的，球员处以罚款 10 万元，并取消本赛季参赛资格和在中国篮协的注册资格；对教练员、领队、工作人员及俱乐部违纪违规的处罚规定中规定，参与或组织赌球并指使或授意球队打假球或“默契球”，造成恶劣社会影响的，处以罚款 50 万元，并取消本赛季参赛资格的处罚，必要时移送司法机关处理。

但 CBA2009—2010 赛季问题多多，却没人看到哪支球队受到了处罚，或者哪个涉嫌操纵比赛的疑犯被移送司法机关。

假球体现了 CBA 联赛的腐朽性，可假球是如何产生的？事实上，中国篮坛如同中国足坛一样，游荡着许多穿针引线的掮客。其利益链条也不复杂，一场被操纵的篮球赛事无外乎有这样几种形式：首先是俱乐部自身操纵赛事结果，操纵的目的可能是为排名保级，也可能完全是与庄家勾结，控制比赛结果以图牟利；其次，是个别球员行为。该类球员被庄家买通，形成默契，控制比赛结果；再有就是也不排除篮球管理者直接操纵比赛，这种操纵行为与南勇、杨一民等涉嫌操纵足球比赛结果如出一辙……

篮球界的丑陋不仅是假赌黑，而是在球员转会、梯队培养以及球员职业素养上都和足球有一拼。CBA 赛场外援举足轻重，年薪百万美元屡见不鲜。他们真的货真价实？ CBA 俱乐部老板和主教练在请外援上玩猫腻的技巧很强，他们通过买外援捞取灰色收入已不是新闻。至于 CBA 职业球员的生活腐化也是公开的秘密。以辽宁男篮曾经的主场营口鲅鱼圈为例，据知情者透露，任何一支客队来到鲅鱼圈，找小姐已成为常态。这些寻花问柳的球员中，既有刚闯出名气的新人，也有知名国手。他们出手大方，以此为时尚，从不回避别人……

可以想象，三五年后，当中国篮球假丑黑的盖子被揭开后，在中国的某个“沈阳”，我们也会发现许多熟悉的身影，他们纷纷被警察请来协助调查，他们面对镜头，穿着囚服，流着泪水讲述着自己肮脏的经历，或迷惘、或悔恨……

中国跳水队里暗藏多少污泥浊水

2009 年济南全运会上发生了两件和比赛无关的大事。一件是因王鑫案牵扯到足协官员，南勇在崔大林的指令下紧急飞回北京沟通相关事宜；第二件是，本届全运会跳水裁判肖名（化名）因不满跳水黑幕，忽然离开全运会跳水裁判驻地。

对于肖名的离去，官方的解释是他因为健康原因不得不离开，而所谓“健康原因”是说肖名“心脏病严重”。但肖名本人却完全是另一种说法，她接受《成都商报》采访时说：“我心脏是有点不好，但我提前离开主要是因为不满本届全运会的跳水黑幕。有这样做的吗？所有的金牌竟然都是内定的……”

肖名在 2009 年 10 月 10 日预测：“……接下来的四枚金牌归属将分别是：男子 3 米板何冲，女子 10 米台双人汪皓 / 康丽，女子 3 米板双人吴敏霞 / 赵沁心，男子 10 米台周吕鑫。”

全运会跳水比赛结束后，这四枚金牌归属和肖名预测的完全吻合。

肖名披露：我作为国家A级裁判，年龄、资历也都摆在那里，但是本届全运会，不要说执法决赛了，我就连执法半决赛的机会都没有。他们这样对我，应该与这样一件事有关——上届全运会，半决赛中对田亮的压分相当厉害，我就说了一句公道话：田亮怎么说也是为中国跳水作出了贡献的。最终田亮决赛中拿了冠军，听说周继红因为这事很生气。还有一件事情，应该也让周继红对我很不满。上届女子10米台双人的冠军本来是说了要给李婷/李娆的，但最终夺冠的是我们湖南向解放军队输送的刘贺瑞/蒋李双，她便说这是我做裁判工作的结果。我当时确实去找了其他裁判，但我当时说的话现在也可以拿出来说，就是希望大家手下留情，当我们的队员跳得好的时候不要压分，跳得不好的时候则是该怎么打就怎么打。我能说什么呢？大家这么做，还不都是给环境逼出来的？

在《成都商报》接下来的系列报道中，他们又请出另一位资深的跳水裁判林海（化名）。已花甲之年的林海曾数次获得"全国最佳裁判"称号，是圈内著名的国际级跳水裁判。他说："只要上面暗示，想整人很容易的。"林海以十运会中的田亮为例，详细介绍了"整人"全过程。

由于田亮和周继红"不对路"，当时就有人说，如果田亮夺冠，那周继红把他从国家队除名不是打自己耳光吗？作为当事人，林海介绍道："田亮参加男子10米台之前，在我们裁判休息室里，一位我不能透露姓名的人直接对我们说，不管田亮跳得多好，一律都是8.5（分）。我觉得很悲哀，都说决定比赛结果的是裁判，可我们实际上只是一群傀儡而已。"

林海透露："他们很高明，很多东西都是点到为止，要靠裁判自己去领会。比如说整田亮的事，不会明确指示，会派人来放一点口风，下面的人自然就知道该怎么做了。就算有人来查，也查不到任何证据。而裁判很尴尬，如果我们不听招呼，很多替补裁判就会立即来把我们换掉，那我们怎么养家糊口呢？所以裁判经常很无奈……"

中国跳水队有一群响亮的名字：庄泳、钱红、高敏、伏明霞、熊倪、田亮、郭晶晶、吴敏霞……中国游泳队一直也是中国体坛"梦之队"。可这样的一支“梦之队”，除了他们付出的艰辛努力，在荣誉和利益面前，怎么还会有这么多见不得人的事儿？

肖名和林海两位资深跳水裁判披露的事实触目惊心。两个人都提到周继红这个人。

周继红生于1965年，现为中国跳水队领队。她原来是练体操的，1977年进入湖北省跳水队，开始接受跳水专业训练，1981年夺得全国冠军，次年进入中国国家跳水队。周继红的命运转折得益于一次偶然。1984年，因为原定参加奥运会的女子跳水选手吕伟受伤，周幸运地获得了1984年夏季奥林匹克运动会女子跳台比赛的参赛权。在比赛中，周力压队友陈肖霞等人，以435.51分的总分夺得金牌。

1986年周继红退役后进入北京大学学习英语，1990年毕业后担任中国国家跳水队教练，2000年出任领队至今，先后率队在2000年悉尼奥运会和2004年雅典奥运会上各拿到5枚和6枚金牌，由此奠定了她在中国跳水队的地位。

北京奥运会后，周继红的前教练于芬挺身而出，使周继红陷入一场风波之中。

2008年10月22日，著名跳水教练于芬在年初提交给国家体育总局的一封检举信突然在网络上被曝光，内容是举报周继红涉嫌私吞自己的奖金。透过这份检举信我们可以清楚地看到，在伏明霞、郭晶晶、劳丽诗、周吕鑫、林跃、王鑫及何姿这7名队员的身上，均存在着于芬本应拿到的奖金，可于芬只拿到其中的15.7万，其余都没能拿到。

于芬在检举信中还说：“根据奖金发放的有关规定，教练员带一名运动员满四年，在该运动员离开后的两年内应享受同等奖励，两年以上的按有关规定比例发放奖金。以上清华队员从离开我到获世界冠军等获奖名次的时间均未超过规定发放奖金的范围，但令人不解的是，几乎90%以上的奖金均未发放给我。而国家队奖金的发放惯例是由跳水队负责人上报，游泳中心批准方能发放。那么我近十年的奖金，跳水队负责人周继红到底报给谁，而又最终落入了谁的手中了呢？”

于芬的这封检举信的矛头显然指向了自己的“徒弟”，“自周继红接手国家跳水队后，她利用手中的权力非法克扣我的巨额奖金，无论这笔钱用在何处，都已经构成了贪污罪，都是对我合法权益的严重侵害。这个事情，只要认真追查是很容易查清的。”

“在这里我可以透露几个数字：从 1998 年伏明霞复出、2004 年劳丽诗雅典夺冠到目前国家队中有 5 名队员是我一手培养出来，我的队员已为中国夺得了 2 块奥运金牌、2 块奥运银牌，世界冠军的数量大概也有 10 个吧。如果按照国家相关奖励政策，总奖金积累应该不会低于 200 万吧，但实际上我总共拿到的也就是 15.7 万元。”

周继红随后也作出了比较低调的反应，她的说法是：“关于奖金的问题，跳水队这边没有财务，是由游泳中心的财务来整体负责的，每笔账目都应该是很清楚的。从我 1998 年到跳水队以来便是如此。其实关于于芬反映的问题，中心早已回复过她，我现在不方便就这件事情进行表态。”

此外，在中国体坛，教练侵占运动员奖金也不是什么新鲜事儿。早在十多年前，马俊仁也被弟子指控“侵占巨额奖金”；2007 年，田径运动员艾冬梅指控教练王德显侵占奖金，并把师傅告上法庭……

艾冬梅，1981 年出生，黑龙江省依安县人，1995 年 11 月进入火车头体工队，跟随著名教练王德显训练。1999 年先后夺得北京国际马拉松赛、大连国际马拉松赛和日本千叶公路接力赛冠军。迄今为止共获奖牌 19 枚，其中国际级比赛奖牌 10 枚。

2006 年 9 月 18 日下午，王德显曾经执教的火车头马拉松队四名退役女队员艾冬梅、郭萍、臧云杰、李娟，以王德显“侵占财产”罪正式向北京海淀区法院提起民事诉讼。

艾冬梅等在诉讼中称，被告王德显作为火车头体工队教练，在执教期间以原告年龄小为由，代为保管她们的中国工商银行存折。之后，她们分别发现自己的存折内有部分款项被王德显取走，但王德显拒绝归还。同时，艾冬梅还向媒体披露自己在训练时曾遭严厉体罚，因训练不科学导致双脚严重畸形……

艾冬梅也好，于芬也罢，她们正视自身权益的行为值得赞赏。但于芬和贫困潦倒的艾冬梅不同，于芬并不靠奖金生活。于芬挑起的奖金风波，钱的因素只是一部分，主要还是因为她想重返国家跳水队，但这扇大门在于芬看来已被周继红紧紧地关上了。

在金牌战略面前，中国体育管理体制与用人机制是无法撼动的。体制是冰冷且坚硬的，诸如于芬、艾冬梅这些人，不论她们庆幸自己抓到了谁露出的尾巴，还是自信地相信法律的力量，她们最终都只会头破血流，因为她们的对手是体制，而体制最大的靠山则是某些人嘴里所谓的“国家利益”。

小球的堕落速度不亚于大球

中国体坛曾有两个年轻有为的少帅，一个是蔡振华，另一个是李永波。蔡振华生于 1961 年，李永波生于 1962 年，前者掌控着乒乓球，后者把持着羽毛球，而这两个项目也都是中国体育的拳头项目。因此，人们常把两人放在一起比较，比较他们的人品、性格、仕途发展……

在两个人为事业前途进行的暗战中，蔡振华在 2007 年彻底拉开了两人之间的距离。是年 4 月，他被任命为国家体育总局副局长、党组成员，同时也成为中国体坛最年轻的局长。而李永波呢？尽管他也有突出的业绩，却一直只是稳定地坐在中国羽毛球队总教练的位置上。

乒乓球和羽毛球，这两面中国体坛鲜艳的旗帜，它们的辉煌值得铭记，但辉煌背后隐藏的污浊，如果不警惕并及时剔除，则我们引以为荣的国球将走向何处？

比如中国羽坛的“年龄门”和其他体育项目一样有恃无恐，假年龄这块顽疾已让人麻木。至于假球（包括所谓让球）更是很普遍。

2009 年 3 月，法新社特别关注了在伯明翰举行的全英羽毛球超级赛。在该项赛事上，中国选手破纪录包揽 5 金。赛后，法新社借马来西亚教练拉希德·西迪之嘴指责中国队“打假球”。

拉希德·西迪说：“在半决赛中，陈金对阵林丹。在比赛中途，陈金由于背部疼痛退出了比赛，这样林丹顺利晋级决赛。这为林丹在决赛中对阵李宗伟赢得了更多的体力，是中国队事先早就安排好了的。”

中国羽毛球让球已算不上新闻了，比如在2000年悉尼奥运会的女单半决赛中，叶钊颖很蹊跷地输给了龚智超。多年后，有记者曾就此事采访了已经淡出羽坛的叶钊颖，她说：“我性格直率，导致悉尼奥运被安排输给龚智超，因为我得罪那个人了呗。我从小受传统教育的熏陶时间太长了，那时以让球为光荣……”

2001年九运会后，叶钊颖逐渐退出了羽球圈。

当然，中国羽毛球存在的问题绝不仅仅是让球。在一定程度上说，如果让球的结果不影响国家利益，它还是可以理解为没有违背游戏规则。但让球的过程一旦沾染上各种复杂的利益纠葛，它就变得有点龌龊了。

2008年3月，在国内一知名论坛，一篇题为《李永波，这次谁还可以做你的救世主》的帖子迅速走红。该帖作者自称是一个已不做体育新闻的“记者”，并以自己的“亲身经历”来大曝羽毛球的黑幕。

该帖是这样开头的：

> 不做体育新闻已经两年了，这个圈子里所有的恩怨情仇都已成过眼的云烟，但今天凌晨看完全英公开赛所有5个单项决赛之后，总觉得如鲠在喉，不吐不快。尤其是看到娇弱的江苏小丫卢兰在女单决赛中被近半年突然开窍的拉斯姆森强势挤压得满场狼奔豸走、一脸无奈的刹那，突觉悲哀异常，为曾经荣光无限的中国羽球女单，也为从去年12月来身处舆论旋涡的李永波。

北京奥运迫在眉睫，作为夺金生力军的中国羽毛球队在家门口的前景突然蒙上了厚厚的一层阴影。如果没了类似2000年在悉尼花开一瞬的吉新鹏与横空出世的高崚此类人物的涌现，李大教头该如何面对媒体和球迷铺天盖地的责难？一旦在北京奥运会上不能完成内定的夺金指标，谁还能拯救这个毁誉参半的辽宁男人？

西方有句格言很有名：性格即命运。这是个科学命题，文学这样说，社会学恐怕也得这样说。每个个体生命的经历，也都在不断地证明这一点。中国羽毛球的“家长”李永波也不能例外。他强硬到霸道的个性使其树敌太多，除了老好人李谋和他的忠实“粉丝”Z某，其他组别教练和大部分运动员以及羽毛球队的部分工作人员一提到他，其口吻和用语都无一例外地耐人寻味……

这个帖子以看似平静的方式开始叙述，随后又对李永波的生活作了详尽的“描述”，其中涉及到的知名运动员有十数人；同时，作者也对李永波经营管理上的问题大肆渲染。然后，笔锋一转，把李永波和蔡振华又“牵扯”到一起。文中称：

为了显示自己驾驭队伍的能力不弱于蔡振华，李永波在蔡振华2004年以恋爱影响奥运备战为由公开处理白杨等队员后，高调宣布对队员谈恋爱并不干涉。结果在李“宽容”的态度下，羽毛球队竟出现了多达12对（2004年12月统计）鸳鸯。

实际上，李对蔡振华一路平步青云很是不满。一是嫉妒，二是不服。2005年夏天，国家体育总局人事司出台了局长助理的选拔细则，李永波对我说：“他妈的，还选个屁啊，谁都知道所有条件都是照着蔡振华自己的条件来的。”

该帖作者虽然一直强调自己“只是陈述事实”，但从其行文风格和内容来看，许多东西属于捕风捉影，难以经得住推敲。比如作者在开篇以强烈的使命感站在国家的高度上展望北京奥运会时，他对中国羽毛球队的前景充满了迷惘和担忧，而事实上，北京奥运会证明，中国羽毛球队依然是比赛的最大赢家，最终以 3 金 2 银 3 铜的成绩笑傲群雄。

当然，质疑这个帖子的真实性，并不意味着我们要回避中国羽毛球界存在的问题。这就像我们钦服蔡振华，但同样不能回避中国乒坛存在的问题一样。

2010 年 6 月 23 日，乒坛国手马琳的妻子张宁益和律师走出了北京大兴区法庭，随后张宁益接受了媒体的采访，并指出“马琳利用奥运冠军的身份将一套房子和一辆车作贪污行贿之用”，同时质问国家乒乓球队还有多少黑幕待揭？

马琳与张宁益的离婚案持续了半年之久。

张宁益 14 岁考入沈阳军区前进话剧团，之后入读北京电影学院表演系，在学习期间先后接拍了《绝对计划》《好想好想谈恋爱》《天字一号》《血色玫瑰》《我们复婚吧》等电视剧。她与马琳 2004 年进入恋爱关系并登记结婚。2009 年 9 月下旬，媒体披露两个人已通过司法程序离婚，离婚官司进入一审阶段……

法庭二审时，马琳的律师称两人婚后只有一处房产，是马琳 2007 年在北京大兴的金地格林小镇购买的一套别墅，并在法庭上提供了马琳房产的证明。而另外的房产和汽车都是两人婚前马琳所购，按照法律规定不应列入夫妻共有财产。

但张宁益却认为马琳在撒谎，她说马琳除了北京的房产之外，在广东还拥有一套某房地产公司赠与的别墅，此外还有一辆价值 80 余万元的吉普车。这些都属于夫妻共同财产，应纳入分割的范围。

有媒体披露了当时的庭审细节：

马琳与张宁益于 2004 年 8 月 30 日在沈阳登记结婚，这样马琳在雅典和北京两届奥运会中获得的冠军奖励都属于这个范畴之内了。张宁益的律师反驳：“马琳说他在广东的房产是 2004 年 6 月体育局奖励奥运冠军的，但当时奥运会还没有开，马琳怎么就知道奖励奥运冠军的房子有自己的？”马琳庭上则辩称当时体育局已经内定奥运冠军了。

……

马琳和张宁益把离婚闹到法庭上后，蔡振华在济南全运会期间首度谈论了马琳婚变。当时，全运会乒乓球比赛已经结束，马琳并没有兑现此前自己所说的“对外公布离婚真相”的诺言。

2009 年 10 月 11 日，国家体育总局副局长、中国乒协主席蔡振华面对记者的采访，他没有回避马琳的离婚案。他说：“马琳这个事情发生了，我们不能遮掩，不能回避。他这个事情存在很多问题，我认为是聪明反被聪明误。”

济南全运会乒球比赛期间，马琳与张宁益的离婚案被炒翻了天。蔡振华表示，马琳在这件事被疯狂炒作的情况下，还能率广东队拿到全运会男团亚军，已经很不容易了。

蔡振华说，自己并不赞成昔日弟子马琳对离婚一事的处理方式，“马琳这个事情，存在很多问题。例如他家人宣称，当时马琳不知道登记领证就是结婚，我相信这是他与妈妈商量后自以为最好的解释，但我认为这是聪明反被聪明误，不应该这么说。”

清官难断家务事。马琳与张宁益的离婚官司之所以引人关注，在于该离婚案中张家大曝乒坛“黑幕”。尽管张家的陈述只有司法才能给予公正的判断，但中国乒乓球界内部管理与各种利益纠葛人们素有耳闻，这起著名的离婚案只是再次让人们温习了一下中国乒坛的灰暗而已。

只是，这种温习对蔡振华来说会是一种什么样的感觉？他在担任国家体育总局副局长之前，做过总局乒羽管理中心主任。而到了 2010 年 7 月，尽管蔡振华还是体育总局副局长，但副局长头衔远远没有他分管足球、并将出任中国足协主席这个职务受人关注。面对中国体坛成绩最差、影响最大，并且病入膏肓的足球，这个金牌局长将如何施展拳脚？

后记 他们集体被体制“谋杀”

当人们猜测着南勇们的案情时，或者胡乱泼着脏水、放着冷箭时，有多少人把他们看成是体制的牺牲品？他们也曾有着自己的足球理想，但他们自从跻身官场那刻起就注定了毁灭。

2010年春，我写完《球事儿2》的时候，许多朋友问什么时候写《球事儿3》，我开玩笑说，不会写“3”了，如果要写就写《南勇传》，但前提是南勇能接受我的至少五六天的采访……处于监禁中的南勇不可能接受我的采访，而足坛那些所谓的揭秘、传闻也早已让我有呕吐的感觉，所以我有种清醒的意识，那就是关于足球的书不会再写了。

为什么又写了《窝案》呢？韦迪履新不久，我们曾在他办公室里有次闲聊。当时，韦迪正被许多人质疑。他笑着说，我很理解人们的心态，足协这么多年来给球迷带来的快乐很少，但带来的伤害却很多，谁坐到这个位置上，人们都会在惯性里去质疑的！韦迪说，要让球迷改变看法，关键是我们去做什么？我们放不放权？我们抓不抓基础建设？我们能不能改变足坛这个官场上的许多官僚习气？

“官场”这个词有点撩拨了我的灵感。当人们猜测着南勇、杨一民、陆俊们的案情时，或者胡乱泼着脏水、放着冷箭时，有多少人把他们看成是体制的牺牲品？他们也曾有着自己的足球理想，也承载过许多球迷的希望，但他们自从跻身官场那刻起，就注定了被毁灭。因为足球职业化大厦虽然在1992年就拔地而起，但却没有夯实根基，数年间，盘根错节的利益链条如病毒般扩散，任何意志薄弱者都难免要倒在废墟之中。

因此，与其说他们是“自杀”，还不如说他们是被体制“谋杀”。

2010年10月初，我在京见到著名出版人黄隽青。我没想到他是个超级体育迷，尤其对足球、篮球情有独钟，他还是健翔的同学。诸多的关系让我们聊起《窝案》时很默契。老黄对足坛官场也很感兴趣，谈到该书的创作思路，他认为不该再定位挖掘什么内幕、独家；在资讯泛滥的大背景下，以足坛的官场为背景，还原涉案人员真实的人性以及他们的心路历程，也许反而能让读者站在一定的高度，以接近理性的方式来审视足坛的这场反赌风暴。

我决定动笔，我也感到自己选择了一个有点让自己畏惧的高度。

这本书的内容时间跨度较长，从1992年王俊生入主足协开始，一直到2011年的韦迪时代。20年的时间里，中国体育经历了伍绍祖、袁伟民和刘鹏三个时代。中国体育权力的更迭难免波及到足坛，特别是1992年可谓中国足球改革元年，而这一年袁伟民开始兼任中国足协主席；王俊生、阎世铎、谢亚龙、南勇，以及眼下的韦迪，虽被冠之以“足协掌门人”称号，但他们实际都是以“副手”的名义在主持足协工作。

这意味着什么？自1992年起，中国足球因为管办不分、政企不清，足球改革一开始就失去有效的监督机制，足协的特权阶层和职业化一起诞生了。中国足球自改革元年就为未来埋下了隐患，也为足协一直打造着有悖于职业精神的畸形领导班子。可以想象，这样的班子如果不出事儿，绝对相当于瞎子走夜路不摔跟头。

我有幸在1992年开始从事新闻工作，见证了中国职业足球的酝酿以及起步。但不讳言，作为曾经的一线采访记者，我和所有同行一样，主要是围绕着赛事奔波，偶尔听到足协高层一些传闻，也难免有捕风捉影、以讹传讹的嫌疑。因此对我来说，要写足坛的官场、梳理职业足球发展脉络、整理甄别直接或间接掌握的资料，以及重新走访当事人，这是一个繁重且艰巨的工程。

我的采访名单上列着许多人的名字，但因为涉及内容的敏感，一些人委婉拒绝和我见面，或者见面也谈些不疼不痒的事情。但真相是无法隐藏的，真相的获得我想应该来自两个方面，一是坦诚梳理当事人的客观回忆，二是在综合诸多现象的基础上作忠于逻辑关系的推证。在走访的两个来月的时间里，我一直努力地做着这两方面工作。

在写作过程中，我多次和该书的责任编辑一草先生就相关细节探讨。作为资深的图书策划编辑，他为该书付出很大心血，我在此对他以及本书另一位责编耿金丽表示感谢。书稿交付他们后，尽管我很严谨地对待自己的文字，但还是担心百密一疏，因此也提醒他们审稿时对文字中有主观色彩的叙述要坚决删除。事实上，我希望该书保持客观陈述或推证事实的基调，客观理性地对待每个当事人，不泼脏水，不放冷箭。如果我在足坛某些重大事件上表达了观点，这些观点仅是我个人的，与被采访者无关。

在此我要感谢崔大林和韦迪，因为乡情，他们让我保持着对中国足球未来的密切关注，使我能及时把握和梳理一些最新资讯；还有棋哥（王奇）、金家继两位老兄，不论是吃铁板烧还是火锅，推杯换盏间，他们流露出的对足球的热爱着实让我感动……需要感谢的还有王俊生、阎世铎、郎效农、冯剑明、章健等人，因为在采集这本书的原材料时，我矫正了过去对他们某些人的误读，也让我在写作中能更真切地接近真实的足坛。当然，能有机会重温足坛18年历史，并能通过文字去理性辨析足坛高层风云，我同样需要感谢涉案的南勇、杨一民、谢亚龙、蔚少辉、陆俊等人……

我还需要感谢我的许多同行兄弟，黄健翔、李承鹏一直关注这本书的进展情况，并给我很大的精神鼓励。还有新华社高级记者杨明、著名体育评论员方肇、《最体育》主编颜晓华、《东方体育日报》妙红、搜狐体育张亮、《足球》报记者贾蕾仕和白国华、《体坛周报》张卫等，他们对本书部分内容的直接或间接支持让我感动。尤其还要感谢相识多年的老兄、新浪网总编辑陈彤先生在百忙中对本书的推荐。

还需说明的是，书中部分章节引用部分都用特殊字体单独处理，有的提及作者，有的注明出处。其中，关于王俊生和阎世铎相关章节内容借鉴了他们出版的书籍，并以引文字体标明。同时，我还要对新浪体育、搜狐体育、网易体育对本书的支持表示谢意。

写这篇后记时已是2011年正月初十，窗外偶尔有鞭炮声。在家里伏案敲打键盘，不满三岁的郝思陌蹦跳地扒着窗帘向外张望，而他的妹妹郝思诺则惊慌得躲在她妈妈的怀里。生活就是这样，不是所有的烟花都昭示着美丽，对孩子来说，鞭炮和烟花也许给他们带来的只是惊恐。当然有时还会是寂寥、悲凉……比如，有人憧憬着两天后的情人节，有人期待着接踵而至的元宵节……但在沈阳的某个看守所，曾经显赫一时的足球人们，正月里的窗外烟花对他们意味着什么？

也是在正月里，我不时翻看着朋友的两本书，一本是李承鹏的《李可乐抗拆记》，另一本是我的师兄方肇的小说《越位》。李承鹏因为赶写“李可乐”，耽误了我俩合作的另一本书，这才使我能抽出时间赶写我的《窝案》。他沉浸在足球之外，让自己的书与浙江乐清“钱云会事件”邂逅，投身喧嚣的百姓生活。李承鹏离开足球转向后的激情让我惭愧，但也给我前行的动力。我祝福他，也是祝福我们这些生于20世纪60年代又不甘寂寞的老愤青们。

而方肇的《越位》则让我看得有点目瞪口呆。洋洋洒洒80万字的《越位》，他以文学手法真切再现了中国足球一段难忘的历史。小说从2001年“十强赛”入笔，把足坛一系列大事件巧妙地串联起来，既有十强赛时的赌球内幕，又有德国名帅克劳琛被足协和部分媒体联手驱逐的实情，以及谢亚龙延吉巧设“狗肉宴”的幕后故事……看完《越位》，足球又像磁铁一样让我无法挪动脚步，我甚至觉得侧重足坛官场的《窝案》与《越位》是一种姊妹关系，舍其一难得中国足坛全貌。

我信奉这句话：历史是两个人写的，秦始皇写一部，孟姜女写一部。同理，中国足球的历史也绝不是一个人写的。

不论是王俊生还是阎世铎，他们笔下的足球是圆的，它滚动的速度以及变幻莫测的轨迹折射着他们的真实情感，忠诚可鉴，但命运无常；而在《球事儿》《中国足球内幕》《越位》乃至我眼下的《窝案》里，足球却凸显着棱角，难免因平民情怀太多而为官场所不悦。

好在时下是一个宽容的时代，尽管《窝案》难以写得尽善尽美，甚至某些内容由于我走访不深入、核实甄别不细致，致使书中某些部分与事实有出入，在此我愿意向当事人表示歉意，同时，也希望所有热爱中国足球的人能理解并宽容它。尽管现在远离了一线采访阵地，但我却一直尝试着以另一种方式关注足球。

因为我相信，中国足球的现实只是一种叫做财富的经历，而不是它在劫难逃的命运！

祝中国足球好运！

郝洪军

2011－2－14

附录 1

新中国足球大事记（1951—2011）

（1）1951 年 10 月 3—8 日，中国人民解放军（八一）队参加在捷克斯洛伐克首都布拉格举行的国际邀请赛，这是新中国球队首次出访。其中，八一队和保加利亚人民军队之间的比赛是新中国球队参加的首场国际足球比赛（八一队 1:9 负）。

（2）1951 年 12 月 1—9 日，在天津举行了有 8 支队（六大行政区队及解放军队、铁路队）参赛的第一届全国足球比赛大会，东北队以不败战绩获冠军。这是建国后举行的第一次全国性足球比赛。赛后选拔了 1951 年度全国足球选手（29 人）。

（3）1952 年 7 月 29 日—8 月 7 日，中国足球队赴芬兰参加第 15 届奥运会足球赛，但因迟到而被迫弃权，仅同当地球队进行了两场友谊赛。其中，8 月 4 日中国队与芬兰队的比赛是新中国国家队首次与外国国家队进行的国际 A 级比赛（中国队 0:4 负）。

（4）1955 年 1 月 3 日，中国足球协会在北京成立，黄中任首任足协主席。1955 年 10 月，我国选派赴匈牙利学习的球员回国。同时，中国国家队聘请的首位外籍教练、匈牙利人阿姆别尔·约瑟夫也来华赴任。

（5）1956 年 4 月 1—15 日，首届分级进行的全国足球甲、乙级联赛分别在西安和沈阳举行。甲级 10 队、乙级 12 队参赛，均采用小组预赛和复、决赛的方式进行。

（6）1956 年 8 月 16 日，中华全国体育总会向国际足联推荐李凤楼、方荣富、胡汉文、王南珍和王维屏等 5 人为 1956—1957 年度国际级裁判员，后获国际足联批准。这是新中国首批获国际级称号的裁判员。

（7）1959 年 9 月 13 日—10 月 3 日，第一届全国运动会在北京举行，解放军队夺得足球比赛的冠军。同年 10 月 3—8 日，为庆祝国庆十周年，在北京举行了中、苏、匈（二队）三国足球对抗赛，中国队一胜一负获亚军。

（8）1964 年 2 月 27 日，国家体委在北京召开全国足球训练工作会议，作出《关于大力开展足球运动，迅速提高技术水平的决定》，提出了“从难、从严、从实战需要出发，进行大运动量训练”（即“三从一大”）的训练方针。

（9）1964 年 6 月 1 日，由共青团中央、全国总工会、教育部、国家体委联合召开的全国足球工作会议上，作出了“大力开展足球运动、迅速提高技术水平”的决定；同时确定北京、上海、天津、广州、武汉、旅大、沈阳、南京、延边、梅县为全国发展足球运动的十个重点地区。

（10）1965 年，前一年以乙级联赛亚军升上甲级的吉林队夺得全国足球甲级联赛冠军，创造了中国足球史上的神话。在当年 9 月 11—28 日于北京举行的第二届全运会足球比赛中，河北队荣获冠军。

（11）1966 年 11—12 月，中国足球队参加了在金边举行的第一届亚洲新兴力量运动会足球比赛，最后，负于朝鲜队获得亚军。这是中国足球队首次在洲际比赛中获得好名次。

（12）1977 年 8 月 17—30 日，“文革”后我国首次举办国际足球比赛。北京国际足球邀请赛在北京和上海（仅进行 3 场比赛）举行，共 12 队（外队 9 支）参加。中国青年队夺得冠军，中国一队和二队分列第 4、第 8 名。

（13）1977 年 9 月，由世界足球超级巨星贝利、贝肯鲍尔领衔的美国宇宙足球队来华访问，在北京和上海先平后负于中国队。同年 10 月，中国足球队首次出访美国

（14）1980 年 7 月 7 日，国际足联第 42 届代表大会批准了国际足联执委会作出的关于恢复中国足球协会在国际足联中合法权利的决定，从此，中国回到了国际足球大家庭。

（15）1981 年年初，在《人民日报》等十家新闻单位联合举办的“1980 年全国最佳运动员”评选活动中，足球运动员容志行被评为十名最佳运动员之一。同时，中国足球协会评选出了 1980 年 11 名最佳运动员，他们是：李富胜、林乐丰、迟尚斌、蔡锦标、刘志才、左树声、黄向东、容志行、沈祥福、徐永来、古广明。

（16）1981 年 9 月 24 日—1982 年 1 月 10 日，中国队参加第 12 届世界杯亚太区决赛，最终在吉隆坡进行的附加赛中不敌新西兰队而饮恨。

（17）1984 年 10 月，在武汉举行了首届中国足协杯赛，辽宁队夺得冠军。

（18）1984 年 12 月，中国队在新加坡举行的第 8 届亚洲足球锦标赛上获得亚军。这是中国队在国际 A 级比赛中取得的第一个好成绩。

（19）1985 年 2 月，在昆明举行的云南队和匈牙利维多顿队的比赛后，因下雨及体育场设计和管理上的欠缺，观众退场时发生了严重的挤踏事件，造成 8 人死亡，百余人受伤。这是我国发生的最严重的球场惨案。

（20）1985 年 2—5 月，中国足球队参加第 13 届世界杯亚洲东区第二大组第一小组预赛，结果在北京主场负于香港队，仅列小组第二。赛后，北京球迷不满国家队的表现，发生了骚乱，即“5.19”事件。

（21）1985 年 7 月 31 日—8 月 11 日，由我国承办的国际足联 16 岁以下“柯达杯”世界少年足球锦标赛在北京、上海、天津、大连举行，尼日利亚队获得冠军。这是我国第一次主办国际足联正式比赛。

（22）1985 年 8 月 24 日—9 月 4 日，在日本神户举行的第 17 届世界大

学生运动会足球比赛中，中国大学生足球队先后战胜墨西哥、阿尔及利亚、美国和日本队，获第三名。这是中国足球队首次在世界性比赛中获得奖牌。

（23）1985 年 11 月，国家体委召开全国足球训练工作会议，提出了提高我国足球运动水平的具体措施。决定成立全国足球领导小组，时任国家体委副主任的袁伟民任组长。

（24）1986 年 10—12 月，全国足球甲级联赛举行。本届联赛首次由香港金利来公司赞助，冠名为“金利来杯”。

（25）1988 年 9 月，中国队在韩国釜山举行的第 24 届奥运会足球赛决赛阶段小组赛中，三战一平二负，未入一球，列小组末席被淘汰。这是新中国足球队首次进入奥运会决赛阶段。

（26）1988 年 12 月，伍绍祖出任国家体委主任。十年后，国务院机构改革，国家体委改为国家体育总局，与中华体育总会一个机构两块牌子，伍绍祖任国家体育总局局长、体育总会会长、党组书记。并兼任北京 2000 年奥运会申办委员会执行主席。

（27）1989 年至 1990 年，辽宁（东药）队参加亚洲俱乐部杯赛，最后击败日本尼桑队夺得 1989 年度亚俱杯冠军，这是我国球队首次获得洲际比赛冠军称号。

（28）1989 年 10 月 17、28 日，中国队在新加坡参加第 14 届世界杯亚洲区决赛同阿联酋和卡塔尔队的比赛中，均在领先的情况下，最后三分钟连丢两球败北，终被淘汰。这就是中国足球史上的两个“黑色三分钟”。

（29）1991 年 3 月，中国足协在昆明举行史无前例的国家队主教练竞选活动，即“昆明竞选”。在其他候选人退出的情况下，时任国家奥林匹克队主教练的徐根宝于三个月后被宣布为国家队新任主教练。半年后，由于率国奥队冲击奥运会失败，徐根宝又被剥夺了主教练的职务，这使徐根宝成为未带过一次队的国家队主教练。

（30）1992 年 1 月，中国奥林匹克队在吉隆坡参加第 25 届奥运会足球赛亚洲区决赛中，在最后一场比赛只需踢平对手即可出线的形势下，反被只有取胜才能出线的韩国队打得晕头转向，开赛仅九分钟就以 0:3 落后，终以 1:3 败北，失去进军巴塞罗那的机会。

（31）1992 年 6 月 15 日，德国人克劳斯·施拉普纳被聘请为中国足球队的主教练，成为执掌中国国家队帅印的第二位外国人。他随后率领中国足球队争取世界杯入场券，小组赛被淘汰。后出任中国足协技术顾问，在 1994 年广岛亚运会上正式下课，由原助理教练戚务生接任。

（32）1992 年，足协改选，时任国家体委副主任的袁伟民兼任足协主席，王俊生出任中国足协专职副主席。6 月 23 日，中国足协在北京西郊红山口召开工作会议，即“红山口会议”。会议以改革为主题，决定把足球作为体育改革的突破口，确立了中国足球要走职业化道路的发展方向。

（33）1992 年 12 月 31 日—1993 年 2 月 28 日，中国足协为举办全新的联赛，在广东试验举行了全国俱乐部队（甲级 A 组）锦标赛，辽宁队获得冠军。

（34）1993 年 6 月，国家体委主任伍绍祖在成都展示了中国足球的十年前景，称中国男子足球队要在 1998 年打进世界杯决赛圈，2002 年世界杯进入前 16 名。

（35）1993 年 7 月 22 日，在第 7 届全运会足球预赛延吉赛区最后一轮陕西队和江苏队比赛中，陕西队员对主裁判张庆国的判罚不满，围攻追打裁判员，其恶劣程度是建国以来正式比赛中最严重的。

（36）1993 年 9 月 15 日，辽宁队在第 7 届全运会男子足球赛中荣获冠军，这是该队自 1984 年以来在国内甲级联赛、足协杯赛和亚洲俱乐部杯赛及全运会等比赛中，连续获得的第 10 个冠军，被称为“十冠王”。

（37）1993 年 11 月 14 日，中国足协在全国范围选拔的 22 名小队员组成的中国健力宝少年足球队（几年后为青年队）起程赴巴西，开始了为期五年的留学生活。由于该次留学是广东健力宝集团赞助的，后被称为“健力宝模式”。

（38）1993 年 12 月 10 日，我国第一个与体委脱钩、由企业自主管理的足球俱乐部——上海市申花足球俱乐部诞生，标志着我国足球运动开始迈向职业化。

（39）1994 年 4 月 17 日，经过重新包装的全国足球甲级（A 组）联赛开幕，这昭示着中国足球职业联赛正式启动。职业联赛元年，大连万达队荣获该年度甲级 A 组联赛冠军。

（40）1995 年 1 月，国家体委足球运动管理中心成立，王俊生任主任。该中心的成立，是国家体委体育改革的措施之一。该中心对外仍以中国足协的名义工作，以适应国际上的惯例和外联需要。

（41）1995 年 10 月 8 日，在全国足球甲级 A 组联赛第 16 轮，四川全兴队主场和延边现代汽车队的比赛中，延边队为抗议裁判“执法不公”，场上出现了罕见的、不正常的只守不攻的场面，以 0:6 负于四川全兴队。这是职业联赛初期第一场影响恶劣的消极比赛。

（42）1995 年 11 月 12 日，在全国足球甲级 A 组联赛第 21 轮比赛中，辽宁队主场 1:2 负于广州太阳神队，致使这支长期在中国足坛驰骋风云的强队提前一轮降入 B 组。这也是辽宁队在国内联赛中首次降级。

（43）1995 年 12 月 3 日，首届中国足球“超霸杯”举行，由当年度甲 A 联赛冠军和足协杯冠军交锋。结果，甲 A 冠军上海申花队击败足协杯冠军山东济南泰山队，获得首届“超霸杯”。

（44）1995 年 12 月底，辽宁足球与北京华堂集团合作，成立辽宁足球股份制有限公司。辽足俱乐部成为国内第一个以股份制经营的足球俱乐部，张桐坡任第一任总经理。

（45）1996 年 7—8 月，女子足球首次成为奥运会正式比赛项目。在美国亚特兰大举行的第 26 届奥运会女子足球比赛中，美国队夺冠，中国女足获得亚军，“铿锵玫瑰”由此得名。

（46）1997 年 7 月 20 日，在全国足球甲级 A 组联赛第 10 轮比赛中，北京国安队新引进的三名外援首次同时登场，就帮助国安队主场 9:1 大胜上海申花队，创造了中国职业联赛中最悬殊的比分记录。

（47）1998 年年初，由于戚务生率领中国队征战世界杯外围赛失利，中国足协决定聘请英国人鲍比·霍顿出任中国队主教练。

（48）1998 年 8 月 22 日，在全国足球甲级 B 组联赛第 16 轮云南红塔和陕西国力的赛后新闻发布会上，国力主教练贾秀全公开指出本队个别球员（“3 号隋波”）表现不正常。稍后，俱乐部声称赛前有人曾企图收买本队球员，并有录音带为证。是为足坛的“隋波事件”。

（49）1998 年 9 月 27 日，1998 年中国足协杯半决赛大连万达队和辽宁队次回合比赛中，由于对主裁判俞元聪导致万达队出局的三个点球判罚不满，万达俱乐部董事长王键林怒发冲冠，宣称“万达永远退出中国足坛”。是为“万达退出事件”。

（50）1999 年 12 月 5 日，在全国足球甲级 A 组联赛第 26 轮比赛中，濒临降级威胁的沈阳海狮队在最后时刻，客场战胜重庆隆鑫队保级成功。因为该场比赛有许多疑点，坊间又流传多种比赛涉嫌被操纵的线索，是役被人贬斥为“渝沈之战”。

（51）1999 年 12 月 12 日，山东鲁能泰山队在本年度足协杯决赛中，以总比分 4∶3 战胜大连万达队，继获得本年度甲级 A 组联赛冠军之后，又夺得足协杯冠军，成为中国足球史上第一支在同一年夺得甲级（A 组）联赛和足协杯比赛冠军的“双冠王”球队。

（52）2000 年年初，中国体坛又逢人事变动。伍绍祖卸任，袁伟民出任国家体育总局局长，并继续兼任足协主席。同时，王俊生退任，阎世铎出任足管中心主任，成为足协新掌门人。阎世铎上任后，中国足协聘请南斯拉夫著名教练米卢蒂诺维奇担任中国足球队的第四位外籍主教练。其主要任务是率领中国足球队打入 2002 年世界杯决赛圈。

（53）2000 年 9 月，中国女足在第 27 届奥运会女足比赛中，小组赛即被淘汰。这是中国女足首次在国际大赛中的第一阶段被淘汰。

（54）2001 年 10 月 7 日，中国队在沈阳举行的第 17 届世界杯亚洲区决赛中，主场 1∶0 战胜阿曼队，取得了参加 2002 年日韩世界杯决赛阶段比赛的资格，44 年来首次实现了冲进世界杯的夙愿。

（55）2001 年甲 B 联赛最后两轮（第 21 轮、22 轮）是事关冲击甲 A 的关键比赛，五支球队严重涉嫌打假球，受到中国足协内部处罚。这五支球队分别是：浙江绿城、成都五牛、长春亚泰、江苏舜天、四川绵阳。

（56）2001年年底至2002年年初，时任浙江体育局局长的陈培德联手浙江绿城老板宋卫平以及广州吉利俱乐部掀起了足坛打黑风暴，矛头直指黑裁判。这是中国足坛首次由官方自揭黑幕，也是动作最大、反响最强烈的一次。

（57）2002年4月17日，北京籍足球裁判龚建平被批捕。2000年至2001年，龚建平在受中国足球协会指派，担任全国足球甲级队A、B组主裁判员职务期间，先后9次收受他人财物，共计人民币37万元。后龚建平被判有期徒刑10年，2004年7月11日病逝。

（58）2003年8月，王珀亮相足坛，出任甲A球队陕西国力队总经理，他上任第一天便开始"铁血整风"。王珀入主陕西国力后，率领该队踢了多场疑似"假球"的比赛，最终国力未能冲入于次年开始的首届中超，2004赛季只能参加中甲。

（59）2004年8月11日，中国女足在雅典奥运会上0:8惨败给德国，这被誉为中国女足史上最黑暗的一天；在随后的一场比赛中又被墨西哥逼平，小组未能出线。

（60）2004年10月2日，沈阳金德主场对北京现代的比赛因为主裁周伟新判罚点球，引发罢赛，该风波成为后来"G7革命"的导火索。"G7革命"是指在中超元年即2004年联赛中，以大连实德、北京国安、上海中远、辽宁队、四川冠城、深圳健力宝、青岛颐中七家俱乐部投资人发起的以"政企分开、管办分离"为主要目标的行动，也是中国足坛"实德系"与"健力宝系"从自身利益出发对足协的一次逼宫行为。

（61）2004年11月17日，在世界杯亚洲区预选赛最后一场比赛中，阿里·汉率国足在广州以7:0大胜中国香港队，而科威特队则以6:1战胜马来西亚队，最终国足因进球数比对手少而遭淘汰，无缘德国世界杯。这也是继1993年以后国足首次在小组赛中就被淘汰。

（62）2005年年初，中国足坛出现一系列重大人事变化。1月27日，中国足协技委会正式确定朱广沪为大国家队主教练；2 月 17 日，国家体育总局决定，谢亚龙任足球运动管理中心主任、党委副书记；免去阎世铎足球运动管理中心主任、党委书记职务，调国家体育总局训练局任局长。

（63）2005 年 6 月 11 日凌晨，深圳队球员陈永强和家人在深圳的半岛海鲜酒楼吃饭过程中，与一群身份不明的人发生冲突，陈永强头部被砍；随后，武汉队的王晓诗、江苏舜天的张翼飞、深圳队的陆博飞、青岛队的马永康、大连队的权磊等人，在一年时间内接二连三发生血案，震惊足坛。

（64）2006 年 3 月，《辽沈晚报》掀起足坛打假扫黑热潮，全国媒体迅速跟进。3 月初，该报接到举报人举报，中甲联赛诸多场比赛涉嫌假球，其中举报人提供的银行卡交易明细显示，有多支中甲球队及相关球员涉嫌操纵比赛行为，其中不乏国脚和知名教练。

（65）2006 年 10 月 21 日，塞尔维亚人杜伊科维奇出任中国国奥队主教练。11 个月后，同是塞尔维亚人的福拉多出任国家队执行主教练。为全力备战北京奥运会，中国足坛出现了罕见的“拉杜组合”模式。

（66）2007 年 2 月 12 日，象征中国足球走向世界第一步的沈阳五里河球场被爆破拆除。五里河体育场始建于 1988 年，2001 年的十强赛中，五里河体育场一跃成为中国球迷心中的圣地：中国男足在此 4 战全胜以进 9 球、未失一球的成绩，提前一轮打进 2002 年世界杯决赛圈。

（67）2007 年 3 月 14 日，阿尔加夫杯进行了 9、10 名的比赛，中国女足以近乎耻辱的 1:4 输给了冰岛队。中国女足在这场赛事上无一胜绩，这是中国女足参加这项比赛之后的最差成绩。

（68）2008 年北京奥运会前，中国男女足发生严重内讧事件，女足主帅伊丽莎白和男足主帅杜伊先后被解职，殷铁生和商瑞华分别临时接任，率男女足征战奥运会。尽管男足攻入了奥运会上的首个进球，女足时隔 12 年再度进入淘汰赛，但女足前四、国奥前八的目标最终仍然没有实现。

（69）2009 年 1 月，南勇被任命足管中心主任，谢亚龙调至中体产业出任董事长。同时，在足协工作近 30 年的张吉龙离开足协，出任国际体育交流中心主任。

（70）2009 年 10 月，公安部介入足坛涉赌事件。王鑫、杨旭、范广鸣、王珀、尤可为、刘红伟、许宏涛等人第一批被警方带走协助调查，相关涉嫌犯罪人员随后被立案侦查。中国足坛史无前例的反赌打黑风暴拉开序幕。

（71）2010 年 1 月 15 日，南勇、杨一民、张健强被警方带走。随后，陆俊、黄俊杰、周伟新等三名裁判也被警方采取强制措施，警方反赌行动持续深入。

（72）2010 年 1 月 22 日，体育总局正式宣布原水上运动中心主任韦迪接替南勇，出任足管中心主任与党委书记。2 月 9 日，总局又宣布由于洪臣担任足球管理中心副主任。这也就意味着，于洪臣将接替杨一民的工作，正式成为韦迪的助手。

（73）2010 年 9 月，前足管中心主任、中体产业董事长谢亚龙、足协前裁判委员会主任李冬生、前国家队领队蔚少辉等人也被警方立案侦查。

（74）2010 年 12 月初，卡塔尔成功申办 2022 年世界杯。中国足协向卡塔尔表示祝贺的同时，韦迪明确表示中国要申办 2026 年世界杯，并强调申办绝不仅是足协的事情，而应倾全国之力，让世界杯花落中国。

（75）2010 年 12 月 11 日，中国足协与克罗地亚人布泽拉维奇签约，布帅正式出任中国国奥队新一任主帅，率队备战 2012 年伦敦奥运会。

（76）2011 年 1 月 6 日，韩国人郑梦准在竞选国际足联副主席时输给约旦的阿里王子；日本的田岛幸三与中国的张吉龙在竞选国际足联执委时双双败北。在亚洲足球权力榜上，西亚人占据了压倒性优势，东亚代表下跌到了历史最低点。

（77）2011 年 1 月 17 日，高洪波率国家队在多哈亚洲杯赛上战平乌兹别克斯坦，小组赛被淘汰。

（78）2011 年 1 月 28 日，刘延东在国家体育总局与足球界相关人等，就中国足球改革与发展、青少年培训体系建立、职业联赛如何规范等一系列重大问题进行了深入座谈。王健林作为商业界的唯一代表出席了这次会议，随后，王健林复出足坛的消息引起人们广泛关注。

附录 2

中国足协历任主席图谱

● 1955 年：中国足球协会成立

首任主席：黄中

副主席：张之槐、李凤楼、张联华

● 1964 年：第二届中国足协

主席：黄中

副主席：李文耀、李凤楼、张联华、张之槐、赵东凡、赵希武、纪裴万、鲁挺

● 1979 年：第三届中国足协

主席：李凤楼

副主席：王伯清、王维屏、孙凯风、年维泗等 16 人

● 1986 年：第四届中国足协

主席：袁伟民

副主席：陈家亮、年维泗

● 1989 年：第五届中国足协

主席：年维泗

副主席：孙宝荣、杨秀武

- 1992 年：第六届中国足协

  主席：袁伟民

  专职副主席：王俊生、许敬、孙宝荣、杨秀武

- 1996 年：中国足协选举产生职业化以来新一届领导人

  主席：袁伟民

  专职副主席：王俊生

  秘书长：王俊生

- 2000 年：国家体育总局调整足协领导班子

  主席：袁伟民

  足管中心主任、主专职副主席：阎世铎

  党委书记：王俊生

- 2005 年：国家体育总局再次调整足协领导班子

  主席：袁伟民

  足管中心主任、专职副主席：谢亚龙

- 2008 年：国家体育总局继续调整足协领导班子

  主席：袁伟民

  足管中心主任、专职副主席：南勇

- 2010 年 1 月：国家体局总局最新调整足协领导班子

  主席：袁伟民

  足管中心主任、专职副主席：韦迪